基于跨界融合视角的钢铁企业商业模式创新

Business Model Innovation of Steel Enterprises from the Perspective of Cross-border Integration

于 勇 李新创 著

北 京
冶 金 工 业 出 版 社
2020

内容提要

本书对河钢集团近年来以跨界融合发展视角推行商业模式创新的主要做法，进行系统深入的回顾、总结和提炼。重点以客户结构高端化倒逼产品结构优化和服务提档升级，推进产业链条嵌入式延伸；主动融入全球钢铁产业链分工体系，按照“全球拥有资源、全球拥有市场、全球拥有客户”的战略定位，实施从制造、贸易、服务到研发的产业链全球化布局，迅速成为我国国际化程度最高的钢铁企业。基于系统总结和案例分析，深入探寻河钢商业模式创新实践背后的商业经营规律、企业发展规律与钢铁行业转型规律，并与新时代的经济、技术、市场、环境等大背景相结合，梳理提炼河钢跨界融合成功打造新商业模式的外部条件、内生动力、顶层设计和运作方法，为钢铁企业乃至钢铁行业高质量发展提供有益的借鉴与启示。

图书在版编目（CIP）数据

基于跨界融合视角的钢铁企业商业模式创新／于勇，李新创著．—北京：冶金工业出版社，2020.1（2020.10 重印）
ISBN 978-7-5024-8391-3

Ⅰ．①基…　Ⅱ．①于…　②李…　Ⅲ．①钢铁企业—工业企业管理—商业模式—研究—河北　Ⅳ．① F426.31

中国版本图书馆 CIP 数据核字（2020）第 010747 号

出 版 人　苏长永
地　　址　北京市东城区嵩祝院北巷 39 号　邮编　100009　电话　(010) 64027926
网　　址　www.cnmip.com.cn　电子信箱　yjcbs@cnmip.com.cn
责任编辑　李培禄　美术编辑　吕欣童　版式设计　彭子赫　孙跃红
责任校对　郑　娟　责任印制　李玉山
ISBN 978-7-5024-8391-3
冶金工业出版社出版发行；各地新华书店经销；北京虎彩文化传播有限公司印刷
2020 年 1 月第 1 版，2020 年 10 月第 2 次印刷
169mm × 239mm；16.75 印张；273 千字；254 页
79.00 元

冶金工业出版社　投稿电话　（010）64027932　投稿信箱　tougao@cnmip.com.cn
冶金工业出版社营销中心　电话　（010）64044283　传真　（010）64027893
冶金工业出版社天猫旗舰店　yjgycbs.tmall.com

（本书如有印装质量问题，本社营销中心负责退换）

序

创新，位居五大新发展理念之首，是引领发展的第一动力。

钢铁，国民经济发展的基础材料，钢铁产业是历史悠久的传统产业。

商业模式，是企业通过市场竞争提供产品、服务，实现价值高效化、增量化变现的方式、方法。

跨界融合，是突破传统边界，在理念、能力和行动上整合各界优势要素资源，产生质变效果的有效途径。

创新、钢铁、商业模式、跨界融合，将四者融会贯通于一体，在企业战略、经营实践上主动为之，推行落实，是否是一种乌托邦式的理想？曾遇到什么样的艰巨挑战？最终产生了怎样的效果？有哪些宝贵的经验？给人以何种的启示？

由世界钢铁协会主席、河钢集团董事长于勇和冶金工业规划研究院院长李新创合著的《基于跨界融合视角的钢铁企业商业模式创新》一书，从理论的高度、视野的广度、实践的深度、发展的速度、结果的满意度，由点到线、以线带面，将一家具有代表性的国内区域性钢铁企业适应、把握和引领新常态，创新发展、转型升级为具有全球竞争力的国际化钢铁集团的过程，精彩生动地呈现在读者面前。

理论的高度。本书回顾研究了中外学者、企业界关于商业模式的认识，归纳了其中的不足与误区，创造性地将商业模式与企业竞争力耦合，指出商业模式具有介于生产力和生产关系之间的属性，首次提出了企业竞争力的“三元论”（商业模式、生产力和生产关系），并且进一步从客户群体、价值体系、核心能力和发展方式四个层面，构造了商业模式的逻辑架构。

视野的广度。钢铁的规模属性非常明显，产业链长，影响面广，有着悠久的发展历史，被广泛视为传统产业，也是高度国际化的现代经济体系的重要组成部分。本书以广阔的全球视野，深邃的战略眼光，既立足钢铁看钢铁，又跳出钢铁看钢铁，既立足区域看发展，又跳出国门看发展，既立足上游看企业，又站位下游看企业，深入剖析了其跨出国门、跨越产业、跨接链条的转型历程。

实践的深度。基于跨界融合视角的钢铁企业商业模式创新，不是从皓首穷经的文案研究中总结的，也不是从瓶瓶罐罐的试验分析中得来的，而是有着丰富的、生动的企业经营活动，是一家世界第三、具有5000万吨粗钢规模的国际化钢铁企业集团，在实践中磨砺出的真知灼见，企业的实践为本书的全面深入论述打下了坚实的事实基础。

发展的速度。在跨界融合视角的钢铁企业商业模式创新的指导下，河钢集团在高质量发展的道路上跑出了加速度。规模上，保持总体稳定，国内做减法，国际做加法；质量上，加快提质增效，绿色做乘法，减污做除法。践行绿色发展战略，与冶金工业规划研究院携手在全球钢铁业率先打造了“六位一体”绿色发展新模式；贯彻“一带一路”倡议，落实习近平总书记指示，重组塞尔维亚百年钢厂斯梅代雷沃，建成了国际产能合作样板；推进京津冀协同发展战略，与北汽新能源实施全产业链战略合作，与中国工程院、中国钢研等共建氢能技术与产业创新中心。

结果的满意度。河钢集团几年来推进的跨界融合视角的钢铁企业商业模式创新，取得了多方共赢的总体成效：供给侧的提升有效满足乃至创造了用户的需求，环保措施的强化大大减轻了环境的压力，成功重组整合塞钢得到了国际社会的赞誉，经营成效的显著提升增强了员工的获得感和幸福感，发展质量和整体实力的提高夯实了企业可持续发展的基础。

中国发展进入了新时代，党的十九大提出要打造具有全球竞争力的世界一流企业，企业是市场竞争的主体，钢铁工业要推进高质量发展，不仅要求生产好产品，提供好服务，更重要的是培育好企业。《基于跨界融合视角的钢铁企业商业模式创新》讲的是好企业的故事，对做好中国钢铁企业，讲好中国钢铁故事具有重要的参考价值和借鉴意义。

中国工程院院士 干勇

2019 年 11 月 6 日

目　录

第一章　钢铁制造转型升级的时代背景

第一节　中国钢铁工业发展历程回顾

一、近代中国钢铁工业

中国近代钢铁工业经历了由手工业小生产到机器工业大生产、由传统技术到近代西方钢铁技术的转变过程。

（一）近代钢铁工业萌芽时期

19世纪下半叶，清政府发展近代军事工业，制枪炮、造战舰，大量输入西方国家生产的钢铁。1867年进口钢11万担（约8250吨），1885年达120万担（约9万吨），1891年增加到173万担（约13万吨），进口钢逐渐占据了中国的市场，使传统的冶铁业难以维持生产。19世纪80年代以后，中国官办工业从军事工业扩展到民用工业。由于钢铁消费量的增加，近代矿冶工业的兴起就成为时代的需要。

1871年，福州船政局所属铁厂首先采用新的钢铁加工技术：安装吊车，铸造大型汽缸；购置3吨汽锤，锻造大车轴；建立拉铁（轧钢）厂，轧制15毫米以下的造船钢板和6~120毫米圆钢、方铁。1886年，贵州巡抚潘霨创办青谿铁厂，先用土炉，后从英国订购熟铁炉18座、1吨贝塞麦炉2座、轧板机1架、轧条机13架，1888年安装完毕。终因清廷腐败，缺乏资金、铁矿石和煤，又不善于经营，无人精通技术，而于1893年停办。这是兴办近代钢铁厂的一次尝试。1890年，上海江南机器制造总局（简称“江南制造总局”或“江南制造局”）建成中国第一座3吨炼钢平炉，后又建成了一座15吨炼钢平炉。

同年，湖广总督张之洞主持兴建湖北汉阳铁厂和大冶铁矿，这是中国也是远东第一座近代钢铁联合企业，它的建成标志着近代钢铁工业的兴起。

汉阳铁厂于1894年建成投产，有248立方米（日产生铁100吨左右）高炉2座、8吨酸性转炉2座、10吨平炉1座，钢轨厂有800毫米轧机，还有铁货厂、熟铁厂、机器厂、铸铁厂、打铁厂、造鱼尾板道钉厂、自备电厂和轮船、码头，总投资为546万两白银。汉阳铁厂初期资金不足，经营不善，焦炭无着，产品质量低劣。1896年招股200万两白银，由官办改为官督商办，1898年投资建设萍乡煤矿。1902年进行拆转炉、建平炉等技术改造后，产品质量有较大提高，曾远销美国、日本，并为国内修建铁路提供了钢轨和零件达6万吨。在兴建汉阳铁厂的同时，张之洞还从德国购买采矿设备，建设大冶铁矿，铺设了30多公里轻便铁路，使之成为中国第一个用近代技术开采的露天铁矿。该矿于1895年开始生产铁矿石，年产4万吨；1896~1934年共采铁矿石1200万吨，其中340万吨供汉阳铁厂，860万吨运往日本。萍乡煤矿从唐、宋到清代曾用土法开采。1898年设“萍乡煤矿局”，年生产能力达90万吨。1908年产煤40万吨、焦炭18万吨。

1908年，汉阳铁厂、大冶铁矿、萍乡煤矿联合组成汉冶萍煤铁厂矿公司，改由商办，并新建150吨混铁炉，生产有了进一步发展。1910年新建477立方米（日产生铁250吨左右）的第三高炉出铁。1909 ~ 1911年建成30吨平炉4座。辛亥革命后，在大冶石灰窑新建铁厂，有高炉（每炉日产铁450吨左右）2座；汉阳铁厂又建477立方米的第4号高炉和30吨的7号平炉，并相应扩大了大冶铁矿和萍乡煤矿的生产。在第一次世界大战期间，钢铁价格猛涨，汉冶萍一度兴盛。战后钢铁价格暴跌，汉冶萍靠借贷维持，从此衰落。

（二）近代钢铁工业发展时期

第一次世界大战前后，除“汉冶萍”有较大发展外，本溪、鞍山、上海、阳泉和石景山等地的钢铁工厂也先后起步[1]。

1915年“本溪湖煤铁股份公司”开工生产，至1917年有300立方米高炉2座，后又增加小高炉（每炉日产铁20吨左右）2座，冶炼优质生铁。1916年，中日在鞍山合办“振兴铁矿无限公司”。1918年正式开办“鞍山制铁所”，有515立方米高炉2座，后又建炼焦炉4座和693立方米高炉1座。1917年山西阳泉建立保晋铁厂，有日产 20 吨生铁的小高炉 1 座。1918 年上海和兴化铁厂（原上海第三钢铁厂前身），先后建立日产铁 10 吨和 25 吨小高炉，10 吨平炉 2 座和轧钢机 1 套。扬子机器公司在武汉谌家矶建立日产铁约 100 吨的高炉 1 座。1919 年龙烟铁矿筹建石景山铁厂，1920 年一号高炉开工建设。以上钢铁企业建立后，1920 年全国铁产量达 43 万吨，钢产量 6.8 万吨。1923 年东北兵工厂建电炉 1 座，这是中国早期的炼钢电炉之一。

（三）抗战时期近代钢铁工业

1931 年“九・一八”事变后，日本帝国主义占领了中国东北地区；1937 年“七七”事变后，又侵占了华北、华中、华东等广大地区。他们对这些地区的矿产资源大肆掠夺。1931 年开始经营庙沟铁矿，建 200 吨、180 吨高炉各 1 座，炼铁能力达到年产 13 万吨。1933 年，日本在鞍山成立昭和制钢所，1935 年新建的第一炼钢厂（有 100 吨平炉 4 座）出钢，1937 年又添建 150 吨平炉 2 座；此外，昭和制钢所的第二选矿厂、第一轧钢厂、大型轧钢厂、小型轧钢厂、薄板厂和 4 号高炉等也陆续投产，1937 年产量为生铁 70 万吨、钢 50 万吨、钢材 28.5 万吨。在鞍山地区，除昭和制钢所外，还有中型轧钢厂、无缝钢管厂、铸管厂、钢管厂、钢丝厂、镀锌厂、耐火材料厂、机械厂、中板厂等，也是日本帝国主义控制的。1937 年，北京、天津、唐山、阳泉等地也新建或扩建了钢铁厂。

抗日战争期间，一部分钢铁厂与汉阳铁厂、六河沟铁厂和上海炼钢厂的主要设备一起拆迁到内地，并添置一些小型设备，在四川、云南等地建设一批钢铁厂。1938~1945 年，国民党统治区共生产生铁 41.3 万吨、钢 4.5 万吨。其中，最高年产量为 1942 年的 7.8 万吨生铁、1944 年的 1.3 万吨钢。

中国共产党领导的解放区在抗日战争和解放战争时期，采用古代传统冶金技术和近代冶金技术发展小型钢铁工业，生产武器弹药。抗日战争时期主要用土高炉和坩埚炼铁。1938 年，在晋东南地区武乡县建立鞞山铁厂生产犁铧和铁锅。1939 年，改名八路军总部军工部柳沟铁厂，高原任厂长，用土法炼铁生产手榴弹和地雷等，并初步采用韧化处理技术（俗称“焖火”），处理白口铁的炮弹壳，以制成炮弹。1944 年，陆达任柳沟铁厂厂长，进一步改进韧化处理技术，改善了炮弹壳的切削加工性能，提高其韧性。1942 年春，徐弛、沈鸿等在延安主持修建了解放区第一座近代小高炉，冬季投产，日产1吨铸造生铁，后迁到山西临县招贤镇。1946年，晋察鲁豫军工部调派该部第四厂厂长陆达、建设委员会主任陈志坚在屯留县故县村经办铁厂（今首钢长钢前身），在长治附城建立一座有简易管式热风炉的小高炉，进行炼铁试验和人员培训。后在故县建设一座近代高炉，1947年从阳泉铁厂拆迁来二号高炉的设备，加速该高炉的建成，1948年年初出铁，当年产铁6500多吨；又在故县周围的西沟村修建简易耐火材料厂，在枣臻村建成解放区第一座10孔小焦炉，日产焦炭60吨。1947年，晋察冀军区派徐弛、郭际、祁光等着手恢复阳泉铁厂一、三号高炉，1948年年初投产，当年产铁7200多吨。解放区钢铁工业虽然规模不大，设备简陋，但有力地支援了革命战争，造就了一批技术和管理干部。

中国近代钢铁工业的特点是具有典型的半殖民地、半封建的性质，一直不能迅速发展，处在落后地位。其具体表现是:（1）发展慢，产量低，长期为官僚资本和帝国主义所垄断。从1895~1931年，全国最高年产量，铁未超过50万吨，钢未超过10万吨。这一时期主要企业是汉冶萍煤铁厂矿公司，该公司在1895~1922年累计的钢产量占全国同期钢产量的75%以上。在1932~1948年期间，全国最高年产量，生铁产量未超过180万吨，粗钢产量未超过100万吨，其中主要企业则是日本帝国主义垄断下的昭和制钢所，该公司在1935 ~ 1944年累计的钢产量占全国同期钢产量的90%以上。中国沦陷区的钢铁工业主要受日本帝国主义的控制和垄断，所生产的钢铁用于支持侵略战争，制造屠杀中国人民的武器。（2）冶金工业内部比例不平衡，设备不配套，成为帝国主义国家掠夺原料和初级产品的半殖民地工业。（3）技术和管理人才奇缺，管理不善，浪费严重，连汉冶萍这样的大厂都不能免遭破产。（4）一些小厂设备陈旧，技术落后，劳动条件恶劣。许多矿山仍用手工开采和人力运输，能冶炼的钢种只有100多个，主要是普通碳素钢，轧制的钢材品种也很少。1943年昭和制钢所高炉利用系数不到0.6，平炉利用系数只有2左右。由于日本帝国主义发动的侵略战争和国民党反动派发动的内战破坏，1949年生产钢铁的企业只有19家，能开工的高炉9座、平炉12座、电炉22座，年产粗钢仅15.8万吨，在世界上居第26位。

二、新中国成立后中国钢铁工业发展历程

中国现代钢铁工业的发展始于 1949 年中华人民共和国成立。70 多年来，伴随着国家的成长、发展，中国现代钢铁产业也经历了恢复、壮大、崛起的风雨历程，总体上分为四个阶段（见图 1-1）：第一阶段，是从 1949 年中华人民共和国成立伊始到“文化大革命”结束，处于探索阶段，呈现波动发展态势；第二阶段，是从改革开放之初到 20 世纪末期，处于起步阶段，呈现稳定发展态势；第三阶段，是从 21 世纪初到 2014 年，处于加速阶段，呈现跨越发展态势；第四阶段，是 2015 年起至今，处于减量阶段，呈现创新发展态势。

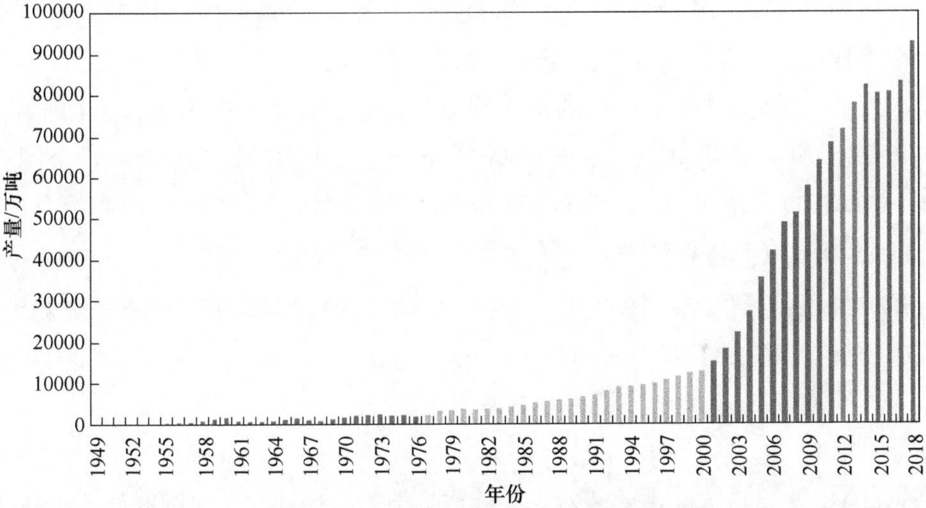

图 1–1　我国现代钢铁工业发展阶段

从历史维度、全球视角来看，中国钢铁产业的发展、崛起和调整是一种必然，是世界钢铁产业发展规律和中国钢铁实际、特点共同作用的结果。与欧美等发达国家钢铁工业不同，中国钢铁产业起步于计划经济，崛起于改革开放进程中，走了一条独特的、前所未有的发展道路，有力地支撑了国民经济发展的需要，实践证明这条路是成功的，没有别的道路能够满足我国快速发展对钢铁的需求。同时，中国钢铁产业在崛起发展、满足需求的过程中，也承接了世界钢铁产业转移的接力棒，扩大了钢铁材料的应用领域，采用了大批的新技术、新装备，将世界钢铁产业发展水平推向了新高。

（一）探索阶段：波动发展

1949 年全国钢产量只有 15.8 万吨，居世界第 26 位，经历三年恢复生产，“一五”时期快速发展，三年“大跃进”大炼钢铁，五年调整以及随后十年的“文化大革命”，其间粗钢产量三次大起大落，有成功的经验，也有失败的教训。这一时期，老一辈无产阶级革命家不断探索如何在中国建设社会主义，我国现代钢铁工业也处于萌芽阶段，呈现出非常明显的探索发展态势。在该阶段，我国累计钢产量 3 亿多吨，建设了鞍钢、武钢、包钢三个国家大型钢铁基地，以及太钢、马钢、攀钢、八钢、杭钢、柳钢、通钢、新余等地方骨干钢铁厂。

1. 恢复改造钢铁装备

1949 年以前，我国钢铁生产能力小，工艺装备数量少、技术落后，由于常年战乱，大都处于停产状态，甚至遭到拆毁、破坏。1949 年以后，以恢复、改造、扩建 1949 年以前的钢铁装备作为起点，发展中国现代钢铁工业。1949~1952 年，全国共恢复、扩建高炉 34 座、平炉 26 座。1952 年，全国产铁 192.9 万吨，超过 1949 年以前最高年产铁量 7.1%；全国产钢 134.9 万吨，超过 1949 年以前最高年产钢量 91.2%。1953 年，大冶、重庆、太原等钢厂的电弧炉恢复生产[1]。到 1957 年，1949 年以前遗留的钢铁生产装备经过修理、改造后基本都恢复了生产。

2. 开启钢铁基本建设提高生产能力

（1）“一五”时期建设。1949 年以后钢铁工业的基本建设，始于 1950~1952 年对鞍钢的扩建改造[2]。自第一个五年计划起，我国开始了以新建厂为主的大规模基本建设。1953~1957 年，我国开展了苏联援建 156 个大项目中的 8 个钢铁项目建设，包括新建武钢、北满钢厂、包头钢厂、吉林铁合金厂、吉林炭素厂、热河钒铁厂（承德钢铁厂前身），改扩建鞍钢、本钢等。同时，还进行了大冶钢厂、太原钢铁厂、唐山钢铁厂、重庆特钢厂、北京石景山钢厂、上钢一厂、上钢三厂、上钢五厂、抚顺钢厂、大连钢厂等 20 多个企业的改扩建工程。

（2）“三大、五中、十八小”钢铁工程。1956 年我国开始规划建设“三大、五中、十八小”钢铁工程，“三大”是指继续进行鞍钢、武钢和包钢三个超过 100 万吨钢的大钢铁基地建设工程；“五中”是建成年产 30 万 ~ 100 万吨钢的中型钢铁厂，包括扩建太钢、重钢、马钢、石景山钢铁厂，新建湘潭钢铁厂；“十八小”是规划在18个省、自治区新建18个年产10万～30万吨钢的小型钢厂，包括河北邯郸钢铁厂、山东济南钢铁厂、山西临汾钢铁厂、江西新余钢铁厂、江苏南京钢铁厂、广西柳州钢铁厂、广东广州钢铁厂、福建三明钢铁厂、安徽合肥钢铁厂、四川江油钢铁厂、新疆八一钢铁厂、浙江杭州钢铁厂、湖北鄂城钢铁厂、湖南涟源钢铁厂、河南安阳钢铁厂、甘肃兰州钢铁厂、贵州贵阳钢铁厂、吉林通化钢铁厂。

（3）“三线建设”钢铁工程。1964年，在党中央、毛主席的指示下，我国钢铁工业以攀枝花钢铁公司为标志性工程，开始推进三线钢铁基地建设。1964年年底，邓小平受中共中央委托到攀枝花审定了攀钢建设方案，1967年攀钢1000立方米高炉建成投产。在三线钢铁基地建设中，新建了长城钢厂、峨眉铁合金厂、水城钢铁厂、遵义金属制品厂等，恢复建设了酒钢、兰钢、略钢；扩建了成都无缝、重钢、重特、昆钢、贵钢、遵义铁合金厂；鞍钢援建了宁夏石嘴山钢绳厂，本钢分迁建设了西宁特钢，大连钢厂援建了陕西钢厂等。

此外，在发挥中央和地方两个积极性的方针指导下，这一时期各地还兴建了南昌钢铁厂、苏州钢铁厂、石家庄钢铁厂、邢台钢铁厂、芜湖钢铁厂、成都钢铁厂、青岛钢铁厂、北台钢铁厂、韶关钢铁厂、凌源钢铁厂、无锡钢铁厂、舞阳特厚板厂、莱芜钢铁厂等地方中小钢铁企业。

1949年以后，中国钢铁工业从一片废墟上起步。至改革开放前夕，我国已拥有了炼铁高炉982座，总容积87204立方米；炼钢平炉98座，公称容量总计17188吨；炼钢转炉276座，公称容量总计3034吨；炼钢电炉1678座，公称容量总计4156吨。在这一阶段，我国还建成了东北工学院、北京钢铁学院、中南矿冶学院、昆明工学院、西安冶金建筑学院、鞍山钢铁学院、武汉钢铁学院、包头钢铁学院、马鞍山钢铁学院等冶金院校，组建了钢铁研究院、规划院、设计院、矿冶院、建筑院、冶建队伍等科研建设单位，研发应用了氧气顶吹转炉、连续铸钢、炉外精炼、连续轧钢等技术，初步形成了相对较为齐全的钢铁工业发展体系。

（二）起步阶段：稳定发展

改革开放后，随着各项工作以经济建设为中心的确立，我国经济快速发展，钢铁需求持续增长；同时，改革破除了原有的一些体制机制障碍，计划体制逐渐向市场体制转轨，生产力逐步得到释放。这一时期是我国钢铁工业的起步阶段，钢铁工业在长达二十多年的时间内呈现稳定发展的局面。该阶段，我国粗钢产量由1978年的3178万吨增长到2000年的12850万吨，增长了4.04倍，年均增速6.56%。其间，我国粗钢产量在1996年首破1亿吨大关，达到10124万吨，并跃升成为世界第一产钢大国。在党和国家的关怀下，举全国之力，建成了我国最现代化、最具竞争力的钢铁企业——宝钢，这也是我国真正意义上的第一家现代化钢铁基地。

1. 现有钢铁企业技术改造

改革开放之初，我国钢铁工业发展远落后于世界先进水平，生产效率很低，还没有真正意义上的现代化钢铁企业。比如，平炉钢产量仍占三分之一左右，连铸坯产量占比不到10%，相当多的钢铁企业工序不匹配，化铁炼钢、调坯轧材的现象还大量存在。加之国家给予钢铁工业的投资大部分用于宝钢建设，其他钢铁企业资金不足与建设需要的矛盾较为突出。为解决这一问题，我国钢铁工业采取了实施现有钢铁企业技术改造、走内涵扩大再生产的发展道路。20世纪80年代中前期，在“挖潜、改造、配套、扩建”方针的指导下，鞍钢、邯钢、包钢、唐钢、安钢、杭钢等钢铁企业，不断加强管理、挖浮财，改造落后工艺装备，工艺不配套的健全补缺，不匹配的填平补齐，技术水平、生产效率都有了不同程度的提高。

20世纪80年代中后期，钢铁工业发展围绕解决产品数量、品种结构、产品质量“三个不适应”问题，不断加大老企业技术改造力度。这一时期，建设了武钢3200立方米高炉、马钢2500立方米高炉、包钢2200立方米高炉、唐钢2×1200立方米高炉、重钢1200立方米高炉、邯钢1260立方米高炉等炼铁设施，以及开工建设了首钢210吨转炉炼钢厂、太钢50吨转炉炼钢厂、重钢50吨转炉炼钢厂、新冶钢50吨电炉厂等，同期还建设了70多台连铸机，全国总连铸能力达到了3000万吨以上。此外，鞍钢4300毫米厚板轧机、上钢三厂4200毫米/3500毫米轧机、邯钢2800毫米中板轧机的建设，大大提高了中厚板生产能力；马钢、莱钢引进了H型钢轧机，填补了这一钢材品种的国内空白。

20世纪90年代，我国钢铁工业加大了淘汰落后技术装备的力度，并以连铸为中心，向前端、后端分别延伸，采用先进适用共性技术改造现有流程工艺技术，如增加铁水预处理、炉外精炼，淘汰平炉、初轧，发展顶底复合吹炼转炉和超高功率电炉，应用高炉炼铁精料技术、喷吹煤粉技术、连铸坯热装热送技术、氧气转炉溅渣护炉技术等。通过90年代“八五”“九五”期间的淘汰、改造和新建，推进了我国钢铁工业技术装备的调整优化，促进了生产效率的提高和品种质量的提升，汽车板、管线钢、石油钢管、锅炉用钢板、重轨等钢材产品的国内市场占有率不断提高。

2. 新建宝钢大大加快我国钢铁工业现代化步伐

宝钢是改革开放的产物。为解决上海钢铁工业困扰已久的缺铁问题，1977年年初，上海市和冶金工业部拟在上海筹建炼铁厂，这是宝钢工程的最初设想。中共中央、国务院领导从实现我国钢铁工业现代化，推动国民经济进一步发展的全局出发，把建设炼铁厂的意向提升为建设现代化大型钢铁厂[3]。1978年12月23日，在中共十一届三中全会闭幕的第二天，宝钢工程开工建设。

宝钢工程是1949年以后中国最大的一个项目，国内当时没有建设大型现代化钢铁企业的经验，初期完全从日本引进，投资巨大，建设前期、初期一直存在争议。宝钢工程正式动工不久，适逢国民经济进入调整阶段，缩短基本建设战线、控制投资规模成为当务之急，作为国家投资特大规模工程的宝钢工程列入为重新审议项目中的首位。在中央领导同志的关怀下，经过充分论证，采纳了把宝钢工程分为两期建设的意见，1981年宝钢一期工程改列为续建工程，1983年宝钢二期工程续建获得批准。1985年宝钢一期工程建成投产，1992年宝钢一期、二期工程全部建成投产。宝钢一、二期工程建设总投资301.2亿元，共购置设备67万吨，其中进口设备46.6万吨，国产设备20.4万吨。一期国产化率约12%；二期国产化率提高到约57%；1993年，宝钢三期工程兴建，国产化率提高到80%。

宝钢的建设运营和创新发展，大大缩短了我国钢铁工业技术装备同世界先进水平的差距。宝钢一期工程几乎全部引进国外先进技术装备，二期工程以合作设计、制造为主，三期工程以自主设计、自主制造为主。宝钢的建成有效地弥补了我国钢铁品种、质量上的不足，满足了我国汽车、石油、造船等下游行业对高端钢材的紧迫需求，如1991年国家有14个短缺钢材品种，宝钢生产了7种，占50%；宝钢生产的短缺品种钢材146万吨，占全国短缺品种钢材总量的23%。此外，宝钢以集中一贯制为核心的企业管理，对我国钢铁企业由传统管理向现代化管理转变起到了极大的推动作用。

3. 总结推广邯钢经验探索市场化经营

20世纪90年代，当时的邯郸钢铁总厂为扭转严重亏损的局面，经过摸索试验、优化调整，实施了“模拟市场核算，实行成本否决”的成本管理制度。其实质是将市场经营机制贯彻到企业内部，按市场价格倒推，将目标成本层层分解到分厂、车间、班组直至个人，以此进行核算。将目标成本指标的完成情况与奖金工资挂钩，不能完成的，视程度扣减奖金甚至工资；完成或超额完成的，给予相应等级的奖励。这种市场化考核机制极大地调动了企业干部群众的积极性，成效十分显著。从1991~1993年，分别比上年降低成本6.4%、4.8%和6.1%，连续3年累计实现利润超过7亿元；即使在亚洲金融危机的困难时期，仍保持利润5亿元以上。1993年，冶金工业部总结了邯钢“模拟市场核算，实行成本否决”的管理经验，并推广到全行业。1996年，国务院批转国家经贸委、冶金工业部《关于邯郸钢铁总厂管理经验的调查报告》。

（三）加速阶段：跨越发展

中国现代钢铁工业发展的第三阶段是从21世纪初到2014年。在亚洲金融危机影响逐渐消退后，伴随着国内居民消费结构的升级，以及我国加入世贸组织，新一轮经济增长周期带来了钢铁工业发展的黄金十年。尽管其间受到国际金融危机的冲击，但总体上我国粗钢产量保持快速增长态势，由2000年的12850万吨提高到2014年的82270万吨。品种质量显著改善，实现了由净进口大国向净出口大国的历史性转变，长期困扰我国经济发展的钢铁短缺时代一去不复返了。这一时期可以说是我国钢铁工业的加速阶段，实现了跨越式发展。

1. 市场驱动钢铁规模扩张

在这一时期，国内经济高速增长，工业化、城镇化加快推进，对外贸易快速发展，钢铁市场需求空间急速剧增，驱动了我国钢铁产量、产能的规模扩张[4]。如“十五”期间，我国经济年均增速接近9.8%，城镇化率每年提高1.36个百分点，同期粗钢产量增长了2.75倍，年均增速高达22%；“十一五”期间，我国经济年均增速接近11.4%，城镇化率每年提高1.39个百分点，同期粗钢产量增长了 1.81 倍，年均增速高达 12.6%。国民经济发展与粗钢产量增长（2001~2014 年）见图 1-2。城镇化率与粗钢产量增长（2001~2014 年）见图 1-3。

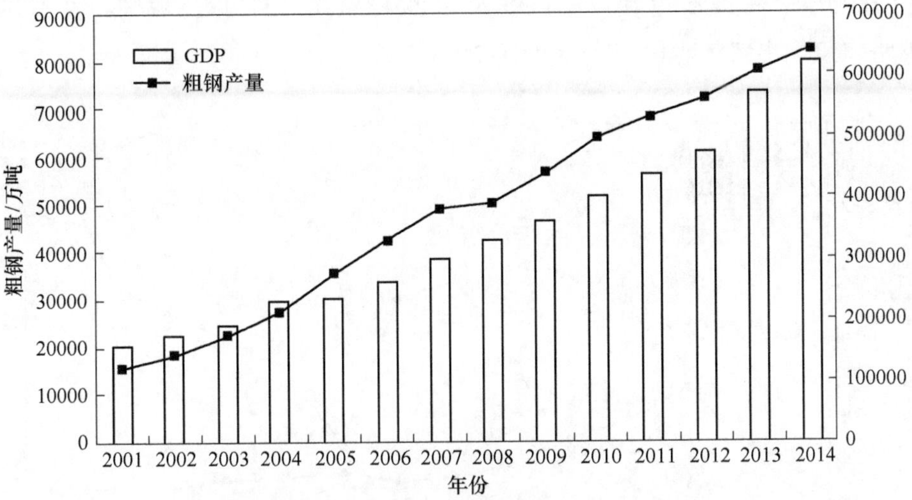

图 1-2　国民经济发展与粗钢产量增长（2001~2014 年）

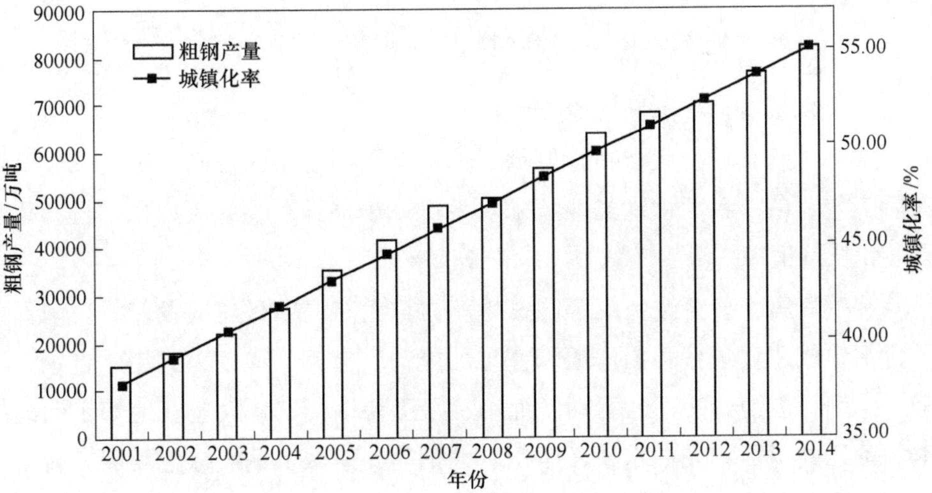

图 1-3　城镇化率与粗钢产量增长（2001~2014 年）

2. 我国钢铁短缺时代宣告结束

在中华人民共和国成立以后长达五十多年的时间里，我国始终面临着钢铁产品数量难以满足国民经济发展需求的问题，钢材长期净进口。由此，解决钢铁产品供给不足的矛盾，成为中国几代钢铁人矢志不移的奋斗目标。2006年，我国出口钢材4301万吨，进口钢材1851万吨，全年实现净出口2450万吨，结束了1949年以后连续57年钢材净进口的历史。图1-4为我国钢材进口量、出口量对比演变（2001~2014年）。

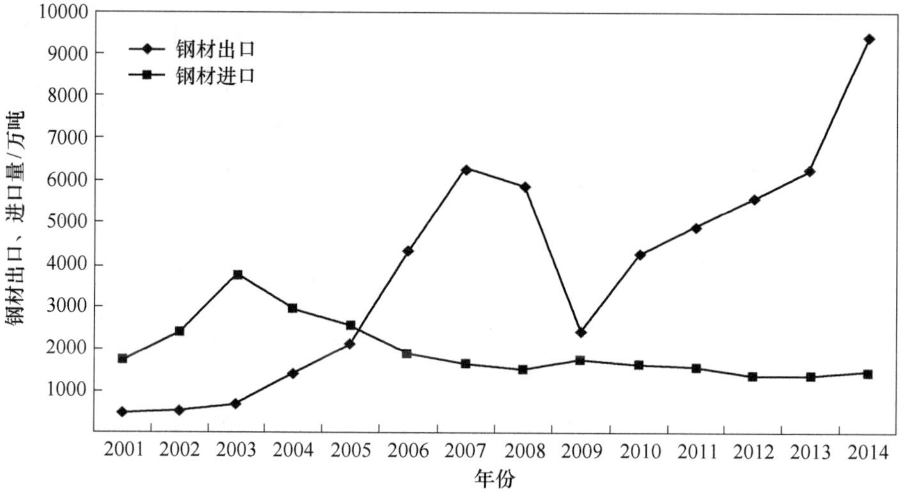

图1–4　我国钢材进口量、出口量对比演变（2001~2014年）

3.技术装备水平进一步提升

这一时期，随着大量新建炼铁、炼钢、轧钢设施的投产，以及不断淘汰落后工艺装备，我国钢铁工业技术水平进一步提升，装备大型化、自动化和高效化持续推进。

首钢京唐、鞍钢鲅鱼圈等国家生产力重大布局项目建成投产，我国具备了自主集成建设现代化沿海钢铁基地的能力，宝钢、鞍钢、武钢、首钢、马钢、太钢、包钢、沙钢、唐钢、邯钢、兴澄特钢、东特大连基地等企业的技术装备达到了国际先进水平，唐钢、太钢等探索城市钢厂绿色发展、转型升级，打造成世界最清洁的钢铁厂，成为全球钢铁业学习的典范。“十一五”期间，我国淘汰落后炼铁能力11700万吨，淘汰落后炼钢能力6900万吨；“十二五”期间，我国又淘汰落后炼铁能力9100万吨，落后炼钢能力9480万吨。

截至2014年年底，符合规范条件企业中，1000立方米及以上高炉占炼铁总产能65%左右，100吨及以上转炉（电炉）占炼钢总产能56%以上。全行业已建成热轧宽带钢轧机89套、中厚板轧机84套、冷连轧轧机58套。冶金自动化、信息化水平大幅提高，以电商为代表的新型业态模式在一些钢铁企业落地生根，展现出蓬勃的生命力。

（四）减量阶段：创新发展

在新常态下，我国经济增长从高速转为中高速，伴随着发展方式转变、经济结构调整和增长动力转换，我国单位GDP钢材消费强度明显下降。2015年我国粗钢产量8.04亿吨，同比下降2.3%，是1982年来增速首次下降，同年我国钢材实际消费量6.64亿吨，同比下降5.4%，是1996年来首次下降。2016年，钢铁行业贯彻落实供给侧结构性改革，开启“去产能”各项工作，并建设防范化解钢铁产能过剩长效机制。2015年钢材消费量、粗钢产量的“双降”，以及2016年钢铁去产能的实质性落实，标志着我国钢铁行业进入了减量发展阶段，呈现创新发展态势。总体判断，减量发展将经历较长时期的波动探底过程，其间行业发展将呈现优胜劣汰、流程调整、多元并举、整合重组等特点，创新将成为这一时期企业发展的最强驱动力和生死成败的关键因素。

第二节　中国钢铁产业发展现状概况

钢铁工业是国民经济的重要基础产业，经过建国70年的建设与发展，我国已经成为世界钢铁工业大国和强国，产品结构、组织结构、技术装备不断优化，品种质量持续改善，为国民经济发展和四个现代化建设提供了有效支撑。

经过2016~2018年持续深入的供给侧结构性改革，我国钢铁行业产能过剩问题得到根本改善，产能利用率趋于合理。具体表现为：一是产量再创新高。2018年，我国生铁、粗钢和钢材（含重复材）产量分别为7.71亿吨、9.28亿吨和11.06亿吨，同比分别增加3.0%、6.6%和8.5%，粗钢产量创历史新高。二是钢材价格维持高位。2018年，钢材价格总体处于相对高位，钢材综合价格指数平均为115.8点，同比增长7.6%。三是经济效益创历史最好水平。2018年，我国钢铁行业主营业务收入7.65万亿元，同比增长13.8%；实现利润4704亿元，同比增长39.3%。其中重点大中型钢铁企业主营业务收入4.13万亿元，同比增长13.8%；实现利润2863亿元，同比增长41.1%，销售利润率达到6.93%。我国钢铁企业主体装备总体达到国际先进水平，已拥有一批3000立方米以上高炉、200吨以上转炉等世界最先进的现代化冶金装备。重点大中型钢铁企业1000立方米及以上高炉产能占炼铁总产能的72%，100吨及以上转炉（电炉）产能占炼钢总产能的65%。

一、钢铁生产

2018年我国粗钢产量与2017年同期相比有明显增长，主要原因一方面是2017年“地条钢”全面取缔后腾出的市场空间由统计范围内的合规企业填补，另一方面是国内市场需求和预期增长促进产能释放；此外，还有统计挤水分的因素；总之，既有市场实际需求旺盛和产量增长的因素，也有之前“隐性”产量“还原”的因素。

从2018年的月度日均粗钢产量变化看，呈现两个特点：一是12个月均实现了快速增长，其中，5个月的同比增幅达到了两位数，11月高达17.34%。特别是1月、2月和11月、12月等“一反往常”，均出现了大幅增长。二是采暖季停限产政策影响显著，2017年四季度开始的采暖季停限产政策到2018年4月告一段落，钢铁产能得以快速释放，二季度日均粗钢产量不断创造历史新高，其中6月份达到267.32万吨，为全年第二高水平。同时，第二轮采暖季停限产政策实际执行比预期“宽松”，导致2018年9月起，日均粗钢产量增幅全部在10%以上，而2017年11月和12月是以负增长收尾，也是2017年仅有的2个月的负增长。

二、钢材价格

从全年情况看，2018年CSPI国内钢材价格平均指数为114.75点，同比上升7.01点，升幅为6.51%。其中1~10月高于上年同期，11~12月同比大幅下降。除了11月、12月，全年总体价格保持上行状态，虽在个别月份价格有短时性波动，但总体仍然相对稳定，8月末，CSPI国内钢材价格指数达到121.99，为2017年以来的最高值（见图1-5）。

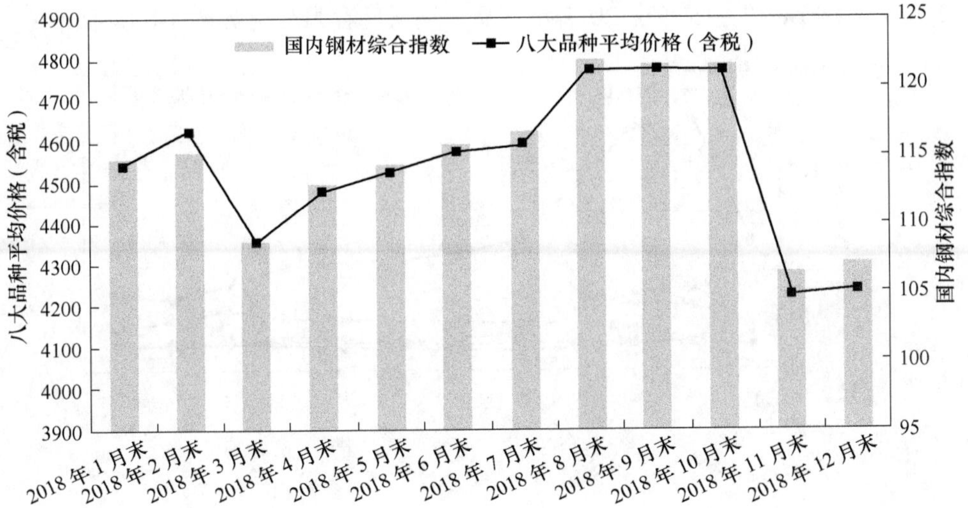

图 1-5　国内钢材价格综合指数变化情况

2018 年，环保限产、宏观经济面临下行压力、贸易摩擦等因素成为钢材市场波动的重要外部影响因素。2018 年年初，供需保持在相对平衡的状态。3 月份正值春节后，钢材库存累积，但需求释放缓慢，钢材价格遭遇 2018 年的第一次“滑铁卢”。此后，市场需求开始释放，加上部分省份在非采暖季发布了一系列环保限产方案，钢材价格迅速修复前期的跌幅，此后在环保预期的不断增强下，钢材价格逐步缓慢上涨。十一国庆假期后，采暖季环保限产不再“一刀切”，由各地方政府因城施策，市场此前积蓄的环保限产预期开始崩塌，加之贸易摩擦阴影下的大宗商品期货和全球债市、股市的应声下滑，以及第三季度我国包括 GDP 增速和各项宏观指标不及预期，市场悲观预期加强，波及钢材市场，10 月下旬开始，钢材价格开始大幅下降。进入 12 月份以后，受多因素影响，钢材市场有所回调，但增长动力不足。

三、钢材库存

据中国钢铁工业协会统计，2018 年 12 月月底，全国 20 个城市 5 大类品种钢材社会库存量合计 797.57 万吨，环比下降 3.07%，2018 年钢材库存自 2 月份明显增长后整体处于下降趋势。2018 年年底库存量同比微增 0.4%，其中，螺纹钢、热轧、冷轧、线材和中板库存量同比增长率分别为 –3.46%、4.41%、

2.20%、4.40% 和 –4.28%。2018 年各品种钢材库存量变化如图 1-6 所示。

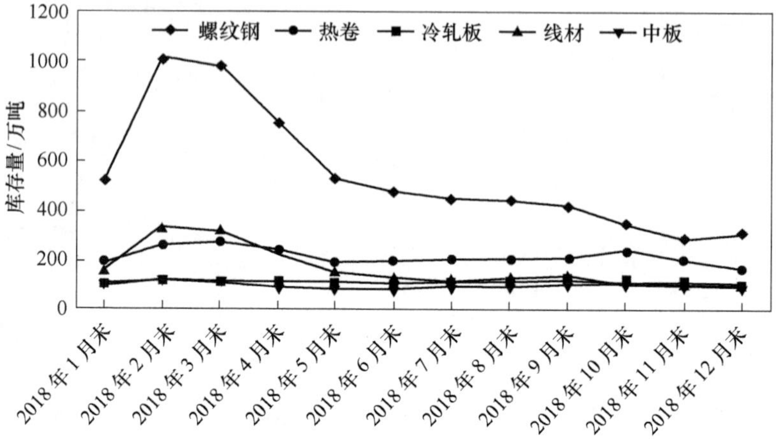

图 1–6　2018 年各品种钢材库存量变化

2018 年四季度，随着进入秋冬季北方施工陆续停止，下游行业需求下降，加上之前钢材价格处于高位后出现大幅度的下跌，中间商的囤货意愿降低，社会库存逐渐降低。

四、钢材进出口

2018 年，我国进口钢材 1317 万吨，同比降低 1.0%；钢材出口为 6934 万吨，同比下降 8.1%，降幅较 2017 年收窄 22.4 个百分点。从全年来看，我国钢材月度进口量较为稳定，维持在 100 万 ~ 125 万吨区间；2018 年上半年，我国钢材出口量呈增长态势，下半年钢材出口量震荡下降。受国内钢材价格高位运行、钢铁行业贸易摩擦增多的影响，2018 年我国钢材出口量同比有所回落，但降速明显放缓。2018 年我国钢材进出口量变化如图 1-7 所示。

五、钢铁行业效益

2018 年，在持续推进供给侧结构性改革深入推进、严禁新增产能和防范“地条钢”死灰复燃等措施推动下，钢铁行业运行取得了稳中向好的发展态势。2018 年 1 ~ 12 月，中钢协会员企业实现工业总产值 3.46 万亿元，同比增长 14.67%；实现销售收入 4.11 万亿元，同比增长 13.04%；盈利 2862.72 亿元，

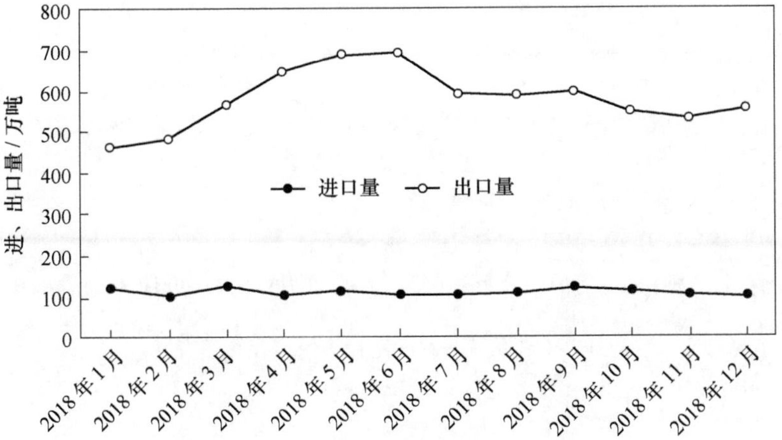

图 1-7 2018 年我国钢材进出口量变化

同比大幅增长 41.12%；资产负债率 65.02%，同比下降 2.63 个百分点。

六、钢铁行业固定资产投资

国家统计局数据显示，2018 年，全国固定资产投资（不含农户）635636 亿元，比上年增长 5.9%。其中，制造业投资增长 9.5%，与 2017 年相比提高 4.7 个百分点。

2018 年，黑色金属冶炼和压延加工业固定资产累计投资增长 13.8%，与 2017 年累计投资增长 -7.1% 的增速相比，提高了 20.1 个百分点（注：2018 年 2 月起，国家统计局不再公布各月累计投资额数据）。

2018 年以来，钢铁行业投资明显回暖，扭转了上年的下滑趋势。钢铁行业投资回暖的因素，主要有以下几个方面：一是 2017 年下半年大批通过公示的产能置换项目于 2018 年进入建设阶段；二是生态环保部推动钢铁行业超低排放改造工作，且 2018 年秋冬季限产实施差异化错峰生产，提升钢铁企业进行环保改造积极性；三是当前钢铁行业处于景气区间，高利润推动钢厂积极开展项目建设。进入四季度，受寒冬气候影响，再加上秋冬季环保限产政策开始执行，北方地区项目建设进度明显放缓，11 月钢材价格下跌也降低了企业的投资意愿。

2018 年钢铁行业固定投资月度变化情况如图 1-8 所示。

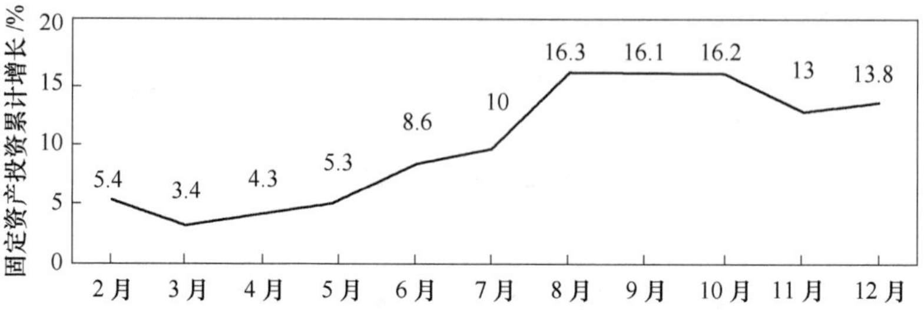

图 1-8　钢铁行业固定投资月度变化情况

第三节　中国钢铁产业发展面临形势

"十三五"以来，在供给侧结构性改革战略部署的正确引导下，钢铁工业化解过剩产能、提高品种质量，实施绿色发展、推进智能制造，成绩来之不易，竞争力明显提升。随着2018年我国钢铁去产能目标任务的完成，钢铁工业进入"十三五"后期，正处于由数量发展时期向高质量发展时期转变的关键阶段，"十四五"末的2025年是中国制造强国"三步走"战略完成第一步的目标节点，我国将迈入制造强国行列。因此，从当前到"十四五"末的七年，对实现钢铁强国梦想是至关重要的。面临新机遇、新挑战，钢铁企业必须认清新时代的形势变化，聚焦"高质量"发展这个核心目标，瞄准世界一流，持续提升竞争力。

一、供给侧结构性改革为中国钢铁高质量发展打下了坚实基础

一是供给侧结构性改革统一了思想认识，明确了对钢铁产能严重过剩的判断，坚定了壮士断腕去产能的决心。在推进供给侧结构性改革之前，关于钢铁产业是否产能过剩？产能过剩是全面过剩、绝对过剩？还是结构过剩、阶段性过剩？存在很多不同的认识，有些认为本地、本企业有优势有条件继续上项目做大产能，有些认为"钢铁产能过剩只是一个传说"，有些认为违法违规产能"存在就是合理的"，有些认为"产能过剩是正常现象"不必大惊小怪。供给侧结构性改革"去产能"的推进实施，给以上错误的认识、行为画上了

休止符，使方方面面的思想、目标和行动统一到中央正确的决策部署上。

二是供给侧结构性改革切实解决了困扰钢铁行业多年的“地条钢”问题。“地条钢”产品差、质量不稳定，存在极大的使用安全、生产安全隐患，“地条钢”企业经营不规范，严重扰乱正常的市场竞争秩序。尽管“地条钢”早在20年前就被列为淘汰对象，但由于种种原因，这一问题长期以来不但没有得到解决，反而堂而皇之越做越大、愈演愈烈，甚至不少“地条钢”企业取得了生产许可证、披上了合法的外衣，大有登堂入室、喧宾夺主之势。供给侧结构性改革“去产能”的推进实施，以雷霆万钧的力量，查处了700多家涉及地条钢的企业，约1.4亿吨的产能已全部拆除、查封，有效地净化了市场竞争环境。

三是供给侧结构性改革“去产能”实实在在压减了我国过剩的钢铁产能。钢铁行业在“十二五”期间淘汰落后炼钢产能9480万吨的基础上，2016~2017年累计退出粗钢产能超过1.2亿吨，2018年超额完成压减钢铁产能3000万吨的任务，也即自《关于钢铁行业化解过剩产能实现脱困发展的意见》（国发[2016]6号）发布以来，我国压减粗钢产能超过1.5亿吨（不含“地条钢”），到2018年年底，已提前完成“十三五”确定的钢铁去产能1.0亿～1.5亿吨的上限指标。与此同时，粗钢产能利用率大幅上升，积极地朝着合理区间逐步回归。

四是供给侧结构性改革为解决全球钢铁过剩问题做出了中国贡献、提供了中国智慧。中国推进供给侧结构性改革，实施钢铁“去产能”，彰显了世界第一钢铁大国的担当，树立了负责任大国的国际形象。作为世界第一钢铁生产消费大国，中国钢铁产业在全球具有举足轻重的影响力，面对钢铁产能过剩这一全球性的国际化问题，中国毫不回避、勇于承担、率先发力，发挥中国特色社会主义市场经济制度的优越性，以全新的理念、统筹的安排、卓越的组织、周密的部署和高效的行动，在世界工业史上前所未有地促使以亿吨计的过剩钢铁产能稳步退出，提出并参与创建了G20钢铁过剩产能全球论坛，为全球化解钢铁产能过剩矛盾做出了表率。2016年，全球粗钢产量16.285亿吨，产能利用率69.3%，中国压减过剩钢铁产能6500万吨以上，对提高全球钢铁产能利用率的贡献是1.9个百分点，而除中国外其他地区的贡献是–2.3个百分点。2017年，全球粗钢产量16.912亿吨，产能利用率70.9%，中国压减过剩钢铁产能5000万吨以上，对提高全球钢铁产能利用率的贡献是1.5个百分点，而除中国外其他地区的贡献是 -2.6 个百分点。

五是供给侧结构性改革推动钢铁企业树立了新发展理念，依靠创新驱动提升有效供给。河钢集团收购塞尔维亚斯梅代雷沃钢厂，迈出了国际化的坚实步伐，习近平总书记亲临视察、寄予厚望。宝钢、武钢合并为中国宝武集团，实现了中国钢铁产业破局性重组，将对中国乃至世界钢铁竞争格局产生深远影响。马钢、太钢研发的时速 350 公里高速动车组轮、轴材料完成 60 万公里运行考核，奠定高铁轮轴国产化基础。鞍钢打破国内双相不锈钢板宽幅极限，实现我国核电关键设备与材料国产化、自主化。兴澄特钢 250 毫米厚度 EH36 钢板，成功应用于我国“海洋石油 162”首座移动式试采平台，打破国外垄断。“十三五”至今，共有 282 项产品的实物质量达到国际同类产品实物水平，为行业优质产品，被授予“金杯奖”称号；共有 20 项产品实物质量达到国际先进实物质量水平，为行业产品标杆，被授予“特优质量奖”称号。

六是供给侧结构性改革有力抑制了违法违规的新增钢铁产能项目。曾几何时，钢铁产业几度陷入了项目越限越多、产能越关越大的怪圈。国家明文规定的钢铁产业政策、规划、标准和规范等，在一批又一批的违法违规钢铁项目面前显得苍白无力，反而成为了依法依规建设的钢铁项目的紧箍咒。二者的效率、效益孰优孰劣？高下立判，这是典型的劣币驱逐良币的现象。供给侧结构性改革“去产能”的推进实施，有效关住了新增产能等违法违规项目进入钢铁产业的大门，真正管住了扩大产能的源头。

七是供给侧结构性改革促使钢铁行业效益大幅回升，市场信心显著增强。随着市场需求企稳以及钢铁产能的压减，钢铁行业经营状况持续改善，市场信心明显增强。2016 年，中钢协会员企业实现盈利 304 亿元，同比扭亏增盈 1083 亿元，钢材综合价格指数由年初的 56.37 点上涨到 99.51 点；2017 年，中钢协会员企业实现工业总产值 3.04 万亿元，同比增长 32.76%；实现销售收入 3.69 万亿元，同比增长 34.05%；累计盈利 1773.36 亿元，同比大幅增长 613.57%。2018 年，中钢协会员企业主营业务收入 4.13 万亿元，同比增长 13.8%；实现利润 2863 亿元，同比增长 41.1%，利润率达到 6.93%。

二、目标完成情况

《钢铁产业调整升级规划（2016~2020 年）》（以下简称为《规划》）提出

的总体目标是，到 2020 年钢铁工业供给侧结构性改革取得重大进展，实现全行业根本性脱困，产能过剩矛盾得到有效缓解，粗钢产能净减少 1 亿～1.5 亿吨。该总体目标基本已经提前完成，全行业实现脱困发展。

具体指标完成情况见表 1-1。

表 1–1 《规划》具体指标完成情况

序号	指　标	2015 年	2020 年目标	目前情况	预期目标能否完成
1	工业增加值增速 /%	5.4	6.0 左右（年均增速）	2016 年、2017 年增速分别为 −1.7 和 0.3，2018 年增速为 5.0	难以完成
2	粗钢产能 / 亿吨	11.3	10 以下	根据国家官方口径，从 2015 年年底数据和近年去产能数，目前已经较为接近该数值	可以完成
3	产能利用率 /%	70	80	从实际情况看，粗钢产能利用率已经实现了目标	可以完成
4	产业集中度（前 10 家）/%	34.2	60	2016~2018 年 CR10 分别是 35.87、36.9 和 35.2	难以完成
5	钢铁智能制造示范试点 / 家	2	10	9，完成度 87.5%	可以完成
6	主业劳动生产率 / 吨钢 ·（人 · 年）$^{-1}$	514	1000 以上	2017 年主业劳动生产率 593.77，指标完成度 16.4%	难以完成
7	吨钢能源消耗总量 / 千克标煤	—	下降 10% 以上	2018 年粗钢产量 9.28 亿吨，重点企业吨钢综合能耗指标 559，测算能耗总量超过 2015 年	难以完成
8	吨钢综合能耗 / 千克标煤	572	≤ 560	2018 年吨钢综合能耗指标 559	已实现
9	吨钢耗新水量 / 立方米	3.25	≤ 3.2	2018 年吨钢取水量 2.75	已实现
10	污染物排放总量	—	下降 15% 以上	根据近年环保治理情况和超低排放改造启动实施可以实现	可以完成
11	吨钢二氧化硫排放量 / 千克	0.85	≤ 0.68	2018 年为 0.53，比 2015 年下降 38%	已实现
12	钢铁冶炼渣综合利用率 /%	79	90 以上	2018 年为 98.1	已实现
13	研发投入占主营业务收入比重 /%	1.0	≥ 1.5	2017 年黑色金属冶炼及压延行业为 0.99	难以完成
14	钢结构用钢占建筑用钢比例 /%	≥ 25	2018 年比重约为 18.6%	2018 年比重约为 18.6%。	有望完成

续表 1-1

序号	指标		2015 年	2020 年目标	目前情况	预期目标能否完成
15	两化融合关键指标	综合集成大型企业比例 /%	≥ 44	45.4	根据国家工业信息安全发展研究中心报告，2018 年此项指标为 45.4%	已实现
		管控集成大型企业比例 /%	≥ 42	30.7	根据国家工业信息安全发展研究中心报告，2018 年此项指标为 30.7，尽管指标完成度仅 13%，但从推进前景看，仍有望完成	有望完成
		产供销集成大型企业比例 /%	≥ 50	42.2	根据国家工业信息安全发展研究中心报告，2018 年此项指标为 42.2，尽管前三年实施不理想，但从推进前景看，仍有望完成	有望完成

“十三五”时期钢铁工业调整升级的 17 项主要指标完成情况（见图 1-9），已实现 5 项，可以完成 4 项，有望完成 3 项，难以完成 5 项，预期总的目标完成率 71%。

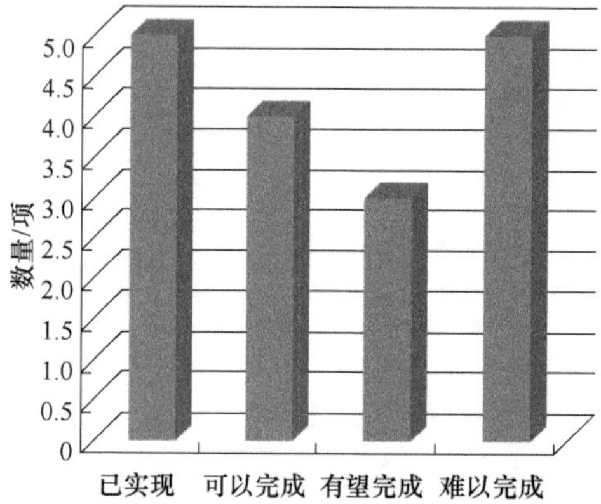

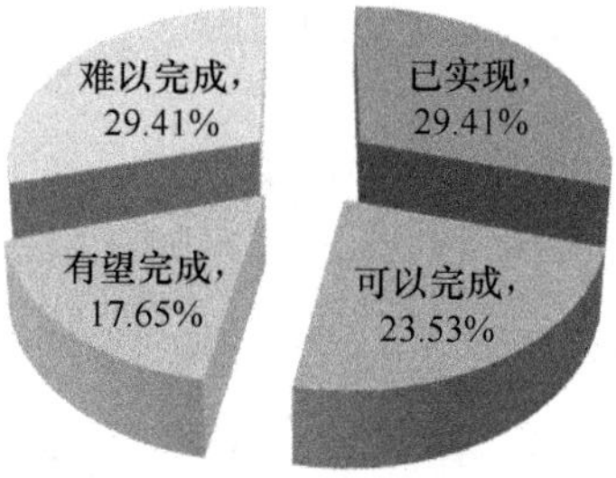

图 1-9 《规划》具体指标完成情况统计

三、中国钢铁工业发展阶段判断

中国钢铁工业发展可归纳为“两个时期、五个阶段”（见图 1-10）：第一个时期是数量时期，包括增量阶段、减量阶段，第二个时期是高质量时期，包括重组阶段、低碳阶段，两个时期中间有个过渡阶段，即环保治理阶段。

从这个大的发展规律来看，目前钢铁行业发展正处于数量时期的减量阶段、高质量时期的重组阶段和中间过渡的环保阶段的三期叠加，正是承上启下的重要节点，减量、环保都取得了积极的进展，重组成为关键所在，将决定能否实现由数量时期向高质量时期的平稳过渡。

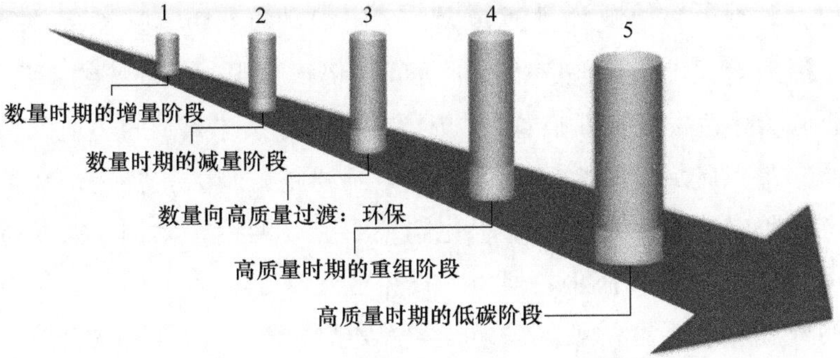

图 1-10　中国钢铁工业发展阶段研判

四、中国钢铁工业发展面临挑战

随着我国社会主要矛盾的转变，对钢铁行业发展也提出了新的更高要求。长期困扰钢铁行业健康发展的深层次矛盾尚未有效解决，在防范新增产能、推进兼并重组、强化绿色发展、提升创新能力等方面，钢铁产业仍然任重道远。

一是新增产能和“地条钢”死灰复燃风险犹存。随着行业形势趋好，市场新上钢铁项目的动力强劲，部分地区防范“地条钢”死灰复燃的压力很大。能否控制新增产能和“地条钢”死灰复燃，事关供给侧结构性改革去产能的成败，必须高度重视，保持高压态势。同时，依法依规、实事求是科学界定“地条钢”，加强监管，积极引导合法规范产能有序释放，确保市场供需基本面稳定。

二是推重组促转型任务仍很艰巨。从 2005 年《钢铁产业发展政策》发布，到 2010 年的《关于促进企业兼并重组的意见》、2013 年的《关于加快推进重点行业企业兼并重组的指导意见》、2014 年的《关于进一步优化企业兼并重组市场环境的意见》、2016 年的《关于钢铁行业化解过剩产能实现脱困发展的意见》和《关于推进钢铁产业兼并重组处置僵尸企业的指导意见》以及历年的钢铁行业发展规划等一系列钢铁产业政策，均提出了推动钢铁行业兼并重组、提高产业集中度的要求。尽管我国钢铁行业通过兼并重组，出现了宝武、河钢、鞍钢、首钢、山钢、沙钢等一大批钢铁企业集团，但从前十名钢铁企业的集中度来看，一直处于较低水平，2018 年，CR10 为 35.2%，又跌回“十三五”初期水平，距离国家提出的 60% 目标依然十分遥远。

三是钢铁企业环保问题尚未充分解决。当前，我国钢铁行业环境问题并未得到根本转变，氮氧化物排放量大、无组织排放严重、运输环节仍然以汽车为主、污染治理设施水平依然低下等问题仍很突出。受环境约束日趋强化，钢铁工业低碳绿色发展也面临着新的困难和挑战，京津冀及周边地区、长三角、汾渭平原等重点区域的环境容量和承载力制约越来越大。特别是在长三角等地区钢产量仍在增加，环境质量恶化趋势明显。河钢、太钢、德龙等钢铁企业位居世界最清洁钢铁企业之列，一批企业建成了绿色工厂，但仍有部分钢铁企业的环境治理不容乐观。污染较为严重区域大都拥有钢铁企业，钢铁企业污染物控制水平参差不齐，重点区域企业的污染物减排仍难以满足国家新要求。

四是自主创新水平仍有待提高。近几年，我国钢铁企业创新意识不断增强，研发投入持续增加，以中国宝武、中信泰富、南钢等为代表的钢铁企业研发投入占主营业务收入比重普遍超过了 1.5%，但距日本等国际领先钢铁企业近 3% 的比例仍有差距；2017 年黑色金属冶炼及压延行业研发投入占比仅为 0.99%，差距更大。钢铁工业技术创新的自主性、协同性、系统性、稳定性、持续性仍有不足，在技术供给上仍不能完全满足行业发展需求。部分核心工艺技术不掌握，尚未摆脱关键、核心技术追随者的角色，虽然目前大型冶金设备国产化率按重量可达 90% 以上，但关键、核心技术仍在依靠进口。因此，未来很长时间，我国钢铁企业仍须提高创新意识，加大研发投入，提高创新能力。

第二章　河钢集团商业模式的内涵、特点与创新路径

本章要点

对商业模式的概念与逻辑的重新定义：梳理回顾了企业界和专家学者对于商业模式的主要观点，有两种误区，一是将商业模式与盈利模式混为一谈，二是主要以企业的业务系统为对象来研究商业模式。新时代需要以全新的视角来审视商业模式，这个全新的视角就是跨界融合。在此基础上，首次提出企业竞争力“三元论”：生产力、生产关系和商业模式决定了企业的竞争力。延伸而来，在跨界融合视角下，商业模式的逻辑体系应包括客户群体、价值体系、核心能力、发展方式等四个层面。

河钢集团商业模式创新之路的途径：分别从商业模式逻辑体系的四个层面，分析了传统钢铁企业商业模式的特点。河钢集团对商业模式的创新，是在理念上的全新突破，是在战略上的主动为之，是在方向上有的放矢。河钢集团商业模式创新，以跨界融合为突出特点：一是跨越了传统的“工厂－客户”的交互界面；二是跨越了传统的“本地－周边”的区域界面；三是跨越了传统的“原料－钢铁”的产业界面；四是跨越了传统的“投资－经营”的管控界面。

河钢集团商业模式创新的顶层设计：基于对商业模式的理论、逻辑和路径的认识，如商业模式是企业竞争力“三元论”的重要组成要素，从客户层、价值层、能力层、发展层解析商业模式的方法等，河钢集团分别从产业链条嵌入、产品结构升级、空间布局拓展、业态培育进化、集团管控迭代、企业绿色发展、科技创新融合等方面采取措施，推动跨界融合创新。

第一节 商业模式的概念界定与逻辑体系

一、商业模式的研究综述

世界级管理学大师彼得德鲁克说过："今天企业间的竞争已经不是产品间的竞争，而是商业模式之间的竞争。"自新常态以来，钢铁等传统制造业经历了一轮重新洗牌的过程，特别是党的十九大之后，中国进入了高质量发展阶段。随着供给侧结构性改革的深入推进，钢铁企业扩规模、"低成本"为王的时代已经终结，钢铁企业的竞争不可逆转地进入到"商业模式"的竞争时代。业界人士日益认识到，商业模式是甄别企业市场竞争力强弱的关键点之一，也是企业高效获取成功的重要基石。

具体而言，什么是商业模式？在社会主义市场经济条件下，商业模式发挥着怎样的作用？

许多专家学者深入研究过商业模式。如 Geoffrey Colvin 认为，商业模式就是企业赚钱的方式；Rappa 将商业模式描述为"清楚地说明一个公司如何通过价值链定位赚钱"；也有人（Weil 和 Vital）认为商业模式是在一个公司的消费者、联盟、供应商之间识别产品流、信息流、货币流和参与者主要利益的角色和关系；Richardson 和 Allen 认为，商业模式有三个层次，一是战略层面，二是运营层面，三是经济层面，而对商业模式的把握需要关注六个方面的问题：一是怎样创造价值，二是为谁创造价值，三是竞争力和优势来源，四是与竞争对手的差异，五是怎样盈利赚钱，六是时间、空间和规模的目标等；魏炜与朱武祥认为商业模式本质上就是利益相关者的交易结构，包括内部利益相关者和外部利益相关者，商业模式解决的是企业战略制定前的战略问题，也是链接客户价值和企业价值的桥梁。

二、商业模式的概念内涵

纵观过去关于商业模式的研究，有两种主要的误区，第一种误区是简单地、孤立地理解商业模式，比如将商业模式与盈利方式混为一谈；或者将商业模式与管理方式混为一谈；第二种误区是从相对静态的角度，以企业的业务系统为对象来研究商业模式。而随着以互联网、大数据、云计算等为手段的新一轮科技革命的发展，以及全球化的深入发展，特别是中国经济更深度、更紧密地融入世界经济，需要以全新的视角来审视商业模式，这个全新的视角就是跨界融合，只有以跨界融合的视角来审视传统钢铁企业的商业模式，才能客观地理解商业模式的概念、内涵，也才能正确地设计出符合钢铁企业发展需要的商业模式，引领钢铁企业可持续健康发展。

如上所述，商业模式与企业竞争力息息相关，以跨界融合的视角观察商业模式，首先要明确跨界融合视角下的商业模式的概念定位。传统概念认为，企业的竞争力主要与企业的生产力、生产关系相关，也即企业竞争力的二元论。比如，从企业这一微观主体层面，生产力包括企业掌握的规模、装备、资源、渠道、所处的环境等物质基础，生产关系包括企业的所有制性质、资本结构、组织结构、管理流程和企业文化等。在社会主义市场经济条件下，则很难只从生产力、生产关系的角度来理解企业竞争力，市场经济必然要产生交换，进而必然存在商业行为，以及由此确立的交易模式。因此，企业竞争力必须要引入商业模式这个新的概念，商业模式具有介于生产力和生产关系之间的属性，商业模式、生产力和生产关系，从三元角度界定了企业这一微观主体的竞争力（见图 2-1）。

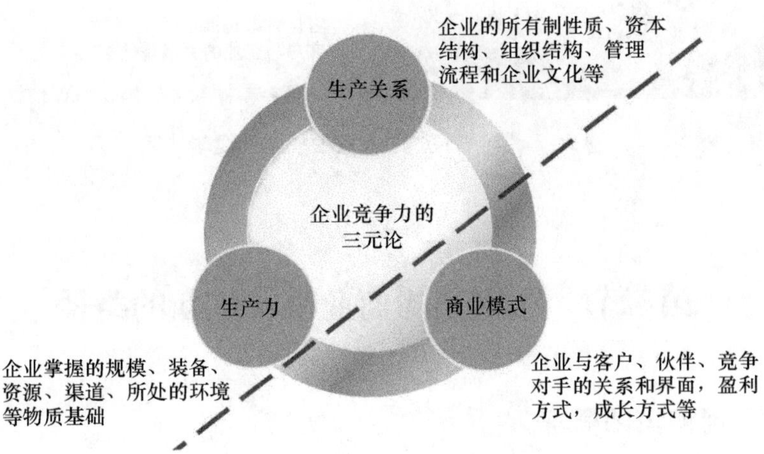

图 2–1　跨界融合视角下企业商业模式的概念定位

三、商业模式的逻辑体系

跨界融合视角下，商业模式的逻辑体系应包括客户群体、价值体系、核心能力、发展方式等四个层面（见图 2-2）。

第一层面：客户层，包括客户对象，以及客户与企业的关系；

第二层面：价值层，包括为客户提供何种价值，企业自身的价值（投资价值、地位、影响力等）；

第三层面：能力层，企业必须具备哪些能力，以实现客户需要的价值和企业自身的价值；

第四层面：发展层，企业的发展方式，企业的能力在根本上由企业的发展方式决定。

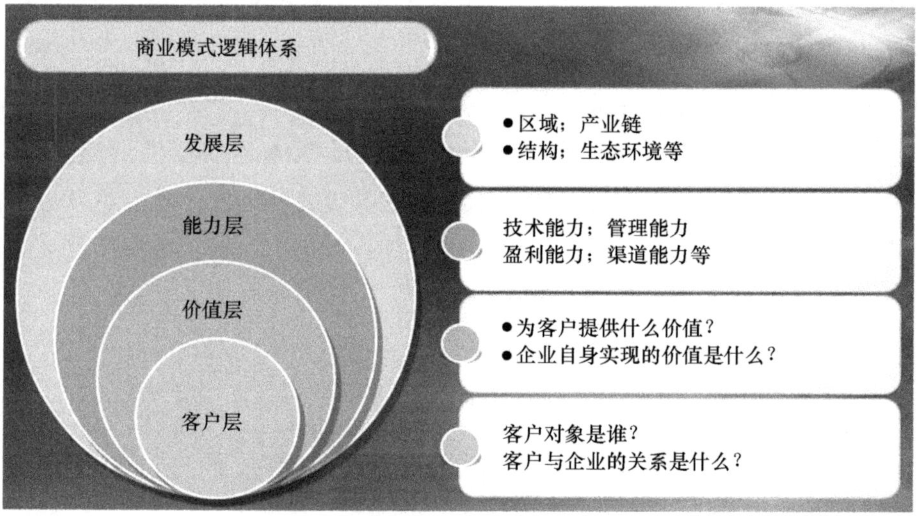

图 2-2 “四圈层”企业商业模式的逻辑体系

第二节　河钢集团商业模式创新的路径

一、河钢集团概况

河钢集团是世界最大的钢铁材料制造和综合服务商之一，以“最具竞争力钢铁企业”为愿景，致力于为各行各业提供最具价值的钢铁材料和工业服务系统解决方案，建设钢铁材料、新兴产业、海外事业与产业金融协同发展，具有世界品牌影响力的综合性跨国产业集团。

截至2018年，河钢集团拥有全球员工近12万人，其中海外员工1.2万人，实现年营业收入3368亿元，总资产4375亿元。2019年，居世界企业500强第214位，2018年，中国企业500强第54位，中国制造业企业500强第17位，中国跨国公司100大第30位。在MPI中国钢铁企业竞争力排名中获“竞争力极强”最高评级，是世界钢铁协会副会长/会长、中国钢铁工业协会轮值会长单位。

河钢集团不断推进钢铁产业升级，已经成为中国第一大家电用钢、第二大汽车用钢供应商，中国核电、海洋工程、建筑及桥梁用钢领军企业。以“全球拥有资源、全球拥有市场、全球拥有客户”的定位，实施产业链全球化布局。目前，控、参股境外公司70多家，控制运营海外资产超过100亿美元，商业网络遍及全球110多个国家和地区，成为中国国际化程度最高的钢铁企业。

二、传统的钢铁企业商业模式

钢铁产业是国民经济的重要基础产业，曾经在相当长的时间内，钢铁产业处于“钢老大”的位置，产品是“皇帝的女儿”不愁卖，只要生产出来就是效益，市场话语权很大。从商业模式的角度分析传统钢铁企业：在客户层面，众多的经销商依托钢铁企业生存，直供客户很少，钢铁企业客户服务意识差，缺乏以客户为中心的理念；在价值层面，钢铁企业提供的仅仅是钢材，缺少增值服务、延伸加工等，在此情况下，企业是没有本质化的市场竞争力的，只是凭借优势地位在获取利益；在能力层面，获取审批资源、资金开动项目建设，扩大生产规模就是硬道理，创新、技术、管理等是其次；在发展层面，主要方式就是建设项目，增加产能，规模为王。

三、传统的钢铁企业商业模式转型背景

传统的钢铁企业的商业模式，与彼时的钢材需求线性增长，产品供不应求的行业环境是紧密相关的，也是相契合的。随着中国经济发展进入新常态，

钢材需求逐渐步入峰值弧顶区间，但传统的发展动力、经营方式的巨大惯性仍然驱使钢铁企业沿袭之前的商业模式，导致了严重的产能过剩，企业技术能力、管理能力和创新能力等滞后，无法有效满足市场需求的迭代升级，也就是说，在巨大的形势变化面前，多数钢铁企业未能及时调整商业模式，进入集体无意识状态，钢铁企业之间迸发恶性竞争，引发钢铁行业整体陷入了困局。与众不同的是，河钢集团在这个阶段，有意识地从重构商业模式系统出发，对集团经营进行提质增效式的升级，而不是一味地降低成本、简单的开发品种，因此，取得了远远超出一般的发展成效。

四、河钢集团新商业模式的特点与转型路径

河钢集团新商业模式的打造，是以跨界融合为突出特点的，既适应了新常态对钢铁产业的新要求，也为今后高质量阶段的企业发展奠定了坚实的基础。所谓跨界融合，概括而言包括以下几方面：

一是跨越了传统的“工厂－客户”的交互界面，体现在产业链条的嵌入式延伸，大幅减少中间环节，掌控高端渠道，动态地深度满足、引导乃至创造客户需求，并主动调整客户结构，升级客户群体，重新定义了钢铁企业与客户之间的关系，以客户的高度决定产品的高度，以产品的高度决定企业的高度，刷新了钢铁这一传统产业对客户服务的新认知。

二是跨越了传统的“本地－周边”的区域界面，体现在积极响应“一带一路”倡议，“走出去”发展，打造“世界的河钢”，从区域性钢铁企业集团，转变成为中国国际化程度最高的钢铁企业集团，大大拓展了河钢集团的经营空间，建成了国际化的采购、制造、销售、融资、物流、人才、创新网络，具备了敏锐捕捉国际投资机遇、精准研判国际投资价值、牢固掌握国际投资风险的能力。

三是跨越了传统的“原料－钢铁”的产业界面，体现在沿钢铁产业链条伸展，在具有优势的环节，建立多元化的产业生态圈，还原钢铁主业竞争力。采用市场化的运作方式，依托钢铁大平台所带来的各类商业资源，进行产业化开发，不断优化完善现金流结构，促进盈利模式迭代升级。

四是跨越了传统的“投资－经营”的管控界面，体现在打破投资建设、投资并购后直接经营的单一管控模式，针对不同产业、不同国别、不同阶段

的投资项目（公司），因地制宜、因企制宜，实事求是采用具有实效的方式进行灵活管控，并根据发展需要进行调整，从整体架构上，是一种介于“战略型”、“经营型”和“财务型”之间的混合型管控模式。

河钢集团商业模式转型路径对比见表 2-1。

表 2-1　河钢集团商业模式转型路径对比

序号	模式因素	河钢集团新商业模式	河钢集团传统商业模式
1	客户层	构建大客户服务体制，优化客户结构，与客户共同成长，客户的高度决定产品高度和企业高度。随着新业态体系构建，扩展客户群体	客户群体单一，经销商为主，缺乏清晰的客户图像，客户服务意识淡薄，服务体系建设滞后甚至缺失
2	价值层	从经营产品到经营客户，在满足客户对产品、服务的基本需求基础上，帮助客户提高竞争力，价值在于让客户更好的发展成长； 河钢集团的综合竞争力大大提高，向最具竞争力的世界一流钢铁企业集团迈进，河钢集团市场价值、品牌价值和影响力显著提高	简单的钢材买卖关系，价值在于满足原始的、粗放的钢材需求；企业在中低端层面挣扎纠结，竞争力难以继续提高，无法体现优势技术装备的作用，企业缺乏行业地位和国际影响力
3	能力层	一流的技术创新能力和技术创新平台，高效的技术创新体系； 实用、灵活、动态优化的集团管控体系；较强的盈利能力，融资能力	主要体现在当时国内钢铁产能规模第一，以及掌控数量众多的矿山资源等方面
4	发展层	国际化路线，拓展经营空间范围； 延伸产业链，嵌入下游行业需求； 调产品结构，满足客户升级要求； 抓绿色发展，适应生态环境变化	不断建设项目，扩充规模，增加要素投入，以高杠杆支撑快建设，以高投入支撑大生产

第三节　河钢集团商业模式创新的顶层设计

根据“四圈层”企业商业模式的逻辑体系，河钢集团从产业链条嵌入、产品结构升级、空间布局拓展、业态培育进化、集团管控迭代、企业绿色发展、科技创新融合等方面，在客户层、价值层、能力层、发展层进行顶层设计，遵循商业模式规律，战略性推动企业转型升级，实现高质量发展。

河钢集团跨界融合商业模式创新的顶层设计见表 2-2。

表 2-2　河钢集团跨界融合商业模式创新的顶层设计

序号	跨界融合	商业模式的逻辑关系			
		客户层	价值层	能力层	发展层
1	产业链条嵌入	全面而又深入地改变河钢集团与客户之间的交互界面，实现了与目标高端客户的深度融合	在价值层，介入客户的深层次需求，既满足其当期需求，又引导其未来需求，既满足其产品需求、又响应其服务需求	通过产业链条嵌入，协同产学研用，具备了高端产品的制造、服务、研发等综合能力，确保客户需求得到满足	主要是采取了合作、收购成熟的已有营销网络渠道，收购、建设加工配送中心，共建研发平台，收购特定的产业链中间环节等方式
2	产品结构升级	以客户层为龙头，重新定义河钢集团与客户的关系	以更高品级、更高质量的钢材与服务，为客户提供更高价值，同时实现企业的经济价值和市场价值	加强技术能力、管理能力，提高产品质量稳定性，开发推广高品质用钢，满足中高端客户需求	在发展方式上，打造以产线为中心的市场单元，构建大客户经理制
3	空间布局拓展	依托瑞士德高营销网络，前所未有地扩大河钢集团的国际客户群体，直接带动了客户的扩容、升级	实施优质产能合作，以优势技术、管理、资本和网络渠道，提升了相关国家和地区的钢铁产业发展水平，有效满足了其发展需求，同时企业价值得以在充分展现、提升	通过网络构建、产业布局和人才培养，具备了强大的国际竞争力和全球经营能力，品牌、商誉等软实力等大幅提高	通过控股德高公司建立“全球营销服务和投融资平台”，并购塞尔维亚斯梅代雷沃钢厂和南非 PMC，建立“全球钢铁材料制造平台”，与国际知名研究机构、高校建立“全球技术研发平台”
4	业态培育进化	推进市场化多元产业发展，扩充了原本单一的钢铁客户群体，丰富了客户群的层次	充分利用钢铁平台资源和流量，为各层面的客户提供更具价值的产品和服务，同时提升了河钢集团的经济价值、社会价值和环境价值	通过技术创新、并购或合作，市场化运作，为新产业、新业态和新模式的发展提供支撑	不断完善多元产业管理体制和经营考核机制，引入市场机制、融入社会资源，开展资本运作，持续高效地盘活存量资源、激活低效资产，放大资产效益
5	集团管控迭代	从客户的深度要求出发进行产业管控迭代顶层设计	积极响应客户需求，如着力构建客户导向型的营销体系，实施以客户为导向的战略绩效考核体系等	采取了加强集团资金集中管控、构建钢铁集团智能协同办公平台等	推进管理组织体系扁平化变革，根据产业特点打造个性化管控方式，建立海外业务集中高效管控体系
6	企业绿色发展	密切响应客户层需求，围绕绿色产品，提高强度、减轻重量，科学研发、生产并引导钢材合理使用，而绿色产业的发展使得河钢集团客户群体从钢铁领域进一步扩展	通过绿色制造、绿色物流等绿色体系打造，极大提升了河钢集团绿色发展品牌，提高了企业价值	形成了完善的绿色管理体系，开发应用了烧结脱硫脱硝等绿色技术	通过制订绿色行动计划，创建绿色工厂、绿色矿山，制定绿色产品标准等，走出了一条行业领先的绿色发展道路
7	科技创新融合	河钢集团科技研发融合面向市场、产品，产学研用，落脚点在用	推进科技研发，实施技术创新，有效满足客户对产品、服务价值的需要和追求，同时开发出具备推广价值的产业技术，成为企业效益的新增长点	通过创新体系设计和人才、机制的支撑，有力保障了客户价值、企业价值的实现	加强创新投入，整合内部技术资源，创建中试基地，强化创新体系建设，打造全球技术研发平台

第三章　产业链条嵌入

本章要点

河钢集团产业链条嵌入的背景：在打造嵌入式产业链条之前，河钢集团经过多年发展在生产规模上已处于行业领先位置，工艺技术装备水平大幅提高，但钢铁产业链的商业价值远没有充分发挥，产品档次与一流水平仍有差距，亟需向中高端迈进，提高终端用户比例。然而在产能严重过剩的情况下，只有掌握了通往终端客户的渠道，才能重塑产业价值链，提高企业竞争力。

河钢集团产业链条嵌入的核心理念：以资本为纽带，将钢铁产业链嵌入下游用钢行业产业链，创新钢铁企业与下游企业供应链合作的新模式，进而实现与高端客户的无缝对接。以渠道为桥梁，融入全球最大营销网络，打造全球营销服务平台，形成与国际接轨的先进市场理念和营销模式，提升全球资源配置能力。

河钢集团产业链条嵌入的实施路径：

（1）沿价值链开展资本合作，将产业链条镶嵌到客户端；

（2）建设加工配送体系，打造营销型产业链；

（3）前期深度介入用户需求，共建联合研发中心；

（4）收购全球最大营销网络，打造全球营销服务平台。

河钢集团产业链条嵌入的主要成效：引领带动钢铁产业链的价值提升和产品结构的全面优化，扩大了钢铁产业和下游产业在技术、研发、管理、创新和服务诸方面的协同效应，形成最具竞争力的现代化钢铁产业链条，提高了河钢集团整体运营能力，加快推动从钢铁制造商向综合服务商转变。

河钢集团产业链条嵌入的商业模式规律：河钢集团产业链条嵌入是河钢集团跨界融合实施商业模式创新的领军先锋，按照“四圈层”商业模式的逻辑体系，河钢集团产业链条嵌入直接在客户层发力，全面而又深刻地改变了河钢集团与客户之间的交互界面，实现了与目标高端客户的深度融合。在价值层，介入客户的深层次需求，既满足其当期需求，又引导其未来需求；既满足其产品需求，又响应其服务需求。在能力层，通过产业链条嵌入，协同产学研用，具备了高端产品研发、制造、服务等综合能力，确保客户需求得到满足。在发展层，主要是采取了合作、收购成熟的已有营销网络渠道，收购、建设加工配送中心，共建研发平台，收购特定的产业链中间环节等方式。

第一节　河钢集团建设嵌入式产业链条的背景

一、国家政策引导钢铁企业延伸产业链条

经济发展进入新常态以后，随着供给侧结构性改革各项措施的推进，从国家有关部门到地方各级政府，以及行业协会组织各个方面，都引导、鼓励钢铁企业延伸钢铁产业链条，发展钢材深加工产业，增强钢铁企业市场竞争力。

《中华人民共和国国民经济和社会发展第十三个五年规划纲要》指出：要实施工业强基工程，重点突破关键基础材料、核心基础零部件（元器件）、先进基础工艺、产业技术基础等“四基”瓶颈；推动制造业由生产型向生产服务型转变，引导制造企业延伸服务链条、促进服务增值；推进制造业集聚区改造提升，建设一批新型工业化产业示范基地，培育若干先进制造业中心。

2016年9月，国家印发《关于大力发展装配式建筑的指导意见》指出：以京津冀、长三角、珠三角三大城市群为重点推进地区，常住人口超过300万的其他城市为积极推进地区，其余城市为鼓励推进地区，因地制宜发展装配式混凝土结构、钢结构和现代木结构等装配式建筑；力争用10年左右的时间，使装配式建筑占新建建筑面积的比例达到30%。

2016年年底，工信部发布《钢铁工业调整升级规划（2016~2020）》指出：停止建设扩大钢铁产能规模的所有投资项目，将投资重点放在创新能力、绿色发展、智能制造、质量品牌、品种开发、延伸服务和产能合作等方面。也即钢铁企业未来发展的政策导向，不再是扩大生产规模，而是要以创新为抓手，满足用户、环境、资源等多维度的要求，其中延伸服务的重要方面就是

延伸钢铁产业链条，为用户提供更高价值的服务。《钢铁工业调整升级规划（2016~2020）》还提出：包括鼓励钢铁企业与下游用钢企业主动对接，围绕用户需求，结合先期研发介入、后期持续跟踪改进（EVI）模式，创新技术支持和售后服务，完善物流配送体系，提供材料推荐、后续加工使用方案等一系列延伸服务。进一步肯定了延伸钢铁产业链在提升钢铁有效供给水平和推动钢铁向服务型制造转型方面的重要支撑作用。

二、钢铁行业发展趋势推动企业延伸产业链条

钢铁企业通过深加工实现产业链延伸，能够大幅提高产品附加值，提高企业的市场占有率和利润率，已成为国内外先进钢铁企业重点关注和发展的方向。德国、日本等钢铁强国的钢铁产业很早就经历了从制造、经营到服务的转变，重视发展深加工是这些国家钢铁产业一贯的发展理念。中国钢铁产业的发展也走到了这一关键时期。从供给端来看，在我国经济高速发展时期，大规模基础设施建设拉动了钢铁产业的迅猛发展，钢铁行业很快实现了产能的规模化、装备的大型化和工艺的现代化，在供给侧已经形成了十分雄厚的产业基础和技术力量，为钢铁行业推进供给侧结构性改革奠定了基础。从需求端来看，当今市场已经进入多元化个性消费时代，用户对产品和服务的高品质需求日益凸显。随着我国向高质量发展阶段转变，产业结构逐步向中高端升级，建筑、汽车、机械、海工、船舶等领域对钢材品种质量和服务均提出了越来越高的要求。因此，钢铁产业在供给端、需求端的变化趋势，不断推动钢铁企业延伸产业链条。

三、河钢集团转型升级发展需要延伸产业链条

1999 年 Deloitte 咨询报告指出，“现代商业竞争模式不再局限于企业之间，而是整个供应链之间的竞争”，该报告是基于美国和加拿大 200 多个大型制造商和分销商的调查得出的结论。因此企业如何在供应链竞争的环境下有效配置纵向供应链的整合结构，成为现代企业获取竞争优势、实现盈利增长的关键保证。此外，由于互联网技术的不断发展，使得企业的前向一体化越来越容易实现，而对于后向一体化策略，制造商更多关注的是供应商的技术创新

水平。如苹果公司早期看中了蓝宝石 GT 公司的技术并对其进行投资，福特公司收购了为其提供点火器的厂商等。现实中，大型国有企业通过延长产业链而实现纵向一体化的案例很多，如大型煤炭企业依托煤炭资源实施的煤电纵向一体化和煤化工纵向一体化，典型的是中国神华集团利用洁净煤发电、煤矸石发电、可再生能源发电，利用煤气、焦沫、粉渣等废弃物和废旧资源建设发电厂，形成的煤电纵向一体化发展模式。

河钢集团成立以来，投入大量资金用于装备现代化和节能环保技术改造，工艺技术和装备水平不断提升。通过持续不断的技术改造，河钢集团与世界一流企业在装备上的差距逐步缩小，有些装备甚至达到了世界领先水平。但是由装备的现代化向产品的高端化转变是横亘在河钢集团面前的重大挑战，原有的产品结构和服务能力，无法支撑整个价值体系，这就要求延伸产业链，并促使链条上的每个环节、每道工序，承担起创效责任，也就是要以市场化、平台化为支撑，集中企业所有创效资源打造全流程的价值链，其中首要的是畅通和下游客户间的渠道，重新定义和客户之间的关系，因此向客户端延伸产业链条就成了必然的选择。

第二节　河钢集团建设嵌入式产业链条的核心理念和实施路径

一、沿价值链开展资本合作，将产业链条镶嵌到客户端

从产品升级到产业链延伸，河钢集团更加瞄准“延伸产业链”和“提升价值链”，在渠道布局、终端嵌入、服务延伸等方面发力。

以控股海尔特钢为例，河钢集团通过此举快速进入海尔的家电用板材供应渠道，实现了由“卖钢卷”到“卖半成品”的跨越。更重要的是，控股海尔特钢使得河钢集团将钢铁产业链镶嵌到家电产业链上，让河钢集团的冷轧涂镀深加工产品向海尔、格力、三星等一线家电品牌产业链延伸，促进了河钢集团从制造商向服务商转变。此外，也使得河钢集团打通了进军国内外高端家电用钢市场的战略通道，树立了河钢集团家电板品牌，实现了对国内外

知名家电品牌的“全覆盖”。

建筑业是最大的用钢领域，也是河钢嵌入式产业链延伸的触角所重点涉足的领域。2017年，河钢集团与中建钢构、河北建投分别出资50%、40%和10%，成立了河钢中建钢结构有限公司（以下简称河钢中建钢构）。河钢是全球最大的钢铁材料制造商和综合服务商之一，致力于为社会提供优质的绿色钢铁和满足用户需求的材料解决方案。中建钢构是我国最大的钢结构产业集团，拥有强大的品牌影响力和社会美誉度。河北建投是河北最大的国有资本投资运营集团。河钢中建钢构致力于打造成为集设计、生产、施工一体化的装配式建筑龙头企业，主要业务领域集中在钢结构装配式建筑、基础设施、学校、医院、保障安置房、立体停车库、人行天桥、旧城改造、海绵城市等，主要业务范围包括房屋或市政建筑工程总承包，工程设计及咨询，工程项目管理，钢材建材的技术研发及技术服务、生产、购销。河钢集团与下游用户领军企业和投资平台企业共同合作，以钢结构为突破口将钢铁和建筑有机结合，是将产业链镶嵌到建筑业客户端，沿价值链开展资本合作的典范。

二、建设加工配送体系，打造营销型产业链

钢材加工配送主要是指钢材制造企业或钢材贸易企业在靠近终端用户的区域，将钢材按照下游用户的需求，经过开卷、剪切、冲压（落料）、激光拼焊等工序，把轧态钢材加工成下游用户所需的半成品或零部件，同时提供仓储、运输服务。钢材加工配送销售模式具有反应快、效率高、成本低等特点，既是一种加工服务的业态，某种程度上也可看做是一种营销模式，是现代钢材供应链发展的必然趋势。钢材加工配送的本质是服务，有助于与下游企业尤其是高端用户，建立战略合作关系，形成产、销、研以及加工配送一体的产业链，稳固销售渠道，逐步缩减单一的钢材贸易业务。

河钢集团以服务汽车、家电等用钢行业为导向，规划、设计和建设加工配送中心。为抢抓新能源汽车领域的新机遇，河钢唐钢在天津专门配套建设全球最先进的激光落料线，高质量服务国能汽车。河钢邯钢在北汽新能源汽车黄骅基地内建设高端汽车板落料线、剪切线，实现与北汽新能源的无缝衔接。为实现在成熟车企的突破，河钢唐钢入股中国五矿长春加工中心，发挥双方优势，加快开发一汽等东北区域的汽车主机厂。河钢唐钢、河钢邯钢分

别入股台州向海、宝鸡宝锦加工中心，贴身服务吉利汽车。河钢邯钢与福然德股份有限公司强强联合，在汽车零部件企业集中的开封市城乡一体化示范区，共同建设国内一流现代化工业 4.0 工厂，开展汽车钢材剪切、零部件加工与冲压、家电板深加工等业务。

除制造业以外，河钢集团还在建筑业领域探索推进加工配送发展。河钢集团以河钢销售驻外分公司为依托，立足集团产线充分发挥剪切能力，成立钢筋加工与配送原材直供基地，在华北市场首家实施工程成型钢筋加工配送，进一步提升成型钢筋的质量，减少流通环节，降低各项损耗和流通成本，最大程度保证供货企业与产品实物的一致性，确保为终端用户提供零距离、门对门、点到点的准时化服务。在北京新机场建设的重点保障工程项目中，河钢集团负责加工配送的 3 个标段被住建部、工信部、北京市建委指定为“推广应用钢筋集中加工与配送”样板工程。

除自建外，河钢集团还谋划与国内外先进加工中心合作，比如与昆山宝锦激光拼焊公司在天津、长沙、西安等区域开展合作，与浦项、五矿 20 余个加工点达成合作意向。

展望未来，河钢集团将围绕汽车板发展需要，按照新建（包括已有加工中心升级改造、投资入股）、与社会加工中心合作的方案，河钢集团厂外加工能力将从目前约 220 万吨 / 年提升至 750 万吨 / 年，加工中心覆盖区域将从华北、华东延伸至国内汽车产业集中度较高的所有区域。

三、前期深度介入用户需求，共建联合研发中心

河钢集团瞄准下游用钢行业高端需求，采用 EVI（供应商先期介入）及共建研发平台等形式构建联合研发机制，推进钢铁产业链向高端制造业嵌入式延伸，增加客户需求的刚性和黏度。

近年来，河钢集团 – 海尔家电用钢创新研发中心、河钢集团 – 上重高强耐磨钢研发中心、河钢集团 – 中建钢构建筑用钢创新研发中心、河钢集团 – 山东电工电气集团铁塔用钢创新研发中心、河钢集团 – 国能汽车新材料研发中心等一批高端研发中心相继挂牌。将研发投入重点从钢铁企业内部向下游战略客户转移，实现与高端客户无缝衔接。

以 2017 年揭牌的“河钢集团 – 海尔家电用钢创新研发中心”为例，该中

心围绕海尔集团对新材料需求开发新产品，不断延伸产业链并开展技术研发，实现与海尔集团产业链的无缝衔接。河钢海尔家电钢创新中心依托河钢集团技术、装备优势，和海尔集团在家电领域的领头羊地位，围绕海尔集团等家电企业的新材料需求，持续开发和推广河钢集团特色产品在家电行业的应用。对河钢集团而言，河钢海尔家电钢创新中心的成立运营，标志着双方合作业务实现了新的跨越，由产品供应、服务保障拓展到共同研发、方案解决等新的领域。河钢海尔家电钢创新中心不仅是河钢集团家电用钢重要的研发基地，也是河钢集团构建全球技术研发平台、打造“全球最具竞争力钢铁企业”的重要支撑。对海尔集团来说，河钢海尔家电钢创新中心聚焦于家电用钢板块，与海尔集团的战略需求具有很高的专属契合度，将双方合作推向了新高度。作为真正属于河钢集团和海尔集团的共创平台，河钢海尔家电钢创新中心把双方企业、多方资源汇集在一个平台上，能够更快地满足用户的需求。

以 2019 年揭牌的“河钢集团 – 国能汽车新材料研发中心”为例，该中心围绕国能汽车对新材料国产化需求开发新产品，不断延伸全流程产业链并开展技术研发，实现与国能全流程产业链的无缝衔接。河钢集团 – 国能汽车新材料研发中心依托河钢集团技术、装备优势和国能在汽车领域的地位，围绕国能等汽车企业对新材料国产化的需求，持续开发和推广河钢集团特色产品（包括白车身）在汽车行业的应用。对河钢集团而言，河钢集团 – 国能汽车新材料研发中心的成立运营，标志着双方合作业务实现了新的跨越，由产品供应、服务保障拓展到共同研发、方案解决等新的领域。河钢集团 – 国能汽车新材料研发中心不仅是河钢集团汽车用钢重要的研发基地，也是河钢集团构建全球技术研发平台、打造“全球最具竞争力钢铁企业”的重要支撑。对国能来说，河钢集团 – 国能汽车新材料研发中心聚焦于汽车用钢板块，与国能的战略需求具有很高的专属契合度，将双方的合作推向了新的高度。

2019 年，河钢集团在原来 8 个技术营销（EVI）项目基础上进一步拓展至 15 个技术营销（EVI）项目。并将深入对接集团战略客户，在品种、技术服务需求等方面持续发力，实现从零件到整体、从局部到全局的服务全覆盖，提供一揽子材料解决方案。

以农机轻量化 EVI 为例，河钢集团客户服务中心联合河钢销售、河钢钢研、省机械院等多家单位经过多次走访、分析论证、方案设计，采用农机专用钢高强板生产的玉米收获机，轻量化幅度达15%以上，经过东北及华北地区的收货季检验。2019年，中农博远、勇猛、远大石川岛等多个农机企业已全面切换为农机专用高强钢（NJT系列），实现批量订货，推进了从玉米收获机轻量化合作扩展至辣椒机、深松机等多机型轻量化的多元化全覆盖合作，签订了技术营销知识产权保密协议。河钢集团由此获得了国家农业部及中国农机协会的高度重视及认可，并受邀与行业内多家企业共同制定行业标准，助力农机行业转型升级。此外，河钢唐钢与唐山鸿鹏焊业公司共建的焊接材料研究所，成功开发应用了高强焊丝钢ER70S-G等新品种，该产品焊接用途广泛，主要用于工程机械等领域。

四、收购全球最大营销网络，打造全球营销服务平台

2015年，河钢集团完成了对全球最大钢铁贸易服务网络——瑞士德高公司的收购，拥有了遍布全球110多个国家和地区、包括300多家供应商和4.4万家稳定客户的全球贸易和服务网络，更重要的是，拥有了与国际接轨的先进市场理念和营销模式。同时，德高也成为河钢集团加快国际化人才培养、提升全球资源配置功能的重要载体。凭借此举，河钢集团基本构建了“全球拥有资源、全球拥有市场、全球拥有客户”的基础，成为了国际化程度最高的中国钢铁企业，国际化品牌影响力显著提升。

第三节　河钢集团嵌入式产业链条的主要成效和商业模式规律

一、河钢集团发展嵌入式产业链条的主要成效

（一）通过主导产业链关键环节重构价值链，提高了企业竞争力

在纵向一体化战略下，企业通过整合上下游产业链，特别是对产业链关键环节的掌控或影响，可有效地提高企业在价值链分配中的地位，并降低交易成本、生产经营成本和管理成本，大大地提高企业盈利能力和影响力。河

钢集团通过建设嵌入式产业链，向下游客户端延伸，形成了更完整的产业链条，以掌控产业链的关键环节为支点，撬动了营销模式、服务模式的升级，以及客户结构和产品结构的优化，从而提高企业竞争力。比如，河钢集团与海尔作为上下游企业，特钢项目就是整个价值链的关键环节，抓住了这一关键环节，河钢集团就在整个价值链上确立相对竞争优势，双方在关键环节上进行合作，有效地促成了一体化战略的实施，使钢材生产和家电生产两个产业链成功“镶嵌”在一起，形成了一条更长、更完整的产业链条，共同提高了双方的发展质量、反应速度、经营效率和创新能力，将企业内部的竞争优势转化为产业链的竞争优势。

（二）嵌入式产业链带动了嵌入式研发，提高了创新创效能力

上下游企业之间技术信息传递的不通畅，会导致企业技术创新成本高、效率低下，纵向一体化合作有利于推动产业间技术创新。对上游企业而言，与下游企业的纵向一体化，可更快地获得下游企业最新的需求变化信息，更准确地掌握下游客户在产品、服务方面的真正痛点，从而正确指导企业的技术创新和服务优化。比如，在“河钢集团－海尔家电用钢创新研发中心”的建立运营之前，河钢集团家电板与海尔家电产品的创新一直是割裂的，互动联系的紧密性、有效性很差。研发中心的成立，将河钢集团的技术链和研发链也嵌入到下游客户（海尔）之中，双方借此搭建了一个共创共享、互利共赢的创效生态圈，家电用钢与家电制造在创新层面开始真正融为一体。

（三）创效了发展模式，引领了行业发展新潮流

河钢集团拥有世界先进的技术装备和完善的工艺流程，致力于为社会提供绿色低碳的钢铁材料，以优质的产品与服务满足全球高端客户需求。海尔集团是世界白色家电第一品牌、中国最具价值品牌，带动了我国家电制造产业蓬勃发展。河钢集团与海尔集团强强联合，充分发挥钢铁产业和家电产业在技术、研发、管理、创新诸方面的协同效应，以资本、产品、研发和服务为纽带，形成最具竞争力的现代化产业链条，构建起一个全新的发展模式，在产业链层面发力，在价值链层面创效，在创新链层面提质，破除了产业之间的藩篱，促进产业链环节的有效融合，引领了中国制造迈向高质量发展阶段的新潮流。

二、河钢集团发展嵌入式产业链条的商业模式规律

河钢集团产业链条嵌入是河钢集团跨界融合实施商业模式创新的领军先锋，按照"四圈层"商业模式的逻辑体系，河钢集团产业链条嵌入直接在客户层发力，全面而又深刻地改变了河钢集团与客户之间的交互界面，实现了与目标高端客户的深度融合。在价值层，介入客户的深层次需求，既满足其当期需求、又引导其未来需求，既满足其产品需求、又响应其服务需求。在能力层，通过产业链条嵌入，协同产学研用，具备了高端产品的研发、制造、服务等综合能力，确保客户需求得到满足。在发展层，主要是采取了合作、收购成熟的已有营销网络渠道，收购、建设加工配送中心，共建研发平台，收购特定的产业链中间环节等方式。

第四节　控股海尔特钢打造嵌入式产业链条

一、发展背景

2013 年以前，河钢集团在经营理念、产业业态和发展模式上，仍是一家传统的钢铁制造企业。随着河钢集团在 2014 年开启战略转型，集团沿钢铁产业链条纵向延伸、横向拓展，大力发展现代工业服务业和产业链金融，面向上下游企业提供工业技术、工程技术、数字技术、工业贸易、产业金融等多元服务，树立"渠道为王"理念。特别是在钢铁产业链纵向延伸方面，河钢集团加快产业链下游布局，从而在合并作业、内部控制与协调、信息取得等方面获取了经济性，并且降低了供需的不确定性，提高了与客户交往的效率，较之其他钢企业取得了明显的竞争优势。最典型的例子便是与海尔集团开展股权合作，收购海尔特钢 70% 股权，实现了上下游一体化运营。2015 年 9 月，河钢集团通过青岛河钢新材料科技有限公司（以下简称"河钢新材"），完成对海尔特钢 70% 股权的收购。2016 年上半年实现了一体化运营，使河钢新材成为目前国内家电彩板行业规模最大、产品覆盖率最高的企业，也是家电行业唯一一家专注于高端彩板的钢材深加工企业。河钢集团通过股权合作，将钢铁产业链镶嵌到家

电产业链上，加快由钢铁制造商向材料解决方案服务商转变。

二、项目情况

（一）海尔集团与河钢集团战略调整带来的新机遇

2012 年海尔集团实施小微公司化、创业主体化发展战略，更加专注于后端研发和市场，逐步退出前端制造环节。因此，海尔集团拟通过引入实力雄厚且具备相关行业成熟运营经验的合作伙伴，形成高效稳定的长期供应合作关系，以满足海尔在质量、成本和服务方面的新需要。河钢集团和海尔集团分别作为上下游龙头企业，一个积极延伸产业链条，谋求与下游高端企业紧密对接，一个在前端制造环节寻找有实力的合作伙伴，双方发展战略相向而行、不谋而合，形成良好的合作基础。双方强强联合具有良好的双赢效果，通过合作海尔集团可以得到国内最大原材料提供商稳定、优质的供应和服务；河钢集团则可以充分发挥前向一体化战略的优势，一举进入海尔集团的家电板材供应主渠道，全面服务于海尔集团这样的高端用户，建立起稳定的营销渠道。

（二）股权合作项目的实施情况

1．原海尔特钢情况

海尔特钢是海尔旗下专门进行彩涂板研发和生产的子公司，海尔产品所需彩涂板由海尔特钢供应。海尔特钢包括两个公司：青岛海尔特种钢板研制开发有限公司（以下简称“青岛特钢”）、合肥海尔特种钢板研制开发有限公司（以下简称“合肥特钢”）。

青岛海尔股份有限公司持有海尔特钢 75% 的股份；青岛海尔股份有限公司的全资子公司海尔股份（香港）有限公司持有海尔特钢另外 25% 的股份。

海尔特钢的整体管理体制按照海尔集团“人单合一”模型推进执行，“人”即具有“两创”精神的员工；“单”即用户价值。海尔注重从以产品为导向转变为以用户为导向，一切以用户为中心。每个员工都在不同的自主经营体中为用户创造价值，从而实现自身价值，企业价值和股东价值自然得到体现。

2．项目实施过程

自 2014 年获知海尔特钢出售意向开始，河钢集团便迅速启动项目追踪。

2014 年 10 月，河钢集团与海尔进行了高层会晤，达成河钢集团参与海尔特钢项目投标意向。之后，河钢集团成立项目工作组，向海尔报出非约束性投资意向书。同时，集团成立专门团队进驻海尔现场开展尽职调查，于 2015 年 2~3 月完成审计评估报告和约束性报价等，并于 4 月 20 日获得项目优先谈判权地位。

2015 年 4 月，河钢集团成立项目商务谈判小组，于 5~7 月先后与海尔特钢进行三轮商务谈判，对一系列交易文件达成一致。经河钢集团董事会审议通过、河北省国资委批复后，双方于 2015 年 11 月 30 日完成股权交割，河钢集团控股海尔 70% 股份。

3．收购完成后合资公司基本情况

为更好地实现战略意图，河钢集团从 2016 年年初开始启动河钢新材的一体化运营。河钢新材树立了“开放、包容、共创、互赢”的理念，充分尊重原海尔特钢的历史文化和市场主体地位，保持其相对独立性和现有管理体制、组织架构、运营机制、薪酬体系和现有管理团队及核心人员的稳定性。通过一年左右的平稳过渡，于 2018 年 3 月 23 日，以增资扩股方式通过换股实现青岛海尔股份有限公司持有两个特钢股权上翻至河钢新材，在股权结构及法人治理上的一体化运营，将其打造成为一个跨越传统钢铁行业，为家电企业提供个性化定制服务的服务型制造企业。

具体管控方案如图 3-1 所示。

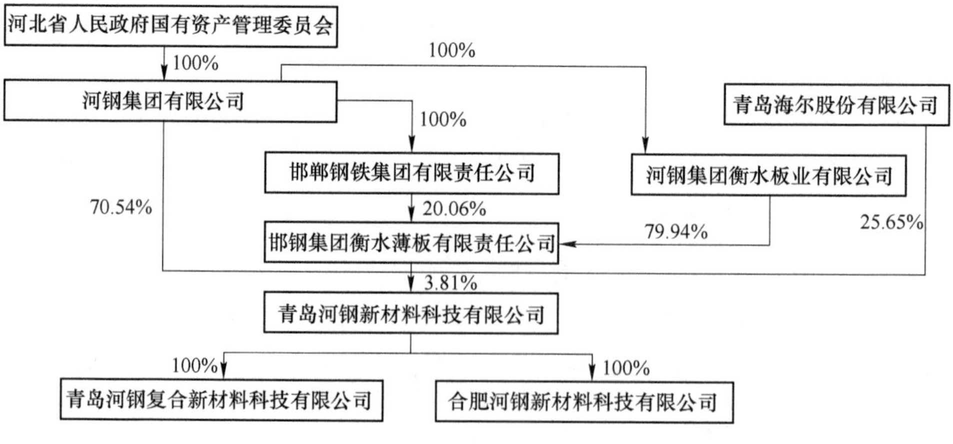

图 3–1 河钢新材一体化运营架构图

为适应河钢新材经营一体化的需要，根据河钢集团经营业绩考核办法，借鉴和完善海尔特钢原考核机制，突出薪酬与效益挂钩的市场化原则。激发河钢新材围绕“市场”和“产品”两大主题创新创效的积极性，河钢集团对河钢新材按照“效益升薪酬升、效益降薪酬降”的市场化原则，制定新的经营业绩考核办法。

经过一年的一体化运营，河钢新材除为海尔集团长期配套服务外，还与三星、松下、LG、美的等家电行业知名品牌客户建立了长期合作关系，业务辐射东南亚、欧美等海外区域，实现了客户高端化。高端客户为海尔特钢带来了丰厚的利润，但更重要的是倒逼其实现了运营、生产、研发等系统能力的提升，产品档次不断提高，品牌实力和影响力越来越大。

三、经济效益

2018 年，河钢新材公司实现销售收入 31.06 亿元，同比增长 3.98%；利润 8160 万元，同比增长 1.35%；实现销量 37.8 万吨，同比增长 2.4%。河钢新材青彩产线在并购完成后，全方面学习融合海尔管理理念，实现利润三级跳：利润由 2014 年的 7 万元，到 2015 年的 22 万元，再到 2018 年的 320 万元，利润增长 14.5 倍。

四、带动河钢集团家电用钢产品的整体提升

（一）河钢新材产品和客户结构不断升级

在产品技术上，河钢新材持续聚焦外观竞争力，为用户提供差异化外观解决方案，将成熟运用于冰箱的外观 CMF 设计模式复制到洗衣机、热水器及海外用户，帮赢用户，做强自身，提升用户黏度，创造用户感动。2018 年，申请专利 20 多项，其中发明专利 4 项、实用新型专利 4 项、外观专利 12 项，累计专利 70 余项。“家电用彩色覆膜钢板行业标准”完成立项并成功提交。合肥产线成功申请高新技术企业，提升企业形象，降低营业税率，提高企业盈利水平。

在外单市场（海尔以外）及海外市场实现倍速增长。以“树品牌、调结构、走高端”为指导理念，持续推动客户结构及产品结构的升级优化，在 2018 年

整体原材料行情波动上涨的情况下，主动推动核心客户价格上调，并集中拜访惠而浦、美的、创维、海信等TOP10客户，产品推介近200余次、推介新品100余款，其中36款新品已经上市，真正实现了从卖产品向提供产品解决方案的转变，实现与客户的双赢。在海外市场，树立阿奇力克及东芝海外合作模式，实现从0到1的快速突破，锁定订单近5000万元，实现快速增长。

（二）发挥特钢产线辐射作用，青彩产线实现融合创新

2007年正式投产的河钢新材青彩产线，投产不久就逢金融危机和钢铁市场形势大逆转，历经多年市场拼搏，极强的成本把控能力成为其独特优势。河钢新材充分借鉴海尔管理经验，全面复制人单合一、事先算赢等管理模式，将青彩产线打造成市场化管理的一个样板，着力将工序链打造为价值链。

在自身装备水平不足的情况下，青彩产线以客户端调整推动产品升级，将目标瞄准一线家电品牌，倒逼自身产品升级。通过市场化经营方式，成功牵手小天鹅、澳柯玛等高端家电企业，实现了使用低端装备生产高端化产品的重大转变，中高端产品比例大幅提升，利润大幅增长。

（三）河钢集团家电用板产品结构显著提升

2015年，河钢集团向海尔特钢提供冷轧镀锌等产品2.8万吨，同比供货量提升10倍多。2016年，河钢新材实现河钢集团钢板用量11.6万吨，2017年和2018年分别实现18万吨和21万吨。同时，河钢集团冷轧深加工产品实现家电用钢的全覆盖。

通过对海尔特钢的并购，河钢集团不仅与海尔集团和其他高端家电用户的合作不断加深，而且推动了河钢集团家电用钢的产品结构提升。2016年，河钢集团家电用钢中高端产品产销量同比增长了98.80%，几乎翻了一倍；仅由家电用钢产品结构提升带来的盈利增长就达到了2.5亿元。2016年，河钢集团成为国内最大家电板供应商。2017年，家电板“行业第一”更具含金量，实现了家电用钢品种、规格全覆盖，新一代PPM涂镀产品应用于海尔顶级产品卡萨帝冰箱，实现松下、三星、斐雪派克、西门子、博世等国际品牌的认证和批量供货。通过客户端的高端化，产业链嵌入下游客户，河钢集团家电用钢产品结构得到了显著提升。

目前，河钢集团的家电用户朋友圈已有海尔、海信、澳柯玛、格力、美

的、西门子、三星、LG、松下、惠而浦等国内外领军家电品牌。以前，河钢集团把各钢种的成品卷运到工厂就算销售完毕，通过对海尔特钢的并购和一体化经营，河钢集团现在可以参加到前端EVI设计，为海尔提供材料解决方案。河钢集团致力于成为家电行业材料综合制造商、材料方案服务解决商，最终实现与用户的双赢。

第四章　产品结构升级

本章要点

河钢集团产品结构升级的背景：外部环境看，经济进入新常态，供给侧结构性改革推进化解产能过剩，发展主线由“数量”向“质量”转变。内部发展看，河钢集团要实现钢铁主业竞争力大幅提升，需发挥优质技术装备产线的优势，弥补产品结构和产品档次的“短板”，提高生产效率，优化产品与生产组织模式。

河钢集团产品结构升级的核心理念：面向市场和终端客户，突出产线在价值链中的中心地位，颠覆传统金字塔型直线职能制管理体制，推进以产线为独立市场单元的管理扁平化变革，围绕产线市场单元，全面优化资源配置，推进专业力量向产线集聚，优化业务流程，提高对接市场对接客户的能力。全面推行客户经理负责制，整合技术研发和销售服务资源，加强定制化重点品种开发，提供全方位、一站式服务。实施“小微化”合同组织模式，细化落实销售主体责任。

河钢集团产品结构升级的实施路径：

（1）建立以产线为核心的资源配置方式。

（2）强化全过程质量控制，提高质量稳定性。

（3）实施工艺装备升级，保障产品结构调整硬件条件。

（4）持续优化营销模式，为产品结构升级提供市场支持。

（5）实施大客户经理制，巩固与开发重点直销用户。

河钢集团产品结构升级的主要成效：河钢集团产品档次和品种结构实现了全面提升，成为我国核电用钢、海洋工程用钢、高强建筑结构用钢、锅炉及压力容器用钢、高强含钒抗震螺纹钢筋、高强耐候铁塔用钢市场的第一品牌。2018 年，全年品种钢完成 2760 万吨[5]，同比提升 8%；品种钢比例达到

70%，同比提升 5 个百分点；高端产品完成 2013 万吨，同比提升 21%；特色战略产品完成 132 万吨。以汽车板、家电板、核电用钢、海洋工程钢等为主的高端产品档次实现了质的飞跃，锅炉及压力容器用钢、海工钢、核电用钢等保持国内第一品牌优势。

河钢集团产品结构升级的商业模式规律：河钢集团产品结构升级是河钢集团跨界融合实施商业模式创新的重要基础，按照“四圈层”商业模式推动河钢集团产品结构升级，即以客户层为引领，以客户需求驱动产品结构调整；以价值层为载体，在为客户提供更高价值的同时实现企业价值；以能力层为依托，提高产品质量稳定性、开发推广专业用钢；以发展层为动力，打造以产线为中心的市场单元，构建大客户经理制。河钢集团产品结构升级的理念、路径和成效，都说明了其背后商业模式的规律所产生的重要作用。

第一节　河钢集团产品结构升级的背景

一、经济发展进入新常态及国家推进供给侧结构性改革

自“十二五”末期开始，我国经济发展进入新常态，经济增长速度从高速转向中高速，发展方式从规模速度型转向质量效率型，经济结构调整从增量扩能为主转向调整存量、做优增量并举，发展动力从主要依靠资源和低成本劳动力等要素投入转向创新驱动，这些变化是我国经济向形态更高级、分工更优化、结构更合理的阶段演进的过程。

新常态的典型特点：一是钢铁、煤炭、水泥、玻璃、石油、石化、有色金属等传统行业产能过剩。一方面过剩产能成为制约中国经济转型的一大包袱；另一方面，供给体系与需求侧存在明显错位，总体上是中低端产品过剩、同质化严重，而高端产品供给不足。为应对新常态的诸多挑战，国家在 2015 年提出了着力加强供给侧结构性改革，强调战略上坚持稳中求进、把握好节奏和力度，战术上要抓住关键点，主要是抓好“去产能、去库存、去杠杆、降成本、补短板”五大任务，2016~2018 年全国累计化解过剩钢铁产能超过 1.5 亿吨，去除了 1.4 亿吨“地条钢”[6]。二是下游用户转型升级加快，对钢材产

品和服务提出了更高的要求。尽管通过供给侧结构性改革的各项措施，钢铁行业效益大幅回升，但基础仍不牢固，产能过剩的压力依然存在，与高质量发展的要求仍有较大差距。

二、钢铁行业优化产品结构的任务仍然艰巨

从整体上看，中国钢铁行业的产品结构仍受制于传统模式的“惯性”影响，仍呈现出传统产品多、初加工产品多、附加值低的产品多，以及高新技术产品少、精深加工产品少、附加值高的产品少的形态，扣除成本因素，钢铁行业产品的总体市场竞争力仍然不强。从产品生产的导向上看，中国钢铁行业产品生产仍然在很大程度上受制于资源性的导向，虽然近年来不少企业积极顺应和把握市场需求变化，进行新产品开拓，但尚未建立起适应市场需求的产品结构。从技术进步的角度看，中国钢铁行业产品创新不够，思路狭窄，产学研结合路子不宽、动力不足，一些在中国诞生的新技术，不能及时在国内转化成规模生产。从可持续发展的角度看，中国钢铁行业产品结构优化任务比较艰巨，大多数产品耗能、耗材高，生产工艺距环境保护的要求差距大，一些产品的品质和性能不符合相关的环保和卫生要求，从而影响钢铁行业可持续发展。

三、河钢集团亟需打造与规模地位相匹配的市场竞争力

河钢集团决策层认为集团的产品结构问题十分突出，产品结构升级进程缓慢，滞后于经济发展和市场格局的变化，将严重制约河钢集团竞争力的提升，主要表现：

一是产品结构与终端用户需求脱节。在市场需求高增长期，钢材产品供不应求，产品主要流向钢贸商。进入过剩阶段后，终端用户对钢材质量和服务的需求更加严苛和个性化，钢贸商作为产品流通的中间环节，无法将终端用户的真实需求与产品建议准确反馈给产线，导致河钢集团产线产品结构的升级速度滞后于终端用户需求的变化，失去了大量潜在客户与市场份额。

二是产品结构与先进技术装备脱节。尽管河钢集团产线配备了国际一流的装备，但产品以普通材为主，与产线大纲严重脱节，装备能力被严重矮化，

增加了大量附加成本和无效资产，降低了成本竞争力。

三是生产组织模式与市场竞争环境脱节。传统生产组织模式的特征是追求产线满负荷生产，根据产线产能制定生产计划，与生产标准、质量要求比国标严苛的品种钢相比，生产低端普通材更加容易完成计划产量要求，且发生质量异议的概率远低于生产品种钢。这种生产组织模式固化于行业高速发展的高盈利时期，改变该模式与市场经济大环境相适应，需要技术、营销协同配合，并舍弃部分短期效益用于品种研发和产品质量提升。

第二节 河钢集团产品结构升级的核心理念和实施路径

一、产品结构升级的核心理念

面对剧烈变化的外部环境和竞争格局以及企业战略转型要求，河钢集团客观分析机遇和挑战，以“建设最具竞争力钢铁企业”为战略目标，坚定“未来市场竞争格局不会发生根本变化，而能够改变的是企业应对市场的手段和方法”的思想不动摇，紧紧围绕“产品”“市场”两大主题，以产线对标为主线，分为“产线定位、科学规划、精益服务”三个阶段有序推进产品升级与结构调整工作。

产线定位：用产线对标打开工作局面，内比产线大纲，外比行业标杆，结合市场与客户的个性需求，对产线能力重新定位，释放被矮化的装备潜能。

科学规划：以提升产品综合售价为目标，根据市场分析与产线定位预测各条产线调整后的产品结构与经济效益，并制定相应措施，作为产品升级与结构调整工作的指导。

精益服务：依据用户需求，提供研发、生产、交付、售后一站式服务。实施主体为各条产线，要求各产线将最优质的资源配置到产线，像抓成本一样抓产品，以产品带动市场，不断满足用户标准要求。

二、产品结构升级的实施路径

（一）建立以产线为核心的资源配置方式

企业的核心竞争力最终要依靠产线的产品来体现。河钢集团创新开展“产线对标”，通过将资源要素、体制机制、管理流程、投入产出与国际国内先进产线进行全面对标，迅速建立了以产线为核心的资源配置方式。改革薪酬分配机制、人才成长选拔机制，强化以经营业绩为目标的绩效考核导向，把“关键人才、关键待遇配置到关键岗位”，引导以技术人才为主的核心资源向生产、研发和营销一线配置。近年来，沉淀在管理岗位的专业技术人员，逐步实现了向生产和营销一线的“回流”聚集，促进了产线与客户之间“零”距离精准对接。

（二）强化全过程质量控制，提高质量稳定性

从源头做起，深入开展全过程质量控制，保证了化学成分窄范围、性能一致性、高表面质量等要求。重视设备精度保证，推广先进质量管理方法，实现质量持续改进，高度重视客户满意度，促进了产品质量与服务质量的显著提升。河钢集团全过程质量控制模式见图 4-1。

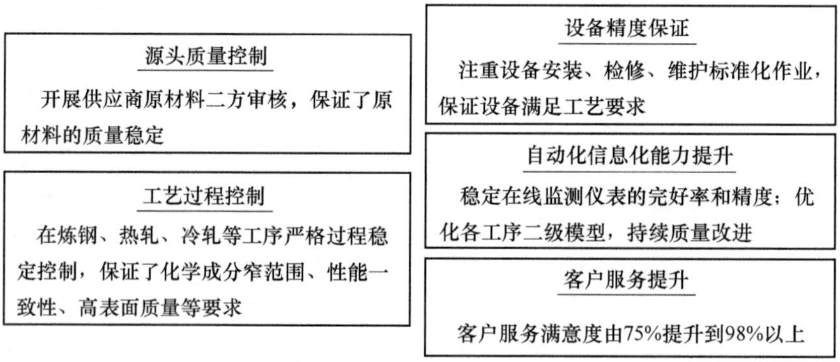

图 4-1　河钢集团全过程质量控制模式

（三）实施工艺装备升级，保障产品结构调整硬件条件

在高盈利时期固化的生产组织模式下，只要产线产量满足计划，产线装

备不到最后一刻是不会检修的，检修后的精度与大纲精度也相去甚远。这种设备条件，无法支撑起品种钢的生产需求，恢复产线设备功能、保障设备精度是实现产品升级与结构调整的前提。河钢集团在产线对标过程中发现，标杆企业的产线装备状态明显优于自身产线。以河钢集团1580毫米热轧卷板产线为例，粗轧工作辊牌坊压紧衬板磨损严重，无法保证牌坊窗口尺寸精度。发现问题后，1580毫米产线在大修时更换了激光衬板，并做好衬板与机体接触面间的防腐措施，使衬板在使用过程中减少磨损量，控制工作辊衬板开口尺寸，保障工作辊轴承座及牌坊窗口衬板间的间隙精度。

通过学习标杆企业在设备功能及精度管控方面的经验，河钢集团建立、完善了产线设备功能、精度控制管理体系，涵盖了测量、调整、维护、更换的周期性管理等内容，从硬件上保障了产品升级与结构调整工作顺利开展。

（四）转变营销模式，为产品结构升级提供市场支持

1. 营销模式转型是传统钢铁企业适应经济新常态的必然选择

中国钢铁行业发展受益于国民经济高速增长，依靠为基础设施建设提供规模化、同质化的产品，实现了规模扩张和“量的积累”，行业趋于成熟、高度市场化。在长期供不应求的失衡形势下，钢铁行业普遍形成了“高盈利期”以生产为中心、远离市场用户的经营模式和发展方式，成为新常态条件下制约企业适应市场需求的致命障碍。

随着社会迈向中高端，钢铁材料市场的需求由规模化、同质化（大规模制造）转向个性化、定制化（大规模定制），钢铁行业进入以渠道和服务差异化为主的竞争阶段。传统钢铁企业赖以生存的普通产品（“大路货”）陷入产能过剩和低价竞争，而主动挖掘高端用户、满足高端需求的意识与能力远远滞后；另外，在社会迈向中高端的过程中，不断涌现的新业态、新产业，势必开辟前所未有的材料需求和市场空间，钢铁行业的市场意识、产品档次和技术水平将面临历史性的机遇与挑战。因此，营销模式转型是传统钢铁企业适应中国经济新常态的必然选择。传统钢铁企业必须颠覆以生产为中心的营销理念，建立以用户为中心的营销模式，以用户结构的高端化，倒逼产品升级和结构调整。

2. 营销模式转型是河钢集团建设最具竞争力钢铁企业的必由之路

河钢集团经过多年发展，实现了主体装备的大型化、现代化、自动化，拥有了庞大的产业大军，聚集了一大批钢铁技术人才，并提出了“建设最具竞争力钢铁企业”的愿景。从经济上，以巨大资金为代价的一流装备，依靠中间贸易商走低端产品路线，绝不可能获得正的投资现值；从文化上，用户群体和营销体系的低端化，与河钢集团的战略定位、发展愿景、智力水平是绝不适应的。

3. 河钢集团推进营销模式转型的主要目标和做法

河钢集团决策层对于营销工作的定位十分明确：营销模式应该能够激发子公司应对市场的活力，更有利于集团效益最大化。河钢集团营销工作坚持两个原则不动摇：一是坚持集团化，遵守集团化营销规则不动摇；二是支持鼓励子公司培育自主竞争力不动摇。

河钢集团提出“新常态下特钢营销模式应该成为非特钢企业通用模式”的理念，要求子公司按在产品定位、客户定位、市场对接等方面向特钢企业河钢石钢、河钢舞钢学习，进一步强化市场意识，围绕“一切以市场为导向、一切以客户为中心、一切为客户提升价值”的原则，掌握市场节奏，利用市场资源，强化经营效果，强化直销，加大优势产品比例，加快提升高端、高效产品的比例。

在销售渠道方面，开拓网络现货销售渠道，打造河钢集团电商平台，通过互联网贸易手段，向市场推广产品。电商平台不仅开拓了合格产品的销售渠道，还给生产组织过程中产生的尺寸过渡材、带出品等计划外产品打开了销路。过去，河钢集团的很多计划外产品找不到销路，只能低价折给中间商，利用电商平台后，计划外产品转变为新的效益增长点，为河钢集团实现全面盈利做出新贡献。

河钢集团与直接用户结成战略合作伙伴，除正常的业务合作以外，瞄准下游用钢行业高端需求，以联合建立研发中心、EVI 前期服务等机制，推动与高端客户的无缝衔接，为稳定营销渠道打下基础，同时采用代销结合方式，与信誉好、实力强的直接用户的代采购商组成“三结合”的营销模式，为产、工贸结合提供了新的合作方法。

河钢集团相关用钢领域的研发协同服务措施见表 4-1。

表 4-1　相关用钢领域的研发协同服务措施

序号	用钢领域	措　施
1	汽车板领域	为国能汽车、北汽新能源等汽车行业战略客户开展技术营销（EVI）服务，从汽车板选材到材料加工、成型、焊接、模拟仿真等使用技术提供整体解决方案和技术服务
2	家电板领域	通过一系列技术改造和工艺优化，为海尔等家电行业战略客户提供规格全覆盖，高等级表面产品和抗时效产品
3	耐磨钢领域	与上重联合开发 NM450 级别新型耐磨钢，替代进口
4	高端工程用钢领域	为雄安高铁建设所需大厚度、高级别高建钢、Q460GJNH 耐候钢的生产开展技术营销（EVI）服务
5	耐候钢领域	联合山东电工电气进行耐候角钢的开发与研究，为铁塔热轧耐候角钢标准制定提供编制说明与支撑，完成耐候角钢中试及工业化试生产，推动试验塔建设
6	高端农机专用钢领域	联合勇猛机械、中农博远等战略客户进行农机专用钢NJT600研究，提供农机轻量化选材方案和相关技术服务

（五）实施大客户经理制，巩固与开发重点直供用户

为彻底颠覆“为计划而生产，为生产而销售”的传统模式，建立起“销售保客户，生产保销售”的全新模式。河钢集团决心以营销系统变革和销售模式重大改变为突破口，推动集团生产组织模式转变，切实做到为客户而销售，为销售而生产，最大限度地释放装备潜能，提升产品竞争力。河钢集团提出了“大客户经理制”策略，以培育高端和优质客户为前提，不再发展低端客户，停止中间商销售，构建与客户直接沟通并提供个性化服务的渠道。大客户经理制的核心内容是：由责任心强、客户理念好、谈判能力高的营销和技术人员组成客户经理团队，直接与用钢大型企业对接，建立全新的客户 VIP 管理机制，为河钢集团培育高端客户群，以客户群档次提升，带动产品档次与个性化服务水平升级，实现河钢集团从钢材制造商向钢材服务商的转变。

在与客户沟通阶段，大客户团队中的技术人员与销售人员一起，从客户角度出发，了解客户的使用需求，为客户提供满足性能要求且采购成本最低的最佳订购方案；合同承接后，对成熟产品订单，大客户团队要密切跟踪生产组织情况，及时提醒产线时间进度，确保合同及时兑现，对新产品订单，大客户团队要组织科研人员（包括河钢集团钢研科研团队和产线技术团队）进行论证攻关，确定最佳生产方案，并跟踪生产动态，保证满足客户个性需求的产品及时兑现。

1. 不断调整优化集团整体客户结构

河钢集团销售系统积极落实集团关于开发高端直供客户，淘汰贸易户，减少、优化三方直供户的要求。三年来通过客户端的持续优化，集团整体客户结构提升明显。截止 2018 年年末，A、B 级客户占比 54%，累计提升 22%；C 级客户降低 10%，D 级客户降低 12%。客户结构进一步向高端聚拢（注：客户 A、B、C、D 分级标准——按照企业影响力、产品档次、供货方式和连续订货四个方面对客户进行综合打分评级）。

2018 年河钢集团大客户 373 户，累计销量 1395 万吨，占集团总销量 35.4%，其中品种钢 1001 万吨，品种比例 73%，累计提升 5%。当年 A 级客户 148 户，A、B 级客户较 2017 年增加 17 户，高端客户的集中度进一步提升。

河钢集团大客户发展情况见表 4-2 和表 4-3。

表 4-2　河钢集团大客户发展情况

项　目	集团	唐钢	邯钢	宣钢	承钢	舞钢	石钢	衡板
2016 年客户数	295	79	79	38	39	19	36	5
A、B 级客户数	265	70	72	31	32	19	36	5
2017 年总客户数	363	95	95	44	48	27	44	10
A、B 级客户数	335	91	90	40	41	24	41	8
总客户数增加	68	16	16	6	9	8	8	5
A、B 级增加	70	21	18	9	9	5	5	3
2018 年总客户数	373	91	110	47	41	28	46	10
A、B 级客户数	346	91	102	42	41	25	44	8
总客户数增加	10	−4	15	3	−7	1	2	0
A、B 级增加	17	0	12	2	0	1	3	0

表 4-3　大客户月均品种钢发展 [7]

年度	项目	合计	唐钢	邯钢	宣钢	承钢	舞钢	石钢	衡板
2016	月均合同量 / 万吨	98.1	21.3	22.1	19.7	27.3	4.1	3.1	0.5
	月均合同占比 /%	28.0	20.0	23.5	36.6	42.4	24.9	24.4	10.6
	品种钢比例 /%	60.0	69.2	78.1	27.6	46.2	74.5	100.0	95.2
2017	月均合同量 / 万吨	111.3	26.4	26	19.9	28.3	4.7	5.2	0.7
	月均合同占比 /%	30.7	22.6	25.2	41.9	43.5	27.7	36.8	14.7
	品种钢比例 /%	69.0	74.0	88.1	33.3	56.2	85.3	100	100
2018	月均合同量 / 万吨	116.2	32.3	28.4	20.7	22.7	5.3	6.0	0.8
	月均合同占比 /%	35.3	32.1	32.0	42.2	41.1	32.0	39.3	19.1
	品种钢比例 /%	71.9	78.6	90.9	30.6	63.6	92.1	100.0	100.0
品种钢比例增加 /%		2.9	4.6	2.1	−2.7	7.4	6.8	0.0	0.0

2. 开发主要用钢行业高端客户集群

汽车行业：与上海汽车、长城汽车、东风汽车、北汽福田、中国重汽、陕汽、一汽解放、南京依维柯等20多家知名汽车厂家实现合作；新开发吉利汽车、比亚迪、华晨金杯、山东凯马汽车、三一汽车等主机厂；与北京宏亭、德州豪沃、开封华诚、开封武秀、十堰飞鹤、正和汽车科技、上海增孚、上海定国、海立美达、天津宇傲等一批知名汽车配套企业建立稳固合作关系。

家电行业：与海尔、格力、美的、奥克斯等十几家知名家电厂家建立稳固合作关系；新开发青岛万宝、黄石东贝、美凯精冲、青岛爱可信等行业中坚企业。在继续扩大白色家电市场份额的同时，逐步进入电视机、液晶背板等黑色家电领域。

工程机械行业：与行业领军企业中联重科、三一重工、山推工程机械等建立合作关系；同时开发了张煤机、海波重工、大明重工、住友建机、平阳重工、邢台路桥、陕西西部重工、林州重机、江苏润邦重工等一批行业知名企业。

桥梁钢构行业：与中建钢构、中铁山桥、中铁宝桥、中交隧道工程局等行业顶尖企业实现合作。

风电行业：新开发西北电建、南通蓝岛、蓬莱大金等知名企业。

3. 紧跟重点工程、军工项目和国际客户促进产品升级

2018年全年重点工程用钢销售完成373万吨。河钢销售紧盯冬奥会场馆和雄安新区建设等国家重大战略决策部署，继续在国家重点工程中推广河钢的钢铁产品，不断扩大品牌影响力。紧抓冬奥会大型场馆建设高峰期，实现多个大型场馆及配套基础设施项目用钢直投直供，先后在国家速滑馆（北京冬奥会唯一新建大型竞技场馆）、国家雪车雪橇中心、冬奥会冰球馆、崇礼太舞滑雪小镇、“三场一村”项目（跳台滑雪场、越野滑雪场、冬季两项场和冬奥会奥运村）上实现直投直供。

助力雄安新区建设。集团独家直供雄安新区规划建设的首个重点工程——雄安市民服务中心及直供首个重点铁路项目——京雄铁路，截至目前，雄安市民服务中心圆满完成保供任务，累计直供建材、板材共9619吨；另外，于2018年年底开工建设的亚洲最大火车站——雄安站，河钢不仅实现了工程用钢直供，还成为了该项目的主要供应商。

河钢集团钢材使用于代表性重点工程项目情况见表4-4。

表 4–4 代表性重点工程项目市场开发

序号	重点项目名称	开始供货时间	品种	累计直供量 / 吨	供货钢厂
1	国家速滑馆	2018 年 3 月	棒线	23366	唐钢、宣钢、承钢
2	雄安市民服务中心	2017 年 12 月	棒线、板材	9619	唐钢、邯钢、宣钢、承钢
3	雄安站	2018 年 12 月	棒线、板材	14570	唐钢、宣钢、承钢、舞钢
4	北京城市副中心地下综合管廊二期	2018 年 6 月	棒线	4955	唐钢、宣钢、承钢
5	河钢乐钢	2018 年 5 月	棒线、板材、型材	134720	唐钢、邯钢、承钢、舞钢
6	北京 423 工程	2018 年 9 月	棒线	5199	唐钢、宣钢、承钢
7	北京 21 工程	2018 年 12 月	棒线	32720	唐钢、宣钢、承钢
8	水曹铁路	2018 年 7 月	棒线	9713	唐钢、承钢
9	北京地铁新机场线	2018 年 1 月	棒线	5871	宣钢、承钢
10	国家雪车雪橇中心	2018 年 8 月	棒线	5853	承钢
11	明珠湾大桥	2018 年 4 月	板材	7825	舞钢
12	乐亭菩提岛海上风电	2018 年 6 月	板材	25223	舞钢
13	大唐何家山风电场项目	2018 年 6 月	板材	7364	邯钢
14	莱阳 – 昆嵛 500 千伏输变电工程	2018 年 1 月	型材	43852	宣钢
15	陕北 – 湖北 ±800 千伏特高压直流输电线	2018 年 8 月	型材	23028	宣钢
16	日照岚山港原油储备基地项目	2018 年 11 月	热板	1860	邯钢

河钢集团积极开展军工保密认定和军工产品研发，促进军民融合产业发展，更好地服务我国国防建设和开拓军工产品市场。建立健全了集团军工管理体系，完成了军工保密要害部位建设和保密制度建设，成为中国兵器工业集团公司合格供应商，被授予“河北省军民融合产学研用示范基地”，高强高韧装甲钢实现稳定供货，高强无磁焊丝成功应用于某军工项目。

河钢集团高度重视国际知名客户开发工作。自2016年以来，国际知名客户的户数与合作量每年以20%的速度递增，形成了以奔驰、宝马、三星、LG、卡特彼勒、西门子、博世等为代表的国际知名高端客户群，显著助推了河钢集团在国际市场上的品牌影响力。

第三节　河钢集团产品结构升级的主要成效及商业规律

一、产品结构升级的主要成效

近年来，河钢集团依靠高端产品主打市场，紧紧围绕产品与市场，以技术进步推动产业升级为主线，扎实推进产线对标，强化全过程质量稳定，深入开展EVI前期服务，大力推广新工艺新技术，充分发挥全球技术研发平台优势，产品档次和品种结构实现了全面提升。目前河钢集团产品成为我国核电用钢、海洋工程用钢、高强建筑结构用钢、锅炉及压力容器用钢、高强含钒抗震螺纹钢筋、高强耐候铁塔用钢市场第一品牌；以“舞钢牌”为代表的宽厚板产品长期处于行业引领地位，其中40多个品种填补国内空白，80多个品种替代进口；调质海洋平台用钢、180毫米厚F级海工钢、核安全壳用钢板、临氢铬钼钢板等产品在当前国内市场上具有不可替代的地位，家电用钢与汽车用钢市场份额大幅度提升。

（一）产品档次大幅提升

2018年，全年品种钢完成2764万吨，比2016年提升22%；品种钢比例达到70%，比2016年提升15个百分点；高端产品完成2017万吨，比2016年提升66%；特色战略产品完成132万吨，比2016年增长277%。河钢集团钢铁产品档次提升情况如图4-2所示。

2018年板带品种钢比例达到85%[8]。圆钢品种比96%，热卷品种比87%，中厚板品种比85%，冷轧及深加工品种比84%。河钢集团产品品种比提升情况如图4-3所示。

2018 年以汽车板、家电板、核电用钢、海洋工程钢等为主的高端产品档次实现了质的飞跃。其中汽车板 608 万吨，家电板 340 万吨，汽车和工程机械用特钢 169 万吨，造船和海工钢 57 万吨，能源用钢 100 万吨。河钢集团汽车板提升情况如图 4-4 所示。

图 4-2　产品档次提升情况

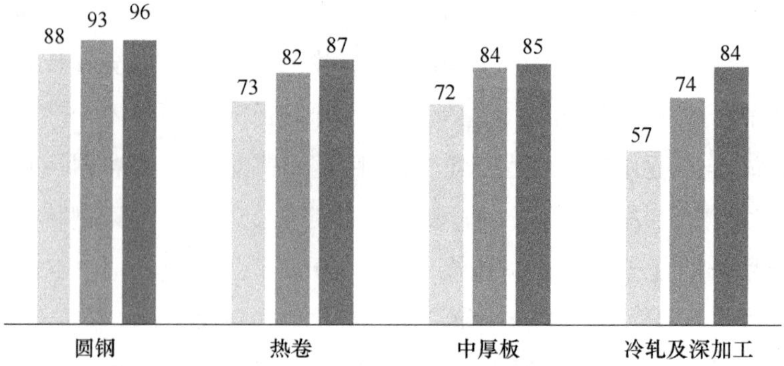

图 4-3　产品品种比提升情况

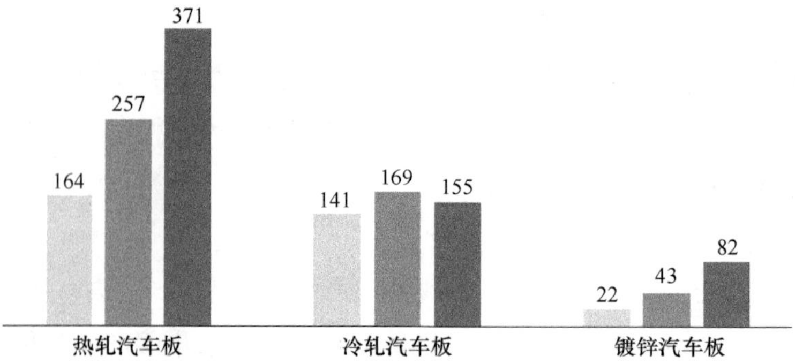

图 4-4　汽车板提升情况

汽车用钢市场占有率国内第二。在乘用车制造领域，长期稳定供应奔驰、宝马、大众等国内外知名企业，齿轮钢、轴承钢等稳定供应博世、麦格纳、爱信精机等世界知名汽车零部件企业，曲轴用钢应用于欧洲奔驰高端商用汽车发动机，是国内唯一供应商。

家电用板，市场占有率稳居国内第一。家电用彩涂产品市场占有率达到30%，向海尔、格力、美的等知名厂家稳定直供，达到每月13万吨，新一代PPM涂镀产品应用于海尔·卡萨帝冰箱，实现松下、三星、斐雪派克、西门子、博世等国际品牌的认证和批量供货。

2018年高端海洋工程用钢完成32万吨，同比提升86%，继续保持第一品牌。大线能量焊接用钢通过6家船级社认证，国内最厚210毫米齿条钢顺利通过ABS船级社认证。

工程机械用钢高端产品比例持续提升。工程机械用特钢国内高端市场占有率第一，覆盖了卡特彼勒、KYB、小松、日立建机、三一重工、徐工等国内外知名企业；高压油缸杆、底盘涨紧弹簧、四轮一带用钢均为独家或指定供应商，占据高端市场80%份额；Q550以上工程机械用板实现在郑煤机、北煤机、阳煤机等北方主要煤机厂的全覆盖；高强度低温韧性弹簧钢成功替代进口。

能源化工用钢：多个产品替代进口，临氢铬钼钢稳居第一品牌。国内最大厚度的加钒铬钼钢和锅炉汽包用钢等产品打破国外垄断；高端石化用钢应用于大连长兴岛炼化项目和舟山石化基地项目；水电用钢板用于制造世界上单机容量最大的水轮发电机组关键部件——水轮机座环；9Ni钢研发、应用实现突破。

桥梁和结构用钢支撑国家重点工程建设。HRB600（E）高强抗震钢筋实现首次批量供应曲港高速示范工程。螺纹钢独家供应北京通州行政副中心建设。高建钢支撑北京新机场、亚投行总部建设，桥梁钢用于天津北运河、北京大环线等重点工程。

轨道交通用钢在国内外强力推进。U75V淬火轨整体工艺技术达到国内先进水平。重轨通过CRCC年度现场审查和欧盟TSI、EN认证，成为国内具备欧洲钢轨市场供货资质的唯一企业；高铁弹簧扣件用钢国内市场占有率50%，名列第一；重载铁路弹簧扣件用钢国内独家供应，是中车货车转向架弹簧钢银亮材的最大供应商；高级别耐候钢为华北知名火车制造商供货。

“大国重器”闪耀“河钢品牌”。集团7000余吨钢板被用于中国散裂中子源工程，制造谱仪钢屏蔽、隧道钢屏蔽等部件；河钢集团生产的“航天氙”气体成功替代国外进口，应用到我国“实践十三号”卫星。

（二）产品市场份额不断拓展

河钢集团全面推行客户经理负责制，整合技术研发和销售服务资源，加强定制化重点品种开发，提供全方位、一站式服务；高度重视国际知名客户开发、大客户与战略客户管理，强化客户经理团队建设和营销体制机制创新，深入推进和实施客户与客户经理分级管理，在推进大客户管理的基础上，持续提升战略客户管理。河钢集团已经在汽车、家电、工程机械等重点行业形成了一批高端战略客户群。

（三）河钢集团品牌影响力不断彰显

2015年河钢有19个产品荣获该年度冶金产品实物质量奖，其中，18个产品获得“金杯奖”，1个产品获得“特优质量奖”。河钢集团多家子公司获评知名企业“优秀供应商”，其中，河钢集团唐钢凭借优质家电板获评海尔“优秀供应商”称号，河钢集团石钢获评卡特彼勒、长江轴承公司等8个国内外知名企业的“优秀供应商”。

二、蕴含的商业规律

产品结构升级是由劳动密集型产业向资本密集、技术密集型产业转变的结构变化过程。企业产品结构优化不仅要遵循一定的原则，既要克服企业工艺装备等多方面的制约因素与不利条件，还要满足市场需求现状与变化趋势。

（一）直面市场、服务用户是产品结构升级的有效措施

通过高层持续发动、营销资源整合，河钢集团上下全员的市场意识真正形成，全新的客户关系迅速建立。河钢集团各子公司、各系统的眼睛前所未有地向市场和客户一致看齐，彻底打破传统路径依赖，逐步建立起直面终端用户的管理体制和资源配置方式。在集团营销模式转型的总体战略部署下，河钢唐钢、河钢邯钢等子公司自我加压、主动作为，积极探索营销模式创新，通过组建汽车板用户应用技术研究所、某家电企业联合实验室、信息化服务“小

微”团队等方式，开展解决方案式营销，从用户研发阶段开始提供全生命周期一站式服务。

以客户服务中心为平台，河钢集团真正建立起自主营销网络，逐步取代了原有的传统营销网络，建立以客户服务中心为主导的营销渠道；开创“海尔特钢合作模式”，通过资本合作、EVI 先期介入、共建加工配送网络和联合实验室等方式，将钢材深加工链条向下游家电、汽车等高端制造企业延伸，将钢铁产业链嵌入用钢产业链，建立了与价值链紧密相连的客户关系。

通过营销模式转型，河钢集团的各个子公司不仅重视钢铁生产的前半段，持续保持领先的成本控制力，更高度关注生产工序的后半段，大力推进用户结构和产品结构的双提升,形成以用户需求为中心的价值链“逆向”驱动力量，创造了巨大的价值空间。

（二）创新营销模式是产品升级的市场保障

河钢集团紧紧围绕产品升级，不断健全完善与营销模式转型相适应的科技创新体系，加快高端产品研发和关键技术研究，大力推动行业新工艺、新技术的应用和联合攻关。

河钢集团坚定走创新路线，严格考核品种钢、高端产品生产销售比例，调整优化产品结构，不但用创新来实现产品结构的优化，而且以结构的优化来倒逼创新。

（三）定制化生产是产品结构升级的体现

河钢集团开展精准市场调研，定向开发高端用户，形成了具有较强影响力的高端客户群，成为产品升级的强大引擎；同时，以优化用户结构调整倒逼产品结构调整，以高端用户需求倒逼产品档次升级，在“定制”生产中倒逼产品结构提档升级，迈向高端，进而为实现企业价值结构的优化和提升做好“铺垫”。

（四）工艺技术升级是产品结构升级的基础

河钢集团从工艺技术升级方面着手，通过重新组织生产体系，并且引入更先进的技术，使投入产出转换变得更有效率，不断推进产品的升级与结构的优化。

第四节　建立以产线为核心的资源配置方式

一、打破单项对标传统模式，强化全方位产线对标意识

河钢集团围绕进一步提升产品品牌形象和科技创新实力进行对标，大力推进协同创新与自主创新。充分发挥集团中试平台、子公司产线科研成果转化平台优势，开展产线工艺优化、产品质量升级等技术研究，对产线急需的新工艺新技术开展对标研究。

当前，钢铁行业发展进入到一个差异化竞争时代，企业之间竞争的内容不仅仅是成本要素，钢铁产品高盈利时期固化的以单个产品的成本和单项技术经济指标为核心内容的对标模式，显然已经适应新竞争时代的发展需要，亟需一种能够折射出产线间装备能力、产品档次、结构调整、产品质量、售价以及劳效提升和人力资源配置等方面差距的新对标方法，由此“产线对标”的概念应运而生，推动对标工作更加深层次和系统化，挖掘产线产品档次不高、结构不合理和相同产线盈利能力低等问题的根本原因。河钢集团决策层通过多次会议不断强调产线对标的重要性，自上而下统一贯彻产线对标思想，保证具体工作有效、迅速地组织落实。

二、以产线大纲为标杆，挖掘产线潜能

明确全方位产线对标的工作路线后，河钢集团对 2014 年上半年各条产线的生产数据进行整理，将其与产线大纲进行对比。经过对比发现，螺纹产线、宽厚板产线和圆钢（特钢）产线的产品结构均超过大纲设计水平，其中，螺纹产品已随国家建筑钢筋标准升级，最低牌号为 HRB400 取代了大纲中的 HRB335 产品；线材产线、热轧卷板产线、冷轧及深加工产线、型材产线与中板产线均与大纲水平有差距，其中，型材产线和中板产线与大纲差异最大。造成实际产品结构与大纲结构差距的原因是行业高速发展时期市场对基础建设用钢需求充裕，各产线生产大纲中最普通的产品就有效益，选择性忽视了大纲中品种的开发；各产线长期生产成分范围宽、尺寸精度要求较低的低端

产品，导致炼钢、轧钢工序的工艺控制与操作管理水平提升滞后于装备更新速度，在组织品种钢生产过程中出现了成本升高问题，制约了产线开发品种钢和提升质量的积极性，产线的装备功能和精度被矮化，生产品种钢的硬件水平下滑。因此，河钢集团提出了“恢复产线装备精度，为生产品种钢做准备”的工作思路，对各产线装备情况重新梳理，恢复设备功能和精度。

三、以先进企业为标杆，对比产品结构差异

河钢集团对标国外某企业 2013 年利润水平，反思新常态下市场变化与企业管控问题，认为在相同的市场环境下，河钢集团的钢材售价低、盈利水平差的背后，折射的是产品规格、档次、品种上与先进企业存在的巨大差距，是产线装备潜能、技术力量潜能没有有效发挥的结果，因此，河钢集团提出了“企业竞争力是低端成本与高端产品结构结合”的理念，确立了“相同产线对品种，相同品种对售价”的产线对标模式，选取行业先进企业作为产线对标的标杆。

以 2014 年上半年数据为依据，对标河钢集团与标杆产线的产品结构差异。对比结果为：河钢集团品种钢比例 27%，其中，棒材产品（不包括河钢集团石钢）品种钢比例为 7.46%（S 企业 29.8%），线材产品品种钢比例为 20.73%（Q 企业 96.73%）；热轧商品卷板品种钢比例为 35.18%（J 企业 1580 线 59%，2250 线 77%）；冷轧及深加工产品品种钢比例为 20.98 %（J 企业 75.8%），中板产品（河钢集团唐钢与河钢集团邯钢）品种钢比例为 28.56%（N 企业 100%）。在该产品结构下，河钢集团产品综合售价与先进企业间存在巨大差距，其中，热轧带钢产品，河钢集团 2996 元 / 吨，B 企业 3706 元 / 吨；热轧汽车用钢，河钢集团 3174 元 / 吨，B 企业 4391 元 / 吨；冷轧汽车板，河钢集团 3934 元 / 吨，J 企业 4488 元 / 吨，B 企业 5044 元 / 吨；镀锌板，河钢集团 3988 元 / 吨，B 企业 6357 元 / 吨。

四、分析市场与客户的个性需求，准确定位产线

通过产线对标，河钢集团找出了自身产线与标杆产线间的巨大差异，是否要调整为标杆产线的产品结构，除了提升自身工艺控制与操作管控水平外，

市场与客户的需求情况也不容忽视。在很长一段时期，河钢集团经常是什么产品好组织、什么产品好卖，就多生产什么产品，没有真正走向市场、融入市场，没有以盈利能力和条件指导生产，这个问题在高盈利期被掩盖了。

新常态下，市场环境恶化，产品与市场、用户需求脱节所带来的问题逐渐暴露。河钢集团以产线对标工作为手段，大胆走出去，学习先进企业在市场角色转换过程的经验和做法，树立了“只有依靠自己的力量才能战胜困难”“市场标准就是工作尺度”等工作理念和意识，确定了“满足市场与客户个性需求,产线产品由满足国标标准向满足客户个性化需求转变”的发展路线。各条产线的产品结构重新定位，明确了重轨专业生产线、电网用角钢专业生产线，原不锈钢产线改造升级为以生产高强汽车板和镀锡板基板为主的专业产线，中板产线改造升级为以生产低合金高强钢与合金结构钢为主的专业产线，普通圆钢产线升级为优特钢生产线。

五、优质资源配置到产线，充分发挥产线效能

2013 年年底，河钢集团拥有高级技师 1211 人、技师 5041 人，初级工程技术以上职称 15152 名，其中高级、正高级职称人员 2817 名。受传统思想观念和管理机制的影响,很长一段时期内,河钢集团的人事准则和管理文化是“技而优则管”“技而优则仕”,大量在某项技术或某一专业领域的优秀者被“提拔”为管理人员，工作的主战场从此便从产线转移到了办公室，导致大量技术力量被闲置、浪费，产线效能得不到应有发挥。

新常态下，河钢集团颠覆了传统管理理念，提出了“以产线为中心配置资源、特别是配置优质人力资源”的新理念。通过体制变革和机制创新，在压减一般性、辅助管理机构的同时，推进关键人才向产线和营销一线集中，强化产线、研发、营销机构的力量；同时，依托这些人才优势，发挥企业一流的工艺装备，加速产品升级和结构调整，培育具备全球竞争力的高端产品实力，提升企业综合竞争力。

具体做法是：将机关中的技术人员配置到生产一线和销售一线，明确工作责任与奖惩规则，设立新的人才晋升通道，技术人员的奖金与重点工作和重点指标完成情况挂钩，以此加强产线生产组织能力，提升品种钢合同兑现率。以河钢集团 1780 热轧卷板产线为例，精简机关人员 37%，增加产线技术人员

27%，直接为产线提供支持的技术人员增加80%，设置产品工程师、工序工程师、工艺工程师三级专业工程技术人员，形成热卷产品生产全流程及工序、工艺全程技术保障体系，把控产品质量关键控制点；设立见习作业长、见习班组长岗位，以后备制度促进岗位责任落实，形成良性竞争氛围，为人才培养搭建平台。

优质资源配置到产线，不仅是子公司的技术人员配置到产线上，河钢集团钢研的科研团队也同样要扎根到产线，才能及时有效地开展产线诊断工作，助推产品升级与结构调整工作稳步顺行。围绕产品质量、产品开发、工艺改进等内容，河钢集团钢研的技术团队扎根生产线，进行产线诊断，先后组织开展18项课题研究。近年有效实施了汽车钢项目组长期驻扎产线，利用中试平台优化汽车用钢的化学成分、模拟热轧与冷轧深加工工艺，提出工艺改进方案；家电板项目组与产线技术人员合作，研究高端家电制造商对钢材品种、规格的要求，优化镀锌工艺，提高产品表面质量；中厚板项目组对连铸坯表面纵裂、横向断裂的原因进行分析，优化连铸冷却工艺，并进行储备技术研究工作；长材项目组重点解决长材生产过程中生产顺行、质量不稳、工艺优化等问题；能源环保项目组负责焦化废水处理、电镀废水处理以及炼焦配煤优化等问题。

六、以综合售价提升为目标，科学规划各产线产品升级与结构调整

明确了产线定位后，河钢集团以提升综合售价为目标，着手谋划各产线产品升级与结构调整方案的具体内容。

（一）加强对外交流，统一品种钢统计口径

开始全面产线对标工作以前，河钢集团对于品种钢的定义是生产难度较大的产品，沿用了高盈利时期对生产难度的定义。由于河钢集团的产线长期生产成分范围宽、尺寸精度要求较低的产品，这个定义相对于产线装备水平而言滞后了，而其他先进企业由于工艺控制与操作管理水平随着装备升级提升较快，很多在高盈利期的品种钢产品已重新定义为普通产品。

河钢集团通过产线对标发现了这个问题，本着“深化对标，提升产线核

心竞争力”的原则，参照先进标杆单位对品种钢的分类方式，重新统一了品种钢统计口径。调整统一口径后，圆钢产线的品种钢采用同一分类口径；热轧商品卷扩大了汽车用钢范畴，根据产品用途，增加了焊瓶钢、工具钢、工程机械用钢等产品，普通的酸洗板和冷轧基料划入普通产品范围；冷轧及深加工产品中突出用于汽车、家电的产品，将普通镀锌产品划入普通产品范围；中板增加高强建筑用钢、海工钢等产品，耐蚀耐候、焊接要求与调质要求产品并入用途分类中；取消所有出口产品为品种钢的定义，将牌号低、普通用途的出口产品划入普通产品范围；增加了品种钢评审程序，对于未纳入品种钢统计口径的、满足用户个性化要求的协议产品，可通过评审论证的形式进行补录。统一品种钢统计口径后，河钢集团各产线的品种钢统计工作更加规范、高效，与先进企业对标产品结构时更有针对性，为产品升级与结构调整的落实工作奠定了坚实基础。

（二）科学计算综合售价提升额，为合理评价产品升级与结构调整工作成绩提供理论依据

为实现“综合售价提升”的目标，河钢集团设计了品种升级与结构调整后综合售价提升计算方法：综合售价提升额（M）由自身提升额（M_1）与追赶标杆提升额（M_2）两部分组成。

自身提升额（M_1）体现的是通过产品升级与结构调整，产线产品由于在产品结构中的比例变化对产线综合售价水平的影响值。假设该产线生产产品种类数量为 n，任一产品 i 在实施调整方案后在产线产品结构中的比例变化为 ΔX_i，产品 i 在当期的售价为 P_i，则产品 i 在产线产品结构中的比例变化对产线综合售价水平的影响为 $\Delta X_i \times P_i$，对该产线所有产品由于比例变化对产线综合售价的影响结果求和，即可得到该产线自身提升额（M_1），理论计算公式 $M_1=\sum_{i=1}^{n}(\Delta X_i \times P_i)$。

追赶标杆提升额（M_2）是指在与标杆单位对标的产品在方案实施前后售价差异变化对产线综合售价水平的影响值。假设该产线有 m 个对标杆产线相比较的产品，任一产品 j 在实施调整方案后与标杆产线对应产品的售价追赶量为 ΔP_j，产品 j 在产线产品结构中所占比例为 X_j，则产品 j 追赶标杆产线对应产品的售价差距所带来的对产线综合售价影响值为 $\Delta P_j \times X_j$，将该产线所有参

与标杆产线对标的产品对产线综合售价的影响结果进行求和，得到该产线追赶标杆提升额（M_2），理论计算公式 $M_2=\sum_{j=1}^{m}(\Delta P_j \times X_j)$。

最终，得到完整的综合售价提升额（M）的理论计算公式 $M=\sum_{i=1}^{n}(\Delta X_i \times P_i)+\sum_{j=1}^{m}(\Delta P_j \times X_j)$。以该公式为理论指导，制定了河钢集团产品升级与结构调整方案。到 2015 年年底，河钢集团品种钢比例计划达到 44.35%，综合售价提升 110 元 / 吨钢。

七、全面推进以产线为独立市场单元的管理扁平化变革

2016 年 8 月，集团召开管理体制变革说明会，要求全面推进以产线为独立市场单元的管理扁平化变革。各子公司按照集团总体部署，紧密结合生产经营实际，聚焦“市场”和“产品”，突出问题导向和价值导向，围绕以管理创新推动流程优化这条主线，全面构建以产线为中心的扁平化管理体系。

稳步推进以产线为核心的组织结构扁平化变革，以组织结构扁平化促进内部资源要素的重新组合、配置，寻求直接反应市场、直接面向客户的管理路径。各子公司搭建了新型组织结构和业务流程，实现了企业全要素的重新配置，以改革子公司管理体制为突破口，逐步建立起以价值创造为导向的经营发展模式，有效激发了企业内部活力。

通过组织架构重构和业务流程再造，推动管理重心向产线转移，赋予产线资源配置中心、运营管理中心、经营决策中心的地位，突破传统体制束缚，使产线成为直面客户的独立市场单元。简化管理流程，压缩管理层级，实现“两个扁平化”（产线单元与市场用户之间的扁平化，各子公司领导与产线单元之间的扁平化），从根本上解决产线与市场脱节问题、解决管理者与产线脱节的问题，全面提升产线对接市场、对接客户的效率和能力，有力推动了品种结构改善和效率效益提升，取得了扎实成效。

（一）突出产线在价值链中的中心地位，以产品事业部为载体的扁平化组织架构基本形成

各单位把以产线为独立市场单元的管理扁平化变革，作为实施市场化改革，推进管理创新的主要抓手，作为以定制化制造满足个性化需求，提高运营效率、激发企业活力的战略举措；成立由主要领导担任组长的管理扁平化

变革推进小组，按照集团总体部署，颠覆传统金字塔型直线职能制管理体制，以产品专业化为主线，成立了16个产销研一体化的产品事业部，构建起直面市场的独立业务单元和以产线为中心的资源配置方式及生产经营模式。河钢集团产线市场单元配置分布情况见表4-5。

表4–5　河钢集团产线市场单元配置分布

河钢集团唐钢	河钢集团邯钢	河钢集团宣钢	河钢集团承钢
型线事业部	汽车家电板事业部	型材事业部	棒材事业部
卷板事业部	薄板事业部	棒材事业部	线材事业部
汽车板事业部	中厚板事业部	圆钢事业部	板带事业部
中厚板事业部	型棒线事业部	线材事业部	钒钛事业部

（1）明确了公司级领导担任产品事业部主要负责人，在统一营销管理平台下赋予产线市场单元一定的资源选择权、自主经营权、自主分配权三项权利。

（2）以产线市场单元为中心，打破集团和子公司内部销售、技术资源界限，实现销售资源和技术研发资源的优化配置，实现产销研一体化，支撑产线的高效运行。

（3）简化管理流程，压缩管理层级，为产品事业部建立完善的支撑服务体系，搭建直接面向产线市场单元的“货架式”公共服务平台，为产线市场单元高效运行提供专业化的管理和服务。

形成以产线为核心的资源配置方式。结合产线对标和产线诊断分析，突出产线市场单元的价值创造功能，将专属性强的技术研发、市场营销、专业人才等优质资源配置到产线市场单元。

加快市场单元内部的“去行政化”进程，进行岗位“价值分析”，将与产线价值创造功能联系不紧密的非核心资源以及公共管理职能逐步与市场单元分离，平移至公司公共管理和服务平台进行集中管理。

（二）以推进关键人才向产线市场单元配置为重点，加强产销研资源专业化整合

河钢唐钢：积极推进作业长制与组织机构“再扁平”相融合，将两级机

关科室科级及专业技术等关键人员配置到产线上，担任作业长、区域工程师、客户质量代表、大客户经理，实现管理重心下移、委权委责有机统一；专家岗位职务、专业技术职务和技能操作职务人员聘任指数向产线倾斜 7% ~ 10%；挖掘内部潜力，向销售、生产一线配置所需专业人员，2016 年以来累计为各产品事业部抽调青年业务骨干 508 人。

河钢邯钢：推进优秀人才向产线配置，促进双向流动。2016 年以来公司内部由机关到产线市场单元 39 人，由产线市场单元到机关 21 人；从产线为研发系统选拔 64 人，为营销系统配备 57 人，聘任营销经理 46 名；对重点引进的清华大学、东北大学等优秀大学生 100% 配置到优势产线。目前，公司重点院校本科毕业生及硕士博士研究生 92% 以上直接服务在生产一线。

河钢宣钢：按照最优质资源配置产线原则，选拔 180 名优秀技术、生产、销售、管理人才直接配置到产线，并实行动态管理。

河钢承钢：将 119 名营销人员、职能部室 39 名专业人员配置到产线，组建了棒材、线材、卷板和中宽带 4 个营销中心和 1 个钒钛营销部；营销团队推行客户（产品）经理制，技术研发团队实行技术主管（专家）制，生产运行团队推行作业长制。

河钢石钢：2016 年以来已累计向销售中心输送营销人员 47 人，目前营销人员已增至 265 人；在各产线设立客户质量保障工程师，累计选聘 316 名技术骨干担任产线客户质量保障工程师。

河钢衡板：优化机关和产线人员配置，确定了管理、营销、技术、操作四支人才队伍建设方案，实施技术专家、技术主管及技师评聘制度。在营销队伍建设方面，实行了一、二级客户经理竞聘上岗和末位淘汰制。

河钢销售：优化人力资源配置，进一步充实营销一线业务人员，把优质人员配置到产线和市场上去；实现营销业务整体向产线市场一线转移。

河钢国际：按照国际化一流贸易公司的标准，优化组织结构及业务流程，加强一线业务部门和新兴业务人员配置比例。

结合扁平化变革，进一步优化人力资源结构，加大专业人才的市场化选聘力度。河钢邯钢公司围绕产线需求引进高端社会人才，成功引进特钢冶炼、汽车板研发等专业社会人才 50 余名，100% 配置到产品研发及生产一线。河钢石钢公司制定了《外聘专家、顾问管理办法》，积极推进专业技术人才市场化选聘工作，先后从国内先进特钢企业聘请5名高端人才，强化对产线技术的服务，为加快公司品种结构调整步伐积蓄能量。河钢唐钢公司市场化引进产销研高端人才，引进宝钢集团中央研究院高级主任研究员，上汽集团和宝钢集团材料专家，华菱安赛乐米塔尔公司营销经理，意大利达涅利公司自动化专家，以及互联网职业经理人及其管理团队等一大批高端优秀人才，为公司产品升级、产线创效、产线三化融合，提供了强有力的人才支撑。

（三）以落实关键待遇向产线市场单元倾斜为重点，健全完善绩效考核分配体系

各单位以效益为中心，突出“结果导向”，突出效益考核，持续提高产线市场单元收入在薪酬结构中的比重，不断增加产线市场单元关键人才的薪酬待遇，逐步建立以产线为中心、薪酬与产线效益直接挂钩的薪酬分配机制。

河钢唐钢：实行以宽带薪酬为主导的岗位绩效薪级工资制，重点向关键岗位倾斜，薪等晋升指数向产线关键岗位和有突出贡献人员倾斜10%；技术类、管理类专家实行“年度激励收入＋科技创新奖”的激励分配模式；科技创新奖与专家年度产线课题相结合，完成课题任务的奖励年度激励收入的30%；操作类作业师实行“岗位工资＋月度奖金＋年度挖潜增效奖”的激励分配模式。

河钢邯钢：在绩效奖金系数和基数设置上突出向产线倾斜。产线奖金系数比公司机关高35%，奖金基数比公司机关高12.5%，产线奖金水平设计上比公司机关高出40%以上，实际发放水平超出公司机关50%以上。营销人员实行“底薪＋提成”分配机制后，收入明显提升，其中汽车板事业部增幅为33.34%。

河钢舞钢：从价值创造和重要程度两个维度设定绩效奖金基数，提升产线职工薪酬待遇；在绩效奖金分配方面细分档次，拉大差距，重点向产线（市场单元）和科研营销一线倾斜。目前，科技部科研人员、销售部销售人员月度奖金基数达到机关月度奖金基数的3~5倍。

河钢石钢：在绩效奖金系数和基数置上突出向产线倾斜，坚持加大向营销、研发、产线技术和骨干操作人员分配倾斜力度的薪酬分配原则，突出收

入分配面向市场和产线，以价值创造和利润贡献大小为依据，“让奋斗者先富起来”，更好发挥薪酬激励作用。对营销人员实行业绩挂钩、奖励提成；对研发人员突出专家评聘和课题攻关，按贡献和成效取酬；对各产线实施包干工资动态管理，充分享有工资分配自主权，鼓励多劳多得，调动职工工作积极性和工作主动性。

河钢销售：在2016年度“底薪 + 完成任务工资 + 创效嘉奖”架构的基础上，制定了《绩效考核办法》《业务奖励管理办法》，加大对市场开发的奖励力度。进一步拉大营销一线人员和支撑服务人员之间的收入差距，营销业务人员增发营销奖，业务支撑服务人员营销奖仅为一线业务员平均数的30%~40%，吸引内部人才向业务一线流动。

河钢国际：建立符合国际贸易业务特点、充分激发员工创新创效热情的分配考核办法，在2017年薪酬分配办法中，以绩效承包制为基础，实行绩效收入部门承包制，主要业务部门绩效收入按照部门指标确定，并且做到减人不减奖，增人不增奖。主要业务部门创效超目标部分给予5%奖励。

河钢物流：加大港口公司薪酬体制改革力度，制定实施《港口公司薪酬体系改革方案》，打破管理岗、操作岗界限，实现统一设岗，一岗一薪，提高一线岗位薪酬水平。

（四）扁平化模式创新

事业部制：河钢唐钢深入推进事业部制，围绕市场和产线，持续加大优质资源配置，将产销研各工序、各环节的工作有机地融为一体。为重点客户配置专门的大客户服务团队，设立销售经理、驻厂质量代表、技术经理，在大客户经理的引领下，做好客户的售前、售中及售后服务工作，确保客户服务有序高效。

客户呼叫中心：河钢邯钢以推进智能制造为契机，搭建了营销信息服务平台，将客户信息、销售信息和用户反馈信息等集中到同一个平台，同时通过网络信息平台和营销服务热线，成立了“客户呼叫中心”，由专人职守，与用户建立日常联系，实现了与客户的直接对接；定期开展大数据分析，指导邯钢生产经营决策，实现了信息共享。

服务信息化：河钢承钢针对69个重点终端客户建立电子信息档案，实现客户基本信息、业务状态分析、年度供货情况、互访情况等全面信息化管理，以指导客户开发、结构调整，培育优质高端客户群；建立客户经理日常反馈信息平台，客户经理每日通过手机微信进行信息反馈，及时、准确、高效为客户服务，目前月信息反馈量达1000条以上，已累计协调解决问题121项。

第五章　空间布局拓展

本章要点

河钢集团空间布局拓展的背景：国家层面推进新一轮对外开放和“一带一路”倡议的提出，给河钢集团深入实施国际化战略提供了机遇；国内钢铁产业落实供给侧结构性改革，也要求钢铁企业“走出去”实施国际产能合作，到具有市场空间、资源优势和产业基础的国家或地区布局。河钢集团经过多年发展，已经积累了足够的技术、管理、人才等诸多方面优势，具备了参与高水平国际竞争的基础条件，需要迈向更广阔的国际舞台提高全球竞争力。

河钢集团空间布局拓展的核心理念：河钢集团以国家战略为导向，谋划国际化“战略模型”。即明确“一个定位”，打造“世界的河钢”；提升“两种能力”，全球资源配置能力，企业国际竞争力；实现“三个拥有”，全球拥有资源，全球拥有市场，全球拥有客户；形成“1234 发展格局”，建设一个工业园区，打造海外服务国内钢铁主业和海外新事业两大功能事业集群，构建资源、制造、贸易三大业务板块，搭建国际钢铁制造、营销服务、技术研发和国际化人才培养四大平台。由“点”到“面”，确定河钢集团国际化发展“战略布局”，以海外既有资源为依托，以欧美成熟、高端产业分布区域为着力点进行布局；通过已经形成的国际化市场营销网络，打造企业国际化发展的“桥头堡”，不断完善全球化发展的全产业链布局，最终形成多点布局有机贯通、互相促进的全球化协同发展产业格局。

河钢集团空间布局拓展的实施路径：

（1）控股瑞士德高公司，建立“全球营销服务平台”。

（2）并购塞尔维亚斯梅代雷沃钢厂，建立“全球钢铁制造平台”。

（3）收购南非 PMC，建立“全球资源开发平台”。

河钢集团空间布局拓展的主要成效：河钢集团实施国际化战略以来，海外收入突破1000亿元，海外资产609亿元，海外员工1.2万人，形成了“四钢两矿一平台”的海外事业发展格局，迅速成为中国国际化程度最高的钢铁企业集团。收购并经营好塞尔维亚斯梅代雷沃钢厂打造了中国企业“金名片”，生动诠释了习近平总书记要求的“一带一路”建设样板工程的内涵，为推进中欧企业合作共赢发挥了显著作用，提振了中国钢铁企业在世界经济中参与竞争的能力与自信，河钢集团国际化是以资本、技术和管理输出为主，向世界展示了中国制造业对外输出的全新一面，塑造了中国企业的新形象，改变了国际社会对中国企业对外输出模式的传统认识。

河钢集团空间布局拓展的商业模式规律：河钢集团产业空间拓展是河钢集团跨界融合实施商业模式创新的独有特征，按照“四圈层”商业模式的逻辑体系，在客户层，河钢集团依托德高营销网络，前所未有地扩大了河钢集团的国际客户群体，直接带动客户扩容升级；在价值层，河钢集团实施优质产能合作，以优势技术、管理、资本和网络渠道，提升相关国家和地区的钢铁产业发展水平，有效满足其发展需求，同时企业价值得以充分提升；在能力层，河钢集团通过网络构建、产业布局和人才培养，具备了强大的国际竞争力和全球经营能力，品牌商誉等软实力大幅提高；在发展层，河钢集团主要通过控股德高公司建立“全球营销服务”，并购塞尔维亚斯梅代雷沃钢厂，建立“全球钢铁制造平台”，收购南非PMC，建立“全球资源开发平台”，与昆士兰等知名院校合作，建立“全球技术研发平台”。

第一节　河钢集团空间布局拓展的背景

一、“一带一路”倡议带来河钢集团国际化发展的历史机遇

党中央在十八大时就明确指出，要加快“走出去”步伐，增强企业国际化经营能力，培育一批世界水平的跨国公司。《中共中央关于全面深化改革若干重大问题的决定》提出，推动对内对外开放相互促进、引进来和走出去更好结合，促进国际国内要素有序自由流动、资源高效配置、市场深度融合，加快培育参与和引领国际经济合作竞争新优势。这是党中央适应经济全球化

新形势，在对外经济体制方面做出的新部署。由此，支持企业“走出去”发展，上升为一项重大的国家战略。

2013 年，习近平总书记高瞻远瞩提出共建“丝绸之路经济带”和“21 世纪海上丝绸之路”的倡议，得到国际社会的广泛响应。“一带一路”倡议是中国寻求更大范围资源和市场合作的重大战略，共建“一带一路”旨在推动沿线各国实现经济政策协调，开展更大范围、更高水平、更深层次的区域合作，共同打造开放、包容、均衡、普惠的区域经济合作架构。“一带一路”倡议构想的提出，契合沿线国家共同需求，为沿线国家优势互补、开放发展开启了新的机遇之窗，是国际合作的新平台。

在 2014 年政府工作报告中，国务院总理李克强明确提出，鼓励企业参与境外基础设施建设和产能合作，促进冶金、建材等产业对外投资。随后国务院发布《关于推进国际产能和装备制造合作的指导意见》(以下简称为《意见》)，涉及产业有铁路、核电、钢铁、有色、建材、轻纺等。《意见》对企业在境外建设上下游生产线、境外并购、建立海外研发中心等给出了指导规范和政策支持。

自 2013 年“一带一路”倡议提出以来，“一带一路”已完成夯基垒台、立柱架梁，转入落地生根、开花结果的全面推进阶段，成为广受欢迎的国际公共产品，已有 126 个国家、29 个国际组织同中方签署合作协议文件。2013~2018 年，中国与“一带一路”沿线国家货物贸易总额超过 6 万亿美元，中国企业对“一带一路”沿线国家直接总投资超过 900 亿美元，在沿线国家新签对外承包合同额超过 6000 亿美元。世界银行等国际机构研究表明，“一带一路”合作促使全球贸易成本降低 1.1%~2.2%。未来，中国及沿线国家仍将继续深化“一带一路”倡议，促进加强国际合作，2019 年李克强总理在政府工作报告中指出要坚持共商共建共享，落实“一带一路”国际合作高峰论坛成果，扩大国际产能合作，带动中国制造和中国服务走出去。

中国钢铁行业已经由数量发展时期进入高质量发展新时期 [11]，巨大的环境压力、人口红利消失使得中国钢铁企业经营成本持续提升，资源匮乏和行业集中度低又使得钢铁产品价值空间受到上游严重挤压，区域结构性产能过剩导致市场竞争加剧，国内钢铁企业已经陷入发展瓶颈。利用多年累积的资本、管理和技术优势，积极“走出去”实现全球配置资源，是我国钢铁企业突破发展困局、实现转型升级和结构调整的最佳选择。“一带一路”倡议、国际产能合作、供给侧结构性改革等国家战略的提出和深入实践，恰如其时地为中国钢铁企业全球化发展开启了政策窗口。

二、国际钢铁产业发展不平衡，需要与中国钢铁互动

从国际形势看，全球化背景下的多边与双边合作兴起，国际经济危机导致国外主要钢铁、资源企业调整战略，国际投资、并购机会大量出现，零对价并购案例的出现非常强烈地释放出经济底部信息，低成本资本运作的窗口期已经出现。一般情况下，在技术没有出现颠覆性变革的前提下，经济周期的底部是低成本整合资源，实现跨越式发展的最佳阶段。欧美发达国家资本市场高度发达，但钢铁作为原材料制造业，需要大量投资但回报水平一般，且面临环境、用工等压力，资本逐利本质，导致发达国家钢铁企业很难得到金融资本和产业资本的青睐，很多钢铁企业都面临资本融资不足问题。因此，欧美发达国家虽然占领着世界制造业高端领域，但支撑制造业发展的钢铁行业却普遍面临资本短缺。此外，“一带一路”沿线很多发展中国家的工业基础尚未完全建立起来，钢铁行业普遍处于空白或起步阶段。这种区域性发展不平衡，与中国钢铁行业供给侧结构性改革的迫切需求形成有效互补。国际钢铁产业发展不平衡，一方面为中国钢铁企业低成本整合欧美发达国家优势钢铁资源,实现产业空间拓展提供了难得机遇；另一方面为中国钢铁企业参与“一带一路”沿线新兴市场国家产能合作，提供了更好的基础条件和广阔的市场空间，降低了投资风险。

三、中国钢铁企业具备“走出去”实力，亟需提升国际化水平

中国钢铁企业走出去的基础条件已经成熟。在全球钢铁产业发展历程中，实现过钢产量占世界一半的国家只有英国、美国和中国。自 1996 年以来，中国粗钢产量一直保持世界第一位，在经济发展拉动及技术进步推动下，在劳动力、土地、资本等要素支撑下，早已成为全球钢铁产业重心；钢铁企业技术能力、制造能力也显著提升，综合实力大幅提高，积累了足够的资本、技术和管理经验，一些先进企业正在从模仿创新转为原始创新，从技术引进者

转变为技术输出者，可以说中国钢铁企业已经具备全面走出去参与国际竞争的基础条件[9]。从产业整体来看，钢铁作为中国制造的优势产业，是扩大国际产能合作的重点领域，特别是在“一带一路”建设发展中，从资源开发到钢铁产能合作以及加工配套服务，钢铁产业都具有广阔的市场、巨大的发展空间[10]。

中国钢铁企业国际化水平不高。主要表现在以下几方面：一是资源安全保障体系尚未建立。中国以全球12.4%的铁矿石资源，支撑占全世界一半的钢铁生产，铁矿石对外依存度高达85%以上，已建成投产海外铁矿石权益量不足中国铁矿石进口总量的10%，资源保障能力严重不足。此外，中国作为世界最大的铁矿石消费市场，铁矿石交易机制和定价机制等方面始终受制于人，凸显软实力不足。二是贸易摩擦限制了海外贸易服务发展。中国钢材的出口对象以国外钢材贸易商为主，出口模式单一，相对于韩国、日本等国际知名钢铁企业钢材海外贸易模式，中国钢铁企业由于缺少与国外用户建立的垂直销售系统，在优化服务、提高产品附加值等方面进展不明显，影响企业海外市场竞争力。

四、河钢集团亟需全球化进一步提升综合竞争力

河钢集团是中国产能规模第二大的钢铁企业，也是中国历史较为悠久、最具代表性的钢铁企业，钢铁产能规模达到5000万吨，生产主要集中在河北省境内，区域化特征十分明显。由于国内钢材需求增速放缓、产能严重过剩、市场无序竞争等问题十分突出，给河钢集团生存发展带来巨大压力。河钢集团意识到，要继续提高企业竞争力就必须通过拓展海外业务扩大生存发展空间，要打造全球最具竞争力钢铁企业，必须首先成为一个业务遍布全球、海外收入占有较大份额的国际化企业，必须在全球范围配置资源、整合生产要素，实现“全球拥有资源、全球拥有市场、全球拥有客户”。

从发展基础来看，河钢集团具有“走出去”实施国际产能合作的三大优势：一是产业链资源优势。集团具备5000万吨优质钢铁产能，从工艺管理、成本控制、产品研发到市场布局，已经具备了钢铁全产业链整体竞争优势，拥有庞大的产业链资源。二是海外经营优势。在“一带一路”倡议提出之前，河钢集团推进产业链全球化布局，已经拥有23家境外公司，控制运营海外资产

60 亿美元，具备了一定的海外经营管理经验。印度、印度西尼亚、马来西亚、泰国、南非、伊拉克等国家都曾希望河钢集团提供成熟、可靠、高性价比的冶金技术工艺和设备，开展国际钢铁产能合作。三是绿色制造优势。河钢集团主要节能环保指标均达到国际先进水平，主要成员企业被誉为世界最清洁钢厂，在绿色制造方面形成了具有世界影响力的品牌效应。

第二节　河钢集团空间布局拓展的核心理念和实施路径

一、核心理念

河钢集团以国家战略导向为出发点，经过对全球钢铁产业发展趋势判断和自身发展情况梳理，首先通过制定战略明确了集团全球发展的基本定位。2014 年，河钢集团在考察学习、系统思考的基础上，组织制定《海外发展战略规划》，规划中明确河钢集团全球发展的三个战略支点，一是通过海外发展战略实施，从根本上提升集团国际竞争力，特别是全球配置资源能力，实现“全球拥有资源、全球拥有市场、全球拥有客户”；二是努力形成“1234”的发展格局，即建设一个工业园区，打造海外服务国内钢铁主业和海外新事业两大功能事业集群，构建“资源、制造、贸易”三大业务板块，搭建四个国家化平台。三是构建扁平高效的组织管控，多层次的人才支撑，信息管理体系建设，系统科学的风险管控、集中管控，分工合作的分散型全球研发等五大战略支撑体系。

河钢集团经过慎重研究，认为钢铁企业全球化必须坚持发挥既有优势，以点带线、以线带面，沿产业链打造竞争优势。“点”的布局，一是要紧紧围绕“一带一路”，降低政治和投资风险；二是要依托既有海外资源，降低地缘和经营风险；三是要面向客户、面向未来，优先布局欧美等成熟、高端市场区域，同时抓住“一带一路”沿线资源禀赋好的发展中国家工业体系重构、市场需求释放的历史机遇。“面”的覆盖要优先通过形成国际化的市场营销网络，建立起国际化发展的“桥头堡”，再根据市场需求不断完善制造业在全球市场的多点布局，最终形成全球多点制造业布局与全球渠道有机贯通、互相促进、高效协同的发展态势。

二、实施路径

河钢集团在国家“一带一路”大政方针下，以“代表民族工业、担当国家角色”为己任，通过消化吸收、集成创新，已经从大规模“引进来”转变为主动“走出去”，参与全球资源配置。河钢集团追求竞争力的来源正在发生质的变化，过去局限在国内，当前是放眼全球，主动把高端技术、装备、产品输出海外，获取海外市场、技术、人才等战略性资源，与世界前沿保持同步，在巩固“中国加工”“中国制造”地位的同时，努力形成“中国营销”和“中国创造”。

河钢集团制定国际化战略以来，一直致力于巩固扩大国际市场，创新国际贸易方式，扩大对外投资合作，优化制造基地分布，加强与周边国家及新兴市场国家投资合作，采取多种形式开展对外投资，建设境外生产基地，提高集团跨国经营水平，拓展国际发展新空间。通过深化战略合作，强化顶层设计，创新商业模式，实现资源优势互补、信息共享，与国外合作方形成了技术、管理、装备、服务和信贷等全方位合作，不断为客户提供全流程、全方位的综合解决方案，逐步打造河钢集团国际化的新“名片”。

（一）资源全球化——收购南非 PMC 公司

1. 收购背景

世界铁矿资源集中在澳大利亚、巴西、俄罗斯、乌克兰、哈萨克斯坦、印度、美国、加拿大、南非等国。中国铁矿石资源虽然绝对储量大，但是品位低，贫矿多、富矿少。在中国已探明铁矿储量中，铁矿的平均品位为 32%，比世界平均品位低 15%。约有 97% 的铁矿品位低于 35%，属于低贫甚至超贫矿。而富铁矿石查明资源储量为 10.02 亿吨，仅占全部铁矿查明资源储量的 1.55%，形成一定开采规模、能够单独开采的富矿少之又少。

根据全国储量利用调查数据库数据，中国铁矿石原矿累计查明资源储量约 620 亿吨，其中品位大于 50% 可直接入炉冶炼的富矿查明资源储量仅占 3%，储量约为 18.4 亿吨，而品位达不到现行铁矿地质勘查规范边界品位要求，在当前技术经济条件下仍然进行开发利用的含铁矿石占 8%，储量约 52 亿吨，且大多为鞍山式沉积变质型，有用矿物以磁铁矿为特征，因此被称为超贫磁铁矿资源。

中国是全球铁矿石消耗量最大的国家，每年要进口大量富矿。2003 年中国超过日本成为世界铁矿石进口第一大国，2005 年就占世界铁矿石进口量的 36.6%，澳大利亚和巴西成为我国矿产资源进口主要来源。2018 年我国粗钢产量 9.28 亿吨，进口铁矿石 10.64 亿吨，占铁矿石消耗总量的 85% 左右。

中国铁矿石资源的巨大缺口，让河钢集团国际化之路，首先考虑整个集团的资源保障，也就有了收购南非 PMC 公司这一支撑性的先行国际化战略。

2. 实施过程和主要做法

南非 PMC 公司是一家成熟运营并在约翰内斯堡交易所上市的矿业公司，拥有 2.4 亿吨 56% 品位的磁铁矿，6200 万吨铜含量 0.61% 的在产铜矿，1.35 亿吨铜含量 0.63% 的待开发铜矿二期资源以及一个年产销量约 20 万吨的世界级蛭石矿。

2012 年，以河钢集团作为牵头方的中方联合体和南非工业发展公司，确定收购力拓集团和英美资源公司所持有的南非 PMC 公司 74.5% 的股权。2013 年 7 月，股权交割完成，河钢集团正式以第一大股东身份主导 PMC 公司生产运营。

2014 年 4 月，河钢集团顺利完成南非 PMC 矿业公司剩余少数股权的要约收购。河钢集团成功掌控了一个成熟运营的境外矿山项目，并成功将其打造成为南非资源、制造、物流产业基地。2014 年，河钢集团海外高品位铁精粉生产能力达到 1000 万吨，成为中国企业在非投资项目中的成功典范。

2017 年，河钢将南非 PMC 回装国内 A 股上市，完成完整的产业并购链条，被业界称为教科书式的国际并购示范案例，并将募集资金用于南非 PMC 铜二期项目建设方案，规避了后续投资风险。

（二）销售全球化——收购瑞士德高公司

1. 收购背景

（1）我国钢铁行业发展迅速，全球钢铁产业发展中心已经转向中国。1996 年以后，我国粗钢产量一直保持世界第一位，2016 年我国粗钢产量占全球 49.6%。在经济发展拉动及技术进步推动下，在劳动力、土地、资本等生产要素支撑下，中国钢铁企业已经具备参与全球竞争的基础条件。但当时国内几乎没有钢铁企业考虑布局全球化的海外销售平台，这与中国的钢铁大国地位以及国内企业参与全球化竞争的渴望是完全不相符的。

（2）与下游客户的黏性不够，全球化市场导向不足。我国钢铁企业长期依靠贸易商分销模式，导致钢铁企业与客户之间联系被割裂，与客户之间黏性不够。区域性市场结构导致优化客户的空间不足，限制产品升级换代步伐。此外，短缺经济时期投资形成的低成本、规模化、同质化的生产工艺装备路线和批量化的营销模式，与正在日趋个性化、差异化的客户需求特征相背离，越是规模大的企业，结构调整难度越大、成本越高、过程越长。

（3）"U 型"发展模式，不利于制造企业的长远发展。中国传统制造、出口企业在很长一段时间主要依靠贴牌、代工（OEM）生产，研发和市场营销等附加值最高部分都不在国内，是典型"两头在外，中间在内"的 U 型模式，制造企业并没有能力管控海外市场的营销渠道和服务网络。海外市场严重依赖国外经销商，没有产品品牌知名度及定价权，大部分利润都被海外渠道经销商获得。随着中国制造业逐步从资源粗加工型向人才技术型转型，制造企业希望能够进一步管控海外投资的风险和收益，逐渐建立海外销售渠道及营销网络，希望通过海外并购减少知识产权和营销交易费用。

2．实施过程和主要做法

（1）以业务互补、战略协同为前提，谨慎选择并购标的。从全球钢铁产业发展来看，企业客户渠道资源主要集中在三个层面：一是钢铁企业本身拥有的渠道，在欧美国家占比较高，如德国钢铁企业贸易量的 80% 都由企业直销；二是通过区域性中间商销售，这种销售模式在日本较为普遍；三是拥有全球营销服务网络的全球贸易商，全球采购，全球销售。

从河钢集团角度来看，附属于钢厂的营销渠道很难独立全部完成销售；区域性中间商与集团全球发展战略的契合度不高；建立具备一定规模的全球独立贸易商渠道是唯一也是最佳选择。

德高公司是一家国际知名的营销服务公司，拥有覆盖全球的钢铁营销服务网络。公司注册于卢森堡，总部位于瑞士卢加诺，是全球钢铁行业最大的综合贸易服务平台，拥有全球最大的钢铁营销服务网络。德高公司具有覆盖全钢铁供应链的运营模式，旗下有工业生产、贸易、加工分销三大核心业务；

在全球设有82家分公司及办事处，布局了18个分销服务中心，在全球120个国家从事商业活动，与全球331家钢厂有业务往来，产品出售给全球44000多家客户；拥有员工近3000人，卢加诺总部拥有来自30多个国家的业务精英300余名。

全球钢铁贸易渠道，尤其是在欧美地区拥有高端客户的贸易渠道更是弥足珍贵。因大多数资源集中在钢厂，河钢集团可供选择的标的并不多。2009年，河钢集团核心企业——河钢唐钢公司与德高公司之间的业务合作就已经开始。

（2）以风险防控为核心，最大程度防范轻资产并购风险。德高公司是典型的轻资产公司，核心竞争力在于核心管理团队。在轻资产并购方面，河钢集团并没有经验，国内可参考案例也不多。因此，在项目实施过程中，河钢集团以风险控制为核心，除常规尽职调查外，还采取一系列特殊控制手段，有效降低轻资产并购风险。

一是通过渐进式股权合作，充分释放项目风险。双方合作经历了贸易合作、参股合作、控股合作三个阶段。通过阶段性、渐进式的合作，使得项目风险得到了充分的释放。

贸易合作阶段：2009~2013年，双方合作主要以产品销售为主，同时在贸易融资及产品营销等领域开展服务。2012年，德高公司为河钢集团唐钢公司提供贸易融资服务，为唐钢节省2500万美元融资成本。2013年，德高公司代理河钢唐钢公司产品销量突破200万吨，并向唐钢公司派驻技术人员，帮助开发适销对路产品，极大改善了河钢唐钢公司产品结构。

参股合作阶段：2013~2014年，经河钢集团研究决定，河钢唐钢公司以增资方式出资7800万美元取得德高公司10%股权。双方合作关系上升至贸易、融资、技术、资本和人才培养等全方位战略合作。该阶段，德高公司提供低成本贸易融资，在国际市场销售河钢唐钢产品，全面启动人才合作计划。

控股合作阶段：2014年至今，河钢集团启动控股德高公司工作，经过项目团队精心设计和多轮艰苦谈判，河钢集团以原参股价格取得德高公司控股权，持股比例51.4%，未支付控制权溢价，这也得益于双方战略上充分认同和对未来双方协同效应的充分自信。

二是进行详细项目尽职调查，充分揭示项目风险并在交易协议中做出对应安排。河钢集团聘请国际知名中介团队，对德高公司进行详细尽职调查，包括聘请汇丰银行为项目提供估值服务，聘请毕马威会计师事务所为项目提供财务、税务尽职调查服务，聘请金诚同达律师事务所和香港夏礼文律师行，为项目提供法律尽职调查服务，专业中介团队保证了项目风险被充分揭示和防范。以双方资源互补、战略认同为基础，双方团队就交易做出了详尽安排，根据轻资产并购特征，专门研究制定对应条款，使得风险控制理念贯彻始终。

三是控制核心人才流失，采取公司创始人留任董事长、CEO 持股、核心员工股权激励三项措施。公司创始人是公司精神领袖，其公司影响力及对公司长期发展战略的理解,对公司发展将产生积极影响。公司创始人留任董事长，体现了河钢集团的气魄和开放的胸怀；同时，公司 CEO 及其经营团队更是对公司未来发展至关重要，河钢集团要求 CEO 持股 10%，且十年内不得离职。通过以上措施，将公司核心人员与河钢集团发展捆绑，最大程度地消除利益分歧，防范道德风险。

通过分期付款方式，降低投资成本，防范过渡期运行风险，对原股东和管理层也形成一定的约束，使得项目在整体风险控制上更加严谨。

（3）采用渐进式整合路径。完成收购后，河钢集团拥有了覆盖全球的钢铁营销网络，全球 44000 多名客户的开发和管理经验积累成熟的运营模式以及数百名深谙国际钢铁市场规则的国际化经营人才队伍，成为河钢集团收获的最宝贵财富。以瑞士德高公司为“桥头堡”，河钢集团把全球化发展的主要精力又转向自身技术和生产组织管理方面，从根本上弥补全球化发展的最大短板，拥有了全球化发展的底气。

收购完成后，河钢集团从以下几方面着手工作：

一是发挥德高公司团队在国际钢材市场方面专业优势，强力支持集团全球布局。在河钢集团国际化战略实施过程中，德高公司充分发挥全球化优势，及时向河钢集团提供信息、沟通、策略等支持，有效支持河钢集团更好更快地“走出去”。由于德高团队全面介入，河钢集团海外投资体现为一种市场驱动型的投资模式。这种模式以德高团队市场尽职调查为基础，一方面是做实海外投资项目筛选的基础依据，德高认为不具备市场可行性的项目，河钢集团投资团队绝对不会跟进；另一方面，德高公司市场分析报告为其他外部顾问团队工作尤其是估值工作提供基础。河钢集团海外并购项目的贸易资源优先向德高公司配置，充分发挥德高公司所长，支持其做大核心业务。河钢集团与德高公司之间各自发挥专业优势，同时又形成了各取所需、各有所得的利益纽带关系。德高公司依托河钢集团全球发展，不断壮大核心业务，河钢集团全球发展因为德高团队加入，发展之路更加安全高效。

二是将德高公司作为集团国际化人才培养主要平台，打造河钢集团长期竞争优势。河钢集团每年定期选派10多名优秀人才赴德高公司培训语言、业务、理念，拓宽视野，增长阅历，然后再将其输送到集团国际化岗位。

三是以“学习－理解－掌握－掌控”的路径推动并购后整合。首先是规范公司治理结构。河钢集团控股德高公司后，按照股东签署的“投资人协议”，按股比向董事会派出4名董事，代表河钢集团在德高公司董事会上对重大事项行使表决权；制定批准CEO授权函，清晰界定CEO日常管理权限、董事会权限和股东会权限，在确保股东权利基础上，最大限度地保护德高公司原有的管理体制和运营机制，最大限度地维持其经营层日常管理的独立性、灵活性和高效率。其次是搭建管控平台。经河钢集团董事会研究批准，德高公司在北京成立德高中国总部办事机构（“德高中国”），德高中国核心职能是负责做好德高公司与河钢集团之间的管理对接、业务对接，深入挖掘协同效应，实现河钢集团与德高公司合作、互融、共创、共享。向德高公司财务、风控、人力资源等关键岗位派出3名管理人员，全面介入德高公司内部管理和业务流程。再次是推进业务层面资源共享。集团向德高公司全面开放集团内部业务资源和市场资源，重点支持德高公司向全球销售集团产品，为集团提供优质低价原材料供应渠道；发挥德高公司国际贸易融资功能，为集团提供境外低成本贸易融资。最后是推动管理层融合提升。河钢集团经常性地组织业务交流活动，将德高公司优秀的风险控制管理经验、扁平化业务运行经验引入河钢集团。

四是加强战略层面指导管控。督促指导德高公司谋求在境外资本市场上市，以上市为目标，持续完善德高公司治理结构，理顺业务发展思路，促进业绩成长。

（三）生产全球化——收购塞尔维亚斯梅代雷沃钢厂

1．收购背景

“国际产能合作”这一概念首先由中国提出，源于2014年中哈合作。李克强总理发表在《经济学人》的署名文章《中国经济的蓝图》中这样阐述国际产能合作，“中国正在推动‘一带一路’建设。通过国际产能合作，将中国制造业的性价比优势同发达经济体的高端技术相结合，向广大发展中国家提供‘优质优价’的装备，帮助他们加速工业化、城镇化进程，以供给创新推动强劲增长。试想如果中国13亿人的发展能为支撑世界经济增长作贡献，那涉及数十亿人的增长将为大宗商品市场、制造业以及更广泛的领域等带来多么巨大的机遇”。当前，“一带一路”倡议和国际产能合作的政策红利正在逐渐释放，一方面国内配套支持政策越来越完善，另一方面与沿线国家政治友好极大改善沿线国家投资环境，降低企业“走出去”风险。

大型制造企业因为国内生产成本不断上升，有了向海外转移生产能力和技术创新升级的需求。改革开放以来，随着我国经济高速增长，沿海地区的“刘易斯拐点”提前到来，沿海地区劳动力成本在2002年以后持续上升，加上始于2005年的人民币升值，国内生产成本已经大幅度提高，并且预期未来还将不断上涨。劳动密集型生产活动在中国部分区域已经不具有比较优势，依托劳动力比较优势的这类企业已经开始向内陆或海外转移。

欧美发达国家虽然占领着世界制造业高端，但支撑制造业发展的钢铁行业却普遍面临资本短缺。欧美发达国家资本市场高度发达，资本逐利本质导致了钢铁行业很难得到金融资本和产业资本青睐，很多钢铁企业都面临资本开支不足的问题，这也成为河钢集团成功收购塞尔维亚斯梅代雷沃钢厂的重要原因。

2. 实施过程和主要做法

斯梅代雷沃钢厂是塞尔维亚最大的国有钢铁企业，位于塞尔维亚首都贝尔格莱德东南约40公里的小城斯梅代雷沃市，建于1913年2月20日，曾是塞尔维亚唯一国有大型支柱性企业，被誉为“塞尔维亚的骄傲”。1945年至1992年，该厂由前南斯拉夫政府运营，是国家冶金工业支柱企业，2003年被美钢联以2300万美元价格收购，2012年由塞尔维亚政府以象征性的1美元价格回购。之后，塞尔维亚政府一直致力于将其私有化。该钢厂理论钢铁年产量为220万吨，美钢联管理时期年最高产量为170万吨。主要产品包括热轧产品、冷轧产品和镀锡板。热轧产品具备260万吨/年生产能力，产品包括：结构钢、低碳钢、低合金钢、压力容器钢、造船板、耐候钢、管线钢；冷轧产品具备160万吨/年生产能力，产品包括：冷硬、冷轧退火、低碳钢、搪瓷缸钢；镀锡设备最高产量为20万吨。主体装备中，2250mm轧机和年产20万吨的镀锡板生产线具有较好的商业价值。公司拥有完善的物流设施，5000名技能熟练的岗位员工，以及位于欧洲腹地的市场区位优势。产品80%出口欧盟国家，包括意大利、德国、土耳其、奥地利、保加利亚、罗马尼亚，也出口到北非周边国家和地区。

河钢集团在积累了一定的国际市场投资经验，并初步完成全球钢铁营销服务网络布局后，钢铁产能在欧洲乃至全球布局步伐开始加快。2016年，河钢集团成功收购塞尔维亚共和国斯梅代雷沃钢厂，成立河钢集团塞尔维亚公司，在国际产能合作及钢铁产能全球布局中迈出了关键一步。在双方共同努力下，河钢集团塞尔维亚公司各方面工作发生巨大进步，多年陷入经营困境的斯梅代雷沃钢厂正在焕发新的活力。

（1）抓住窗口期并有序推进。2015年，中国钢铁企业面临“走出去”发展的两个窗口期。一是国家“一带一路”倡议和国际产能合作配套支持政策逐步推出，“走出去”发展可以享受国家战略释放的政策红利；二是全球钢铁行业处于产能布局调整的有利时机，投资机会多、并购成本低，如斯梅代雷沃钢厂就是美钢联收缩海外布局出现的一个低成本投资机遇。抓住两个窗口期，有序推进“一带一路”沿线的钢铁产能布局，是河钢集团国际化发展的必要之选和必然之选。

在全球化布局次序上，河钢集团选择先进入欧美成熟发达市场区域，然后再布局“一带一路”沿线发展中国家。主要考虑是欧美地区拥有成熟高端的技术、市场与客户资源，现阶段通过并购方式布局欧美地区，既可以最大限度地规避市场开发风险，还可以有效拉动国内面临的结构调整和转型升级，反哺国内供给侧结构改革。同时，新兴发展中国家在发展初期阶段需要先完善其水、电、路、港等基础设施，之后才具备工业化生产基础条件，不合时宜地投资会遇到诸多困难和挑战，导致项目难以良性运营。但是，欧美贸易保护主义和针对中国钢铁的敏感性，严重抑制中国钢铁企业在欧盟和美国本土的投资并购机会。但是塞尔维亚身处欧洲腹地，非欧盟国家且市场与欧盟直接联通的特点，使河钢集团看到进入欧盟市场的曙光。

在全球化发展方式上，河钢集团选择投资并购而非投资新建，主要考虑是欧美地区环境容量小、市场高度稳定且获得渠道少，并购钢厂较之新建，投资成本低且可以直接拿到钢厂配套产能资源和市场资源，从而有效规避市场准入等诸多投资风险。对斯梅代雷沃钢厂资产收购，是河钢集团抓住机遇实现低成本扩张的典型案例。

（2）贯彻“丝路精神”的共创、共享原则。在斯梅代雷沃钢厂并购项目上，塞尔维亚政府核心诉求是找到一个长期战略投资者，能够承诺保障钢厂员工就业和福利，能够持续投资以维持钢厂长期可持续发展，拉动塞尔维亚经济增长；河钢集团核心诉求是要担当国家角色，践行“一带一路”倡议，推进国际产能合作，低成本低风险实现中东欧产能布局，突破欧洲贸易保护壁垒，并通过欧洲高端产品需求，拉动集团产品结构高端化。在交易谈判中，双方充分关注并考虑对方核心利益，将主要精力聚焦核心诉求，高效推动项目进程，从正式启动项目到完成交易仅用一年时间，这在国际并购案例中确实不多见。

（3）全面揭示及化解投资风险。如果说风险控制是海外并购成功的基石，那么尽职调查则是风险控制的前提和基础。在斯梅代雷沃钢厂并购项目上，河钢集团聘请德勤会计师事务所为项目提供财务、税务及人力资源尽职调查服务；聘请金诚同达律师事务所和塞尔维亚 BDK 律师事务所为项目提供法律尽职调查服务；聘请中国出口信用保险公司为项目提供国别风险评估服务；聘请韦莱保险经纪公司为项目提供风险评估服务；德高公司为项目提供市场分析支持；河钢唐钢公司为项目提供技术管理尽职调查和改造工程可研编制方面支持。尽职调查报告出具后，河钢集团按照“问题大起底、风险全覆盖、预案早到位”的海外投资原则，对报告提示风险进行归纳整理，逐一研究制定解决方案或风险规避预案。特别是对欧盟反倾销和政府资助审查、劳资关系、汇率、税收、环保等重大风险，逐项与塞尔维亚政府协商，直到找到双方共同认同的解决方案。

（4）做好经济可行性评估。做好经济可行性评估，聚焦商业价值实现是国际产能合作项目长期健康发展的关键。评价一个海外投资项目是否成功，归根结底还是要看其在商业上能否取得良好的经济价值。斯梅代雷沃钢厂已经严重亏损多年，河钢集团投资后能否让其“起死回生”，必须要做谨慎评估。河钢集团委托河钢唐钢公司组成专门的技术和运营团队，委托德高公司组成专门的市场分析团队，在商务团队的统一协调下，参与到项目论证过程中。

《合作框架协议》签署后，技术和运营团队立即入驻钢厂，开始着手项目技术改造方案制定和项目可研报告编制；从尽职调查阶段开始，德高公司跟随市场变化三次更新市场调研报告，支撑项目商业可行性分析。此外，河钢集团还积极与两国政府沟通商洽，在法律许可框架内最大限度争取两国政府对项目给予政策支持并敦促支持政策迅速落地。管理、技术和政策支持资源的注入，有效提升了并购项目的经济可行性，项目交割实现生产经营无缝衔接，确保交割后钢厂平稳过渡，为新公司运行奠定了良好基础。

（5）充分调动优势平台资源。充分调动优势平台资源，打造“一带一路”中资企业的“金名片”。收购后，河钢集团以习近平主席考察塞钢时指示精神为指针，调度全集团优势资源，精心打造国际产能合作样板工程。

一是强化组织领导，成立河钢集团塞钢项目推进工作领导小组，由河钢集团董事长担任组长。细化项目任务，将项目分解为10项重点工作，逐一落实责任主体、明确工作目标，建立月度汇报及协调机制，确保河钢集团及时掌握项目进展情况，第一时间协调解决难点难题。全面掌握塞钢生产经营状况，加强对塞方管理人员支持力度，强化本土化学习力度，塑造企业形象和团队形象，建立联络渠道和汇报机制，确保前方管理团队工作顺利开展。

二是加大技术、管理和装备支持力度。项目交割以来，河钢集团先后派出11批累计200人次赴河钢集团塞钢公司开展工作，从生产组织、财务管理、工艺控制、质量保障、设备维护等多个方面，帮助塞钢分析、查找和解决问题。双方工作人员依托河钢集团构建的强大技术管理平台，共同研究工作，共同确定解决方案，快速加强了品种开发、质量管理和成本控制。交割以后，河钢集团塞钢公司的月度生产运营水平连续刷新历史纪录。

三是提供技术改造和战略规划支持。在控制风险、平稳过渡的基础上，河钢集团围绕全面提升竞争力，完善细化塞钢技术改造方案。一方面将塞钢情况与河钢集团国内企业情况进行对标，另一方面与欧洲钢企作对标分析，主动走访塞尔维亚附近的匈牙利多瑙河钢厂、斯洛伐克科希策钢厂，并组织国际专家团队从工艺技术、节能环保等方面，进行深度诊断，做好技术评估，稳步推进技术改造，确保2017年全面达产，2018年全面达效，逐步成为欧洲市场有竞争力的钢铁材料供应商之一。

四是调动德高公司营销资源，为塞钢提供优质低价原料资源和广阔的国际市场。河钢集团充分利用德高公司拥有的覆盖全球的高端用户和成熟稳健的全球营销平台，以及国际优质原料资源掌控配置能力，全力为塞钢公司提供大宗原料支撑和国际市场保障。

五是以“人员本地化、文化本地化、利益本地化”为原则，构建优势互补、文化融通、健康向上的企业文化。河钢集团将其“以人为本”“员工是企业不可复制的竞争力”的人本理念引入塞钢，视广大员工为企业财富而非企业包袱。妥善安置原企业5000名员工，开通中塞两国之间员工培训交流平台，大胆起用当地员工承担关键岗位领导职务，维持企业原有的先进高效的扁平化业务运行管理模式，同时将集团先进管理方法和成本控制手段有机嵌入钢厂管理流程，提升企业文化先进性。

对塞尔维亚斯梅代雷沃钢厂的成功收购，是河钢集团推进国际产能合作，实现钢铁产能全球布局的成功实践。河钢集团赢得了塞尔维亚政府的高度认同和全体职工的热烈拥护，同时也在国际钢铁行业中树立了负责任的长期战略投资者的正面形象。收购完成后，广大塞钢员工团结一心、士气高涨，迅速转化为扭亏增盈的原动力。

第三节　河钢集团空间布局拓展主要成效及商业模式规律

一、主要成效

（一）以资源全球化为切入点收购南非PMC公司取得成效

按照企业国际化阶段划分，河钢集团收购南非PMC公司，仍属于初始导入阶段。初始导入阶段是企业国际化成败的关键时期，将直接影响国际化进程。

2014年4月15日，河钢集团全面完成对南非PMC公司100%股权的收购。收购完成后，河钢集团将其纳入一级子公司直属管理，调整南非PMC公司董事会，派出精干管理团队，理顺了南非PMC公司与四联公司和各股东之间的贸易业务流程，明确管控和考核机制。从股东层面督促并支持公司加快推进铜二期项目、铜冶炼厂改造、铜产品深加工项目以及铁选能力提升项目，提升并保持铜产品和铁资源两大主营业务板块的长期竞争优势。

结合管控模式，充实南非 PMC 公司管理力量，制定激励目标和措施，强化运营管控、生产物流与贸易协调，取得良好效果。2014 年度，南非 PMC 公司生产经营安全稳定运行，多项指标创历史纪录，高品位铁精粉生产能力达到 1000 万吨水平，实际产销量达到 841 万吨以上，创历史最好水平，实现净利润 5.2 亿元人民币，成为中国企业投资南非的样板企业。2017 年，南非 PMC 公司铜二期工程进展顺利，铜产量达到 3.45 万吨，铁精粉销量 700 万吨，实现利润近 10 亿元。

该项股权收购，为河钢集团参与国际招投标并购流程，收购海外上市公司控股股权，实施中外联合收购，运用海外并购贷款融资，以及控制海外并购风险，积累了成功经验，也为河钢集团进一步输出优势，打造海外实业发展主基地奠定了资源基础。这些成功经验，为我国其他制造业发展提供了很好的案例，拓展了在国际化理论领域的战略选择与实施成效。能否成功“走出去”，考验的不单是一个企业的决策魄力，也是对企业管理能力、整体实力的综合考验。河钢集团在南非项目上的优秀成果，让河钢集团真正做到有实力有自信地“走出去”。

（二）以渠道并购为切入点收购德高取得的效果

1. 集团产品服务全球高端客户能力显著提升

（1）瑞士德高加入，有效地促进了河钢集团产品在欧美反倾销大背景下成功“走出去”。因为拥有了德高公司，河钢集团迅速拥有了自己全球最大的钢铁材料营销和服务商，打造了遍布全球的营销服务网络和金融贸易平台、资源配置平台、国际化人才整合平台。河钢集团德高公司有来自 40 多个国家和地区的 300 多名总部员工，有 3600 多名员工在 111 个国家和地区从事商业活动，与全球 331 个钢厂建立业务往来，产品销往 43000 多家客户……所有这些，都已经成为建设世界性钢铁企业、打造“世界的河钢”的基本而重要的构成，构建起河钢集团迈向国际高端市场的“桥头堡”。2014~2016 年，德高公司共向境外销售河钢集团钢材产品 1000 万吨，占集团总钢材出口量比重超过 50%，通过德高公司全球营销网络在全球销售，提高集团产品综合售价，仅2015财年河钢唐钢公司多创效1.58亿元。在欧美针对来自我国钢材产品反倾销的大背景下，德高公司的境外企业背景和营销模式优势更加突显。

（2）德高公司拥有国际高端客户资源全部向集团开放，使得河钢集团具备在全球范围内逐步优化客户结构的基础条件。德高公司国际高端客户优势以及高端客户开发能力，正在逐步转化为河钢集团产品转型和高端化的推动力量。截至目前，德高公司已协助河钢集团成功开发了菲亚特集团、依维柯集团、斯柯达集团，汽车企业一级配套厂GONVARRE公司、BANESA公司等高端客户。

（3）在德高公司技术指导下，以市场为导向的工艺装备配置为河钢集团未来发展注入新的活力。在河钢集团新投资的河钢唐钢二冷轧等产线上，德高公司派出技术专家全程参与，从建设开始，就将其工艺流程设计、产品结构设计、执行标准等与国际高端客户的需求相匹配，彻底杜绝企业结构调整过程中只关注自身资源配套而忽视市场需求的传统弊端。

2．助力河钢集团首个海外长流程钢铁项目迅速在中东欧落地

德高公司业务资源布局全球，信息渠道畅通，地域业务和社会资源丰富，有效弥补了河钢集团国际化发展短板，成为国际化发展的“桥头堡”。近年来，德高公司与河钢集团共同跟进多个投资项目，为集团海外投资项目提供了第一手的市场判断和项目信息，使集团在全球化发展过程中拥有了一支不可或缺的力量。

德高公司全程参与了集团对塞尔维亚斯梅代雷沃钢厂的收购，为项目提供了科学的市场分析报告，有力地支持了河钢集团对项目可行性的分析论证。德高公司在欧洲强大的营销实力和渠道资源，也成为集团下决心收购该钢厂的重要考量。同时，德高公司还利用欧洲企业背景和业务资源，收购美国克拉赫公司，使集团将触角伸到对中资敏感的美国市场，为集团在该区域的进一步投资发展奠定基础；以贸易和加工服务为突破口，广泛扎根南美、东南亚、非洲等新兴市场，为河钢集团全球制造业布局提供了渠道、团队和信息等资源支撑。

3．以国际先进管理方法和理念促河钢集团转型升级

为适应钢铁行业形势发展需要，河钢集团正在实施以产线为核心的管理组织变革，推行大客户经理制，建立集团与终端优质客户之间全面对接和综

合服务平台，将有效资源向产线转移，推进组织扁平化，提高资源利用效率和管理效率。德高公司长期处于激烈的国际市场竞争之中，长期以来形成了高效领先的经营管控体系，特别是在国际贸易业务领域，以高效的风险控制能力、营销组织能力、全球资源配置能力而享誉业界。河钢完成收购以来，通过多种方式将德高公司优秀的管理理念和文化在全集团内部推广应用，极大地开拓了集团国内子公司管理和业务人员视野，学习借鉴先进理念和管理经验，有效促进了全集团经营管理模式转型升级。

4．河钢集团助力德高公司持续取得良好经营业绩

因为加入了河钢集团，德高公司迅速拥有了自己产品规格最为齐全、可持续发展能力世界领先、钢铁制造经验极其丰富、产业链资源极其庞大的钢铁企业，有了河钢集团产品优势和规模经济的强大支撑，德高公司获得了更加广阔的发展平台和更加强劲的发展动力。两者的融合，开启了中国大型钢铁材料供应商与全球最大钢铁贸易服务商一体化的全新模式。完成收购以来，虽然全球钢铁行业整体低迷、形势严峻，但德高公司一直保持了良好的盈利能力，年均净利润超4000万美元，为股东提供了良好的投资回报，这既取决于德高公司先进高效的商业模式和卓越的风险控制能力，也离不开河钢集团对德高公司的战略支持和资源支撑。

2016年，河钢集团因成功控股德高公司以及在欧洲其他项目投资中为推进中欧企业合作共赢所发挥的显著作用，荣获国际资本峰会中欧企业合作大奖，成为被国际资本峰会国际组织唯一推荐并成功当选的中方企业。同时也是国际资本峰会创办以来，中国唯一获此殊荣的制造类企业。

（三）以国际产能合作为切入点收购塞尔维亚钢厂取得的成效

河钢集团对塞尔维亚斯梅代雷沃钢厂的收购及管理经验，得到两国政府层面的高度关注和大力支持，得到了业界的广泛认同。河钢集团用实际行动诠释了一带一路“金名片”和国际产能合作“样板工程”的内涵，对今后中国企业如何依托国家战略制定自身发展战略，创新国际化路径，具有显著的借鉴意义。

1．项目政治价值

河钢集团塞钢收购项目有力促进了中塞两国经贸合作，实现了“以经促

政”,成功践行国家“一带一路”倡议,丰富了中国与中东欧“16+1”合作成果,有利于化解国内钢铁产能过剩局面，并带动其他中国制造业“走出去”，为国家战略在欧洲有效推进发挥良好的带动和示范作用。河钢集团项目投资成功后，一批中资企业跟赴塞尔维亚和中东欧寻找投资发展机会，切实拉动了中国资本的国际化发展。对塞尔维亚政府来讲，协助执政党兑现了对其人民的承诺，振兴塞尔维亚工业经济，有效促进了塞尔维亚的政治稳定和经济发展。

2016 年 6 月 19 日，在塞尔维亚政府强烈倡议下，习近平主席在塞尔维亚总统和总理陪同下亲自视察河钢集团塞尔维亚公司，对河钢集团打造“一带一路”建设及“中国 - 中东欧”国际产能合作样板工程提出殷切期盼。接管钢厂以来，河钢集团以实际行动践行承诺，肩负起了打造“一带一路”建设及“中国 - 中东欧”国际产能合作样板工程的重任。该项目被国家发改委和外交部列入“国际产能和装备制造合作重点国别规划”，商务部将项目纳入国家国际产能合作重点项目。

2．项目社会效益

一是将中塞两国经贸合作拓宽到基础工业领域，项目成功实施为后续两国深化合作奠定基础。二是项目拉动塞尔维亚经济发展，塞钢 80% 产品出口欧盟，达产后年出口额约为 10 亿美元，相当于塞尔维亚 7% 左右的总出口额，对塞尔维亚经济拉动作用巨大。三是项目直接解决塞尔维亚 5000 余名员工就业，为当地经济发展及社会稳定做出重要贡献，斯梅代雷沃钢厂后续技改和扩能将为相关服务领域提供更大的发展空间，创造更多的就业机会，将进一步放大经济影响力。四是作为中国企业参与塞尔维亚私有化项目的成功开端，为中国资本参与塞尔维亚乃至中东欧私有化项目提供样板，促进中国资本“走出去”。五是项目成功实施使两国政府层面更加互信，使进一步战略合作有了更加坚实的民意基础。六是以河钢集团收购斯梅代雷沃钢厂为样板，向国际社会展示了河钢集团、中国钢铁行业的正面形象，增进了国际社会对中国钢铁行业的理解和认同。

3．项目战略价值

一是河钢集团迅速形成海外发展领先优势，成为中国钢铁企业中国际化程度最高的企业。二是项目成功实施，极大地提升河钢集团国际化形象，使河钢集团在国际资本市场、金融市场获得了更多的信任和可用的资金、资源。三是成功拓展河钢集团欧洲优质客户群，提高了河钢集团在全球范围内拥有客户的数量和服务客户的能力。河钢集团塞钢产品80%出口欧盟市场，河钢集团欧洲直供客户群已经形成并逐渐扩大，目前已经成功开发了菲亚特集团、依维柯集团、斯柯达集团、汽车企业一级配套厂GONVARRE公司、BANESA公司等高端客户。四是成功提升河钢集团全球资源配置能力，有效支持了河钢集团国内的结构调整和产业升级。

4. 项目经济效益

一是河钢集团几乎以零对价在欧洲获得了220万吨钢铁产能，比新建同等规模钢厂节约资金近百亿元人民币。

二是河钢集团团队仅用了五个月时间即实现钢厂扭亏为盈，钢厂经营管理水平明显改善，价值得到充分体现。2016年下半年，河钢集团塞钢吨材能源成本比上半年降低19%，吨材人工成本降低31%，吨材物流成本降低20%，吨材非生产性支出压缩50%，相较2015年同期塞尔维亚政府管理期间月均减亏超1000万欧元，仅用半年不到的时间就将钢厂运行恢复到了历史最好水平。

三是塞尔维亚政府为钢厂提供了现有法律框架下最优的政策支持，包括所得税减免、增值税退税、将钢厂纳入自贸区、环境类技改争取欧盟资金支持等等，为钢厂长期发展营造了优渥的发展环境。

二、商业模式规律

（一）采用本地化运营管理模式

河钢集团海外项目坚持本地化运营管理模式，以“人员本地化、文化本地化、利益本地化”为原则，构建优势互补、文化融通、健康向上的企业文化，坚持“以人为本”“员工是企业不可复制的竞争力”的人本理念，大胆起用当地员工承担关键岗位领导职务，最终实现投资者和经营管理者、本地员工及地方政府利益共赢。

河钢集团南非PMC公司，除了CEO所有的管理岗位和其他重要岗位基本都采用了南非当地员工。在全球性钢铁行业和矿山行业的困局中，南非PMC公司通过扎实有效的工作，已发展成为一个有较好盈利能力的企业，在当地成为中资企业典范。河钢集团收购斯梅代雷沃钢厂后持续不断投资，努力提高产能利用率和经济效益，河钢集团除派出包括三名实习生在内的 11 人管理团队外，斯梅代雷沃钢厂原有的 5000 多名员工全部被接收，日常生产经营主要依靠当地员工，高管、部门负责人都是本地人担任，钢厂原料以欧洲采购为主，真正实现人员本地化、文化本地化、利益本地化，得到塞尔维亚政府和人民的高度认可和肯定。河钢集团成功收购德高后，以开放包容的姿态创新管控模式，最大限度地保持其相对独立的全球市场主体地位，河钢集团德高公司获得了巨大成功，在全球极其严峻的市场条件下，经营业绩实现了新的提升，赢得了世界的瞩目和赞许。

河钢集团全球化布局的本地化实践，不仅借鉴了海尔模式的生产本地化，还依托"一带一路"政策与国际产能合作，提升集团国际竞争力，创新海外发展战略。在河钢集团塞尔维亚钢厂管理实践项目上，通过中、外企业优势互补和文化融合，河钢集团探索出一条钢铁行业全新的运营发展模式，并有力支持集团供给侧改革实践。欧美市场长期以来形成的需求导向型的投资、管理经验与河钢集团长期以来积累的技术、管理、成本控制等能力相结合，其运营和管理实践本身是对钢铁行业运营模式的一次有益探索，对其他行业的国际化路径以及运营模式也有较强的借鉴意义。

（二）培养国际化人才支撑海外项目运营

国际化人才是支撑国际化发展的重要条件。为推动国际化发展战略顺利实施，河钢集团每年定期选派 10 多名优秀人才赴德高公司培训语言、业务、理念，拓宽视野，增长阅历，然后再将其输送到集团国际化业务岗位。这种海外公司长期潜移默化的影响和积累，成为河钢集团培育未来国际竞争优势的基石。德高拥有丰富的国际钢贸企业运营管理经验，通过持续实施培训、培养、输送计划，河钢集团可以源源不断地培育国际化、专业化的经营管理人才，为国际化发展提供人才保证。按照河钢集团规划，到 2020 年，要建立起一支熟悉海外商业流程、精通海外企业管理模式，熟知海外财务、法律政策的高层次国际化人才队伍，同时将集团海外公司打造成国际化人才的实战式培育平台。

（三）重视海外投资项目风险评价和管控体系建设

评价一个海外投资项目是否成功，归根结底还是要看其在商业上能否取得良好的经济价值。因海外投资环境不同，包括政治因素、境外法规、当地风俗、基础设施、征地、用工制度等，都有可能成为国内企业“走出去”的绊脚石。必须聘请专业咨询机构，建设风险评价和管控体系，找准风险点并研究风险防控解决途径，降低海外投资风险。例如，河钢集团在斯梅代雷沃钢厂并购项目上，聘请了包括德勤会计师事务所、金诚同达律师事务所、塞尔维亚 BDK 律师事务所、中国出口信用保险公司、韦莱保险经纪公司等国内外知名的专业咨询机构，为项目提供财务、税务、人力资源、法律、风险评估等尽职调查服务；同时依托河钢集团德高为项目提供市场分析方面的支持，依托河钢唐钢公司为项目提供技术管理尽职调查和改造工程可研编制方面的支持。尽职调查报告出具后，河钢集团按照“问题大起底、风险全覆盖、预案早到位”的海外投资原则，对报告提示风险进行归纳整理，逐一研究制定解决方案或风险规避预案。特别是对欧盟反倾销和政府资助审查、劳资关系、汇率、税收、环保等重大风险事项，逐一与塞尔维亚政府洽商，直到找到双方认同的解决方案。

第六章　业态培育进化

本章要点

河钢集团业态培育进化背景：钢铁行业产能严重过剩，企业经营困难，发展多元产业成为缓解经营压力，分散经营风险的重要抓手；对标浦项等国际先进钢铁企业集团，河钢集团钢铁主业承担了过高的附加成本，必须采取有效措施提升综合竞争力；河钢集团多元产业具备良好的发展基础，各子、分公司都形成了独具特色优势的多元产业板块。

河钢集团业态培育进化的核心理念：多元产业是河钢集团削减主业附加成本、还原钢铁主业先进性的主渠道和新的效益增长极，是河钢集团打造全球最具竞争力钢铁企业的重要战略支撑点；通过充分盘活由钢铁产业链衍生而来的规模庞大的低效或闲置存量资产与流量资源，以延伸产业链、提升价值链为主线，积极引入社会资本，提高资产利用效率，做大做强一批核心产业，做精做优一批优势产业，积极调整一批长期微利或亏损产业，全面推进市场化机制改革，提升多元产业市场竞争力和盈利能力，实现多元产业和钢铁主业比翼齐飞。

河钢集团业态培育进化的实施路径：

（1）完善多元产业管理体制。

（2）制定多元产业发展实施规划

（3）构建多元产业市场化考核机制。

（4）建立市场化人才引进与培养机制。

（5）强化内部市场提升服务能力。

（6）拓展外部市场提升综合竞争能力。

（7）借力资本市场实现业务腾飞。

河钢集团业态培育进化的主要成效：多元产业已成为河钢集团降本增效、

利润提升的重要抓手和实现集团发展战略的重要支撑点，并融入新时代经济发展，探索培育出一批独具特色的新产业、新业态和新模式。2018年，河钢集团多元产业销售收入占集团比例近40%，就业贡献率超过了50%。与2015年相比，2018年多元产业资产规模从1152亿元增长到1639亿元，增长率42.3%；营业收入从439亿元增长到772亿元，增长率65.15%；创效从23亿元增长到27亿元，增长率17.39%；外部收入比例从2015年的17%增加到2018年的27.5%。通过发展多元产业，河钢集团5万名员工实现稳定就业和完全消纳人工成本，大力削减了钢铁主业附加成本，提高了河钢集团综合竞争力。

河钢集团业态培育进化的商业模式规律：河钢集团产业业态进化是河钢集团跨界融合实施商业模式创新的重要支撑。按照“四圈层”商业模式的逻辑体系，在客户层，河钢集团以市场化方式推进多元产业发展，扩充了原本单一的钢铁客户群体，丰富客户群层次；在价值层，河钢集团充分利用钢铁平台的商业资源流量，为各层面客户提供更具价值的产品和服务，同时提升了河钢集团经济价值、社会价值和环境价值；在能力层，河钢集团通过技术创新、并购或合作以及市场化运作，为新产业、新业态和新模式的发展提供支撑；在发展层，河钢集团不断完善多元产业管理体制和经营考核机制，引入市场机制、融入社会资源，开展资本运作，持续高效地盘活存量资源、激活低效资产，放大资产效益。

第一节　河钢集团业态培育进化的背景

1957年，美国学者Ansoff提出了多元化经营战略（Diversification Strategy）概念[12]，即多元化经营是公司发展到一定阶段，为寻求长远发展而采取的一种成长或扩张的策略。该战略主要是为了规避企业风险和提高竞争力。企业发展、变化和成长主要包括四个基本方向，即在现有市场内增长、开发新市场、开发新产品和多元化。

多元化战略是企业战略结构中产品发展战略的重要内容，是与企业区域发展战略相对应的、企业成长的重要方式之一。其基本特征是企业在权衡自身能力、存在风险和企业利润的基础上，寻求企业能力与市场机会的最优组合。它表现为企业在产品发展选择中，是实施专业化经营，在单一产品线或业务领域纵深发展，还是实施多元化经营，在多个产品线或多种业务领域同时发展；是以一种产品线或业务领域经营为主，其他产品和产业为辅发展，还是多种产品线或多种业务领域并重发展；是在相关业务领域发展，还是在完全不相关业务领域发展。因此，它是企业产品经营和资本经营的综合体现，是企业内部管理型战略和外部交易型战略共同作用的结果。

一、我国钢铁行业多元产业发展跨越的历史阶段

参照国际通用标准，钢铁主业是指烧结、炼铁、炼钢、热轧、冷轧等钢铁主流程业务；多元产业是指钢铁主流程外以及服务于钢铁主流程的相对独立业务。钢铁企业发展多元化产业，是由市场经济和冶金行业特点决定的。市场经济的本质是竞争，要求企业生产经营要以效益为中心，以实现利润最大化为直接目的。对钢铁企业而言，多元化是创造新增长点，分散经营风险和营建商业生态圈的战略举措。回顾我国钢铁行业多元产业发展历史，可以看到钢铁行业发展多元产业经历了三个重要的历史阶段，按照时间顺序依次可概括为工厂办社会阶段、剥离辅助聚焦主业发展阶段和跨越式发展阶段[13]。

（一）工厂办社会阶段（中华人民共和国成立初期~1990 年）

该阶段是我国钢铁行业多元产业发展雏形。据《中国钢铁年鉴》统计，截至 1990 年年底，属于钢铁企业三产，也就是以后转为多元产业的厂办集体所有制企业（未含国营矿山部分）有 4238 个，职工总人数 87 万人；拥有固定资产约 30 亿元，实现经营（销售）收入 107.5 亿元、利税 10.2 亿元；生产产品品种 4488 个，产品规格 28091 个。1979~1990 年间钢铁企业整体三产销售收入每年增长 20% 以上，累计安排待业青年就业 99 万多人，平均每年安排 8 万多人[14]。

（二）剥离辅助聚焦主业发展阶段（1991~2000 年）

20 世纪 90 年代初期，为落实国企改革，剥离社会辅助职能，我国钢铁企业开始加快多元化经营步伐，提出“精干主体、分离辅助”的改革思路，不

少钢铁企业的附属产业开始脱离主体，按照发展、维持、萎缩的市场定位，逐步向社会化过渡或者退出。

这一阶段，钢铁企业通过实施“精干主体、主辅分离”的改革，钢铁主业从业人员精简，劳动生产率大幅提高。到2001年年底，国有重点大中型钢铁企业主业职工人数降至102.3万人，人均年产钢134吨；钢铁企业对多元产业投入增大，销售收入明显增加，多元产业得到良性发展，步入盈利发展轨道，成为新的经济增长点。1999年钢铁企业多元产业销售收入占总销售收入比例超过20%的大中型钢铁企业有19家，近70%从事多元产业实体实现了自主经营、自负盈亏、自我发展。

尽管钢铁企业发展多元产业在该阶段取得了新的成效，但从行业整体水平看，多元化经营发展仍然很不平衡，尚处于初级阶段，大多数钢铁企业仅是按照生产、经营、服务等类型将下属多元产业单位从钢铁主体简单分离，承担主要责任是完成保产任务，实现减亏目标，稳定职工队伍。多元产业的主要问题表现在：内部服务强于外部开拓，过分依赖钢铁主体，自我发展能力差；产业交叉庞杂，缺乏支柱产业和主导产品，竞争能力较弱；缺乏高素质人才，资金和技术投入较少，限制产业进一步发展壮大。

（三）跨越式发展阶段（2001年～“十二五”末期）

进入21世纪后，钢铁企业紧扣时代发展脉搏，大力发展多元产业，实现了多元产业跨越式发展，部分企业的多元产业已经和主业平分秋色。2002年，为适应行业发展新形势，中国钢铁工业协会成立了多种经营工作委员会，促进钢铁行业多元产业快速发展。多元产业进入最快的黄金十年发展时期，业务领域向电子信息、工业自动化、房地产等高新技术和新兴产业聚集，产业规模不断扩大，盈利能力和发展水平不断提高，基本建成了较为完备的多元产业体系。回顾过往近20年的历史，钢铁行业多元产业发展经历了三次重大的历史转折。

第一次转折是“十五”（2000~2005年）期间，实现了从探索发展到形成产业基础的转变。“十五”期间是多元产业投资的热潮，钢铁企业为分散经营风险，纷纷开展“一业为主，多业并举”的发展模式，大胆探索尝试进军新领域和新业务，产业面广而全，涉足主要产业有：设备制造、物流贸易、钢材深加工、信息、建筑、化工、旅游服务等产业，部分企业如宝钢、武钢、首钢、天津天铁、攀钢等企业已建成较强的多元产业基础，并形成一定的产业规模。

第二次转折是“十一五”（2006~2010年）期间，实现了从产业规模到质量效益的转变。“十一五”期间，钢铁企业对发展多元产业进行重新定位，将发展重心放在优化多元产业结构上，不断提升多元产业竞争力和盈利能力，多元产业发展水平明显提升。这一时期的产业重心主要在信息技术开发利用、钢结构、废气资源和二次能源利用以及房地产等高新技术产业和新兴产业上，一批多元产业新的经济增长点逐步形成。宝钢、武钢、鞍钢等钢铁企业已闯出一方市场，取得了成功经验。到“十一五”末期，多元产业收入、实现利润以及多元产业收入占总收入的比例均有了大幅度的提升。比较突出的是首钢、武钢等企业多元产业利润占集团利润总额的50%以上，多元产业实现了整体盈利，另外宝钢、太钢等企业多元产业收入和实现利润均占集团的25%以上。

第三次转折是“十二五”期间（2011~2015年），实现了从经济增长点上升到发展战略的转变。进入“十二五”，钢铁企业均将发展多元产业纳入企业总体发展规划，发展多元产业已上升到和主业同等重要的战略地位，全面加快多元产业发展步伐。全行业多元产业经济运行质量明显提高，多元产业投入进一步加大，项目结构更加科学合理，产业发展思路更加符合国家相关政策，多元产业收入攀上新高度，如首钢、宝钢、武钢等特大型钢铁企业的非钢收入已超过或接近了1000亿元水平。

二、钢铁行业多元产业发展进入新时期

（一）产业规模和时代特征

我国钢铁企业发展多元产业，不仅和我国钢铁发展国情有关，而且也是钢铁企业客观发展的必然选择。2008年以来，钢铁行业受产能过剩、产业集中度低、资源受制于人等因素制约，钢铁企业价值体系不仅需要钢铁主业支撑，也越来越离不开多元产业。钢铁企业在保持钢铁主业经营基础上，围绕主业发展多元产业，开拓新的利润增长点，甚至是打造第二主业，已是大势所趋。

当前，钢铁企业发展多元产业已不再只是“三产”“服务公司”“安置再

就业”的概念，专业化、规模化、产业化的发展方式正在逐渐形成，涌现出许多新的产业发展模式和子产业。钢铁企业涉足的多元产业按照主业相关性分为钢铁关联产业、新兴产业和传统产业。其中，钢铁关联产业主要包括资源产业、钢材深加工产业、物流产业、工程技术产业、商贸产业等；新兴产业主要以国家近年来鼓励发展的战略新兴产业为主，包括装备制造、节能环保、信息技术、新材料、生物制药、3D打印等产业；传统产业包括金融投资、食品、房地产、教育、医疗、旅游等配套服务产业等。通过规模化和专业化发展多元产业，多元产业对主业的支撑和协同作用越来越强，不仅可以大幅降低钢铁主业运营成本，提高主业产品销售附加值，而且可以直接创造价值和效益。

（二）钢铁企业代表性多元业态

1. 资源产业

钢铁产业与上游的铁矿石、焦煤、辅料矿等行业密切相关，产业关联度高、影响力大。经过多年发展，钢铁企业已越来越体会到关注钢铁上游原燃料产业链，对钢铁产业自身发展的重要性。21世纪以来，钢铁企业为确保资源稳定供应，加强对上游相关矿产业的发展。主要措施有两个方面：一是大力发展自有矿山，提高国内自有矿产能和供给比例；二是主动“走出去”，参与海外矿产资源投资，增加海外权益矿资源量。

2. 资源综合利用产业

钢铁工业资源综合利用产业主要是指对钢铁工业固体废弃物等资源进行综合利用的产业，重点包括：钢铁生产过程中产生的冶炼渣、粉煤灰、脱硫石膏等工业固废的资源化利用，氧化铁皮、含锌粉尘等含铁尘泥分类高效利用，废油、废酸以及社会废弃物的再生循环利用等。当前，我国钢铁工业资源综合利用已形成了以钢铁企业全资子公司、钢铁企业入股合资公司及专业资源综合利用公司相结合的企业架构。近年来，随着国家推进生态文明建设和发展循环经济相关激励政策推出，我国钢铁工业资源综合利用产业结构不断完善，重点资源综合利用领域技术水平、工艺装备和利用产品附加值不断增强，资源综合利用整体水平明显提升。

3. 钢材深加工产业

我国钢铁行业经历了30多年的快速发展，取得了举世瞩目的成就。但是目前钢铁行业产能严重过剩、市场竞争压力大、资源与环保等诸多问题突出，钢铁企业拓宽经营领域，延伸产业链，纷纷寻找主业以外新盈利点，发展钢材深加工成为众多企业重点寻求突破的方向之一。

目前，钢材深加工业已成为钢铁制造业的重要组成部分，在企业内部对钢材制品进行适度深加工，不仅能提高产品附加值和材料综合利用率，同时可以减少用户重复投资。在当前我国钢材生产总体供大于求、结构性矛盾突出的大背景下，积极延伸钢铁产业链、发展钢材深加工是钢铁行业发展的必由之路。

4. 机械维修与制造产业

机械维修与制造产业是与钢铁主业强相关产业，具有稳定的内部市场，原材料优势明显，是钢铁企业多元化发展的支柱性产业之一，也是重点发展的潜力产业之一。纵观整个机械维修与制造产业发展历史，是从钢铁企业内部最初的从事设备修理、简单备件加工和低端成套设备制造的机修和设备制造业务发展起来的。

20 世纪 90 年代，随着我国钢铁工业发展和生产职能划分，钢铁企业内部机械维修与制造业务开始从生产一线部门独立出来，成立新的部门或公司。部分企业机修部门仍以企业内部新建项目、设备大修和装备技改任务为重点，承担企业内部设备修理、备件和设备制造任务；部分企业机修部门有独立法人地位，在服务内部市场同时，又面向社会需求，实行独立核算、自负盈亏。

进入 21 世纪，在市场经济推动下，钢铁工业向现代化、大型化、自动化发展，装备不断升级换代，钢铁企业设备管理体制及维修方式面临新的变革，开始向社会化、专业化进程迈进。2002 年，国务院八部委联合下文，要求国有企业加快实现主辅分离步伐，钢铁行业在前期“精干主体、分离辅助”的基础上，把主要为企业内部服务的机械维修与制造业务剥离出去，保证企业内部维修需求的基础上，开始外向型发展。不断加强管理和自身改革，提高参与市场竞争能力，生产规模和装备技术都达到相当水平，扩大外部市场份额，发展专业化产品，逐步适应市场化运作要求。

目前，机械维修与制造产业主要工艺仍是传统的铸、锻、焊和加工，其中堆焊、喷涂等表面强化技术在近年得到较大发展。主要业务涉及钢铁生产的设备维修、备件加工及修复、各类冶金设备制造，并承接社会市场各类非标产品，包括矿用设备、钢结构、民用机械、化工设备、节能环保设备等。

钢铁行业机械维修与制造产业遵循“立足主业市场，拓展国内市场，挺进国外市场”的发展理念，经历自给自足、市场改制、深入发展三个阶段之后，逐步成为符合市场发展需要的现代机械维修与制造产业。现阶段，多数钢铁企业已形成具备设备检修保产、备件加工制造、修复再制造、成套设备制造以及技术创新、新产品开发等能力的机械维修与制造产业，在钢铁主业发展中发挥重要作用。

5. 耐火材料产业

耐火材料应用于钢铁、有色金属、玻璃、水泥、电力、军工等国民经济各个领域，是保障上述产业生产运行和技术发展必不可少的基本材料，在高温工业生产发展中起着不可替代的重要作用。

2001~2010 年，在钢铁、有色、石化、建材等高温工业高速发展的强力拉动下，耐火材料行业保持着良好的增长态势。“十二五”期间，我国耐火材料产量呈现稳中趋降态势。2018 年全国耐火制品产量 2345.22 万吨，同比增长 2.3%，约占世界耐材总产量的 65%。其中，致密定型耐火制品 1327.38 万吨，同比增长 2.33%。从产业区域分布看，耐火材料产业主要集中在河南、辽宁和山东三省，三省耐材制品产量占全国耐材总产量的 80% 左右。河南、山东为铝硅系耐火材料主产区，辽宁为镁质耐火材料生产基地。耐火制品出口量逐年递增，年均 200 万吨左右，市场遍及亚洲、欧洲和美洲等 150 多个国家和地区。目前，我国已成为耐火材料的生产、消费和出口大国，产销量稳居世界耐火材料第一。

2013 年 3 月，工业和信息化部发布《关于促进耐火材料产业健康可持续发展的若干意见》，在业内引起很大反响。我国河南、辽宁、山东、山西、浙江等耐火材料工业相对集中的各级地方政府也非常重视，相继出台措施，制定实施方案，以改组、改制、改造优化企业组织结构，管理结构和产品结构，以集聚、集约、集效促进空间布局优化，资源集约利用，功能集合构建，启动了以淘汰落后产能，推进联合重组，加快转型升级步伐为重点的新型耐火材料产业化示范基地创建工作。在政策扶持和地方政府支持下，耐材企业开展节能减排、降本增效，加大研发力度，兼并重组，实施“走出去”战略，加快产业转型升级，提高行业竞争力。

6. 新材料产业

经过几十年奋斗，我国新材料产业不断发展壮大，产业体系初步形成，主要包括六大领域：特种金属功能材料、高端金属结构材料、先进高分子材料、新型无机非金属材料、高性能纤维及复合材料和前沿新材料。新材料在国民经济各领域应用不断扩大，初步形成包括研发、设计、生产和应用，品种门类较为齐全的产业体系。进入21世纪以来，我国新材料产业发展迅速，部分关键技术取得重大突破。我国自主开发的钽铌铍合金、非晶合金、高磁感取向硅钢、超硬材料和超导材料等生产技术已达到或接近国际水平。新材料品种不断增加，高端金属结构材料、新型无机非金属材料和高性能复合材料保障能力明显增强，特种金属功能材料自给水平逐步提高。

近年来，在国家大力扶持下，我国新材料产业持续迅速发展，多个省市将新材料作为地区经济的重要增长点，产业规模逐步壮大，产业化程度不断提高，技术水平大幅提升。据不完全统计，2017年我国新材料产业生产总值达到2.6万亿元左右；预计2020年，可能达到6万亿元产业规模。新材料产业在体系建设、产业规模、技术进步等方面取得明显成就。其中，稀土功能材料、先进储能材料、超硬材料、特种不锈钢等产能居世界前列，为国民经济和国防建设做出了重大贡献，具备了良好的发展基础。

7. 煤化工产业

钢铁行业所用炼焦煤在炼焦生产过程中，产生大量焦化副产品，主要有焦炉煤气、粗苯和煤焦油等。为充分挖掘焦化副产品内在价值，进行深加工，形成焦化煤化工产业。经过多年发展，焦化行业煤化工产业已达到了较大规模和较高水平。

8. 金融产业

近年来，部分钢铁企业逐步向产业资本投资公司转型，相当多的钢铁企业开展供应链金融业务，宝钢、包钢等企业更是明确提出将金融产业作为企业未来发展的重要产业，使之成为企业新的利润增长点。钢铁企业进入金融产业，大部分始于组建财务公司，由于钢铁行业属于资本密集型行业，钢铁企业都需要对资金资源实施有效的管控以提升竞争能力。财务公司作为资金集中管控平台，在提高资金效益和效率、盘活存量资产、最大限度地实现钢铁企业集团资金流、信息流和物资流的有机结合等方面发挥重要作用。在金融领域对外投资上，我国钢铁企业对金融机构的股权投资主要集中在银行、证券、保险、信托及基金等金融子行业，但绝大部分属于参股模式[15]。

9. 物流产业

物流业是融合运输、仓储、货代、信息服务等产业的复合型服务业，是支撑国民经济发展的基础性、战略性产业。钢铁物流业是物流行业的一个分支，与钢铁行业发展紧密相连。钢铁企业销售区域地理分布广阔，为钢铁物流产业发展提供了巨大空间。过去十多年时间，伴随经济快速增长，粗钢和钢材产量不断创新高，钢材流通贸易量不断攀升。在此基础上，钢铁物流需求不断增加，中国钢铁物流行业呈现迅速发展之势，市场规模及增速都表现突出。

10. 工程技术产业

在经历爆发式增长后，我国钢铁行业建设重心已由新增工程向已有工程技术升级改造、节能环保和结构性调整转变。钢铁工业工程技术产业则呈现出从传统低技术、低附加值产业向新兴高技术、高附加值和节能环保产业转移，从传统工程设计、设备安装调试向工程总承包、设备成套供应转移，从项目建设向项目运营管理转移。

我国冶金工程技术企业达上百家，主要分为：改制转型后冶金部直属冶金勘察设计研究单位；原各省市厅局直属冶金勘察设计研究单位；各大型冶金企业组建的冶金勘察设计研究单位。我国冶金工程设计产业年产值达上千亿元，企业规模和技术实力要强于全国勘察设计行业平均值，但较工程设计综合资质单位差距较大。

近年来，随着大量新增钢铁项目和技改项目实施，为冶金工程技术产业创造发展机遇。各大钢铁企业所属工程设计院在此轮发展过程中综合实力显著增强，业务范围不断扩大，员工素质和科技水平不断提升，营业收入和盈利能力不断增长。

11. 其他产业

近年来，众多钢铁企业在房地产及教育、医疗、餐饮等城市服务业方面取得一定成绩，在当地甚至周边省市具有一定的市场影响力，但面对日益激烈的市场竞争，多数产业运营压力较大，存在进一步提升空间。

三、政策鼓励钢铁企业发展多元产业

国家陆续出台相关政策，促进钢铁行业化解产能过剩，鼓励钢铁企业通过发展多元产业，促进钢铁企业转型升级提升竞争力，积极引导资本向战略性新兴产业和公共事业领域转移。

《钢铁工业“十二五”发展规划》（工信规 [2011] 480 号）提出，“转变服务理念，增强服务意识，建立钢铁企业与下游用户战略合作机制，发展钢材深加工，完善物流配送体系，提升产品价值和企业服务功能，促进由钢铁生产商向服务商转变”。

《国务院关于化解产能严重过剩矛盾的指导意见》（国发 [2013] 41 号）提出，“深化国有企业改革，引导国有资本从产能严重过剩行业向战略性新兴产业和公共事业领域转移”。

《钢铁产业调整政策（2015 年修订）》（征求意见稿）提出，“鼓励有条件的钢铁企业开辟电子商务、互联网金融、期货、物流等服务新领域，促进产销供应链的深度融合，加速生产商向服务商转变，实现用户价值最大化，共创共享产业链价值”。

《国务院关于钢铁行业化解过剩产能实现脱困发展的意见》（国发 [2016] 6 号）明确提出，鼓励企业通过转型转产等途径，退出部分钢铁产能。鼓励商业银行按照风险可控和商业可持续原则，加大对产能严重过剩行业企业转型转产的信贷支持。

四、钢铁企业发展多元产业的必要性增强

发展多元产业是钢铁企业防范系统性风险的必然选择。市场经济具有周期性，钢铁行业属于典型的周期性行业，钢铁产品价格波动幅度大，钢铁企业必须要有应对风险和周期的预案。目前来看，中国经济发展进入新常态，经济面临较大下行压力，发展多元产业已成为大型钢铁企业规避周期、防控风险的普遍选择和必然选择。这一方向符合市场经济发展规律，也符合钢铁企业在市场经济条件下对增强生存能力、应变能力、可持续发展能力的需求。全球大型钢铁企业，如新日铁、蒂森克虏伯、安赛乐米塔尔、宝钢等，都有与钢铁主业相关的多元产业。

发展多元产业成为钢铁企业由生产型制造向服务型制造转型，由产品竞争模式向产业链竞争模式转变的必然趋势。一方面，钢铁企业发展多元产业是我国实现产业结构调整，实现经济稳步增长的必然要求；另一方面，打造以延伸钢铁产业链、拓展价值链为主线的多元产业，实现多元产业与钢铁主业耦合发展，对削减钢铁主业附加成本、还原钢铁主业先进性具有重要的战略意义。

发展多元产业是盘活存量资产、提高钢铁企业竞争力的必然选择[16]。“十二五”期间，部分钢铁企业片面追求“大而全”“小而全”，形成了大量的非经营性资产和闲置资产。通过发展多元产业，开展多种经营，盘活存量资产，增加企业经济效益。此外，与通过技术积累和创新来挖掘钢铁主业盈利空间相比，发展多元产业、介入深加工、相关金融以及新兴产业收益更加明显。提升多元产业服务水平与盈利能力，有利于促进钢铁主业培育核心竞争优势。

发展多元产业是钢铁行业化解过剩产能实现脱困发展的必然选择。《国务院关于钢铁行业化解过剩产能实现脱困发展的意见》（国发 [2016] 6 号）明确提出，从 2016 年开始，用 5 年时间再压减粗钢产能 1 亿 ~ 1.5 亿吨，按中国钢铁企业人均吨钢生产率粗略估算，意味着将有 50 万左右钢铁职工面对调整或重新选择。钢铁企业发展多元产业，可提供就业岗位，分流主业人员，防止出现大规模下岗失业问题，同时通过压减主业从业人员，有利于提高钢铁劳动生产率，降低主业生产成本。

五、河钢集团多元产业发展的独特背景

2010 年以来，集团多元产业实现快速发展，但由于历史条件、发展理念、体制机制等原因，综合竞争力还不强，各钢铁子公司发展还不平衡，消纳主业人工成本能力还不强，市场化、专业化水平还不高，亟待激活存量资产，加快由“内生型”向“市场化”的转型，提高资产利用效率和综合创效能力。

2014 年年底，集团全面对标韩国浦项等国际领先企业，准确找到短板：“综合盈利水平不高的主要原因，是钢铁主业承担了过高的附加成本，严重地影响了钢铁主业竞争力”。对此，河钢集团审时度势提出基于还原钢铁主业先进性的多元产业发展战略，以清理“三外”（外委、外雇、外包）为切入点，充分盘活由钢铁产业链衍生出规模庞大的低效或闲置的存量资产与流量资源，

立足内部市场，为钢铁主业提供优质服务。

截止2014年10月底，集团在岗员工121683人，2014年人工成本120亿元。其中：多元产业65442人，占总人数的53.8%；全年人工成本63亿元，占总人工成本的52.9%。集团拥有资产3322亿元，其中多元产业总资产为1334亿元，占40.17%。

2014年12月5日，河钢集团发布《多元产业发展规划纲要(2015~2018年)》，审时度势地提出基于还原钢铁主业先进性的多元产业发展战略，正式将多元产业发展上升到战略高度，将其作为适应供给侧结构性改革，推进企业转型升级发展的主要突破口，由此拉开了河钢集团多元产业快速发展的序幕。

第二节 河钢集团业态培育进化的核心理念和实施路径

一、多元产业发展的总体思路、基本原则和产业目标

（一）总体思路

以市场化、专业化、公司化为方向，以延伸产业链、提升价值链为主线，引入市场机制，激活存量资源，融入社会资本，提高资产利用效率，做大做强矿产资源、现代物流、钢铁贸易、金融证券、钢材深加工、装备制造、资源综合利用、工程技术、医疗健康、社会服务等十大业务板块，成为削减主业附加成本、还原钢铁主业先进性的主渠道和新的效益增长极，成为建设综合型产业集团、打造全球最具竞争力钢铁企业的战略支撑点。

（二）基本原则

(1)坚持“促进结构调整，推动转型升级”的战略定位。把激活存量资源，壮大多元产业上升为集团发展的全局战略，作为优化人力资源和资产结构、削减主业附加成本、还原钢铁主业先进性、建设全球最具竞争力钢铁企业的战略举措。

（2）坚持“依托钢铁主业，适度相关多元”的产业方向。立足钢铁产业链丰富的内部资源与庞大的内部市场，坚持“有所为，有所不为”，充分挖掘资源潜力，重点聚焦国家产业政策支持的新能源产业、节能环保产业、数字创意产业、相关服务业等战略性新兴产业，提高资产利用效率。

（3）坚持“引入社会资本，强化战略合作”的发展模式。树立“以资源换股权，以市场换投资，以时间换空间”的发展理念，积极引入国内外成熟的专业机构和社会资本，提高配置社会资源能力，实现从自主建设、自主经营向合资合作转变，合理控制跨界发展风险。

（4）坚持“市场化运营，公司化管理”的管理体制。理顺资产、业务与人员管理关系，引入市场机制，创新管理体制，将多元产业单位培育成按照市场化原则独立核算的经营主体，全面激发发展活力，促进其由内生型向市场化转型，从费用补贴单位向经营创效单位转变。

（三）产业目标

河钢集团多元产业发展第一个目标是消纳人工成本，成为还原钢铁主业先进性的主渠道；第二个目标是培育竞争力；第三个目标是进入社会参与竞争。

（1）成为削减附加成本、还原主业竞争力的主渠道。通过发展多元产业，促进集团人力资源结构进一步优化。到 2018 年年底，河钢集团钢铁子公司按照人均年产钢 1000 吨的总体目标，实现非钢板块 5 万在岗人员稳定就业并全部消纳其人工成本。钢铁主业在岗人员控制在 5 万人左右，人均劳效达到国际一流水平。

（2）成为集团全面提高盈利能力新的效益增长极。多元产业板块发展成为独立运营、自负盈亏、具有较强市场竞争力的经营主体，其资产比例、收入贡献率、外部市场收入比例、利润贡献率分别达到 50%。到 2018 年，河钢集团非钢板块利润总额达到 50 亿元，成为集团经营利润的重要来源。

（3）成为打造现代化综合型产业集团的战略支撑点。按照多元产业发展方向，通过业务整合和资本运作，培育一批具有强大竞争力的市场主体和社会公众公司，形成以若干旗舰公司为主导的投资与运营管理平台，与钢铁主业形成相互耦合、协同发展，具有强大抗风险能力的产业体系，成为建设全球最具竞争力钢铁企业的重要支撑。

把“钢铁材料+工业服务”作为河钢集团产业多元化发展的主要方向，引入社会资本和激活企业存量相结合，全面提升资源配置效率，培育一批具有品牌影响力和市场竞争力的工业服务企业，将河钢集团打造成“以钢铁为基础的材料解决方案服务商和工业体系综合服务商”，成为钢铁材料、工业服务、海外事业高效协同发展的综合性跨国产业集团。

二、多元产业发展七大理念

河钢集团强调要理性客观地看待多元产业，增强主动作为意识，大力推进市场化体制机制，提升多元产业市场竞争力，实现多元产业和钢铁主业发展比翼齐飞。

一是树立主动作为意识。集团推进多元产业工作和制定任务目标，是集团战略的大规划、大思路，是子分公司真正摆脱困境、还原钢铁主业先进性必须要做好的事情。各单位推进多元产业发展，绝对不是被动地完成集团下达的任务，而是要变成自身的主动作为，积极主动地将这项工作做到位，确保取得实效。

二是理性客观地看待河钢集团多元产业现状。肯定多元产业发展成绩，同时也要看到绝大多数非钢单位，实质依然是钢铁主业服务单位和费用部门。河钢集团对多元产业战略定位是，要成为完全的市场化部门、独立部门、未来参与市场竞争的部门，距离实现这个战略目标还有很长的路要走。要切实看到，河钢集团非钢单位自身的创造能力、参与市场竞争的能力还很脆弱。不改变这个发展局面，就难以真正做到还原钢铁主业先进性。

三是正确看待与加快盘活集团庞大的多元资产，提升创效能力。任何一个行业，任何一项工作，当出现困难的时候，往往是思路和方法出现了问题。历史上河钢集团对于多元板块的庞大资产，并没有看成是资源并加以充分利用，而是将其看成是“包袱”。随着经济社会发展，人们对企业竞争、产业链竞争的认识，都在发生着巨大的变化。平台的概念、体量的概念、资产的概念，越来越成为衡量一个企业分量的重要标志。在互联网经济、链条经济、平台经济条件下，有资源就能够创造价值。河钢集团多元产业拥有庞大的资产和众多的从业人员，这些资源十分珍贵，必须将这些资源用足用好，使其成为我们巨大的财富。与此同时，要积极培育多元产业自身竞争力。

四是多元产业发展要大力推进市场化原则。非钢板块将成为集团最先推进市场化的板块。当前，国家正在大力推进混合所有制改革和职业经理人制度,在分配上将打破过去的框架。不从机制体制上去打破这些禁锢和条条框框，多元产业发展就走不远。市场化原则是最公平的原则，而且最刚性。在多元产业发展中，要转变观念、创新管理，不断向行业先进企业学习，积极引入新的体制和机制。无论是钢铁主业还是多元产业，最为迫切的就是要用创新的理念对待工作，特别是要强化和运用好市场化理念。

五是多元业务发展应跟踪新经济形势下层出不穷的新业态、新发展，积极参与竞争。既要做到把传统的行业干好，更要对新兴产业发展充满信心。河钢集团全力支持各单位根据自身情况，培育一批能够率先走出去、参与社会竞争的市场化非钢企业。引入社会资本，在合作方式、引进人才上，可以不拘一格，各具特色。

六是多元产业发展须避免新一轮盲目投资。集团多元产业发展的基本指导思想是“立足于现有的资产盘活为主，利用好现有的产业链条”。原则上，河钢集团不支持投资建设新的项目。现在河钢集团有足够的平台，如何用最好的机制、最好的理念、最好的手段，通过辗转腾挪实现资源的最佳配置和效能发挥，实现资产有效运转，是非钢板块发展的基本定位。我们现在最好的外部条件，就是这些资产有自己的链条支撑。希望通过大家共同努力，把非钢板块变成一个价值创造者和创效平台。

三、多元产业发展路径

（一）完善多元产业管理体制

将发展多元产业提升到还原钢铁主业先进性、建设全球最具竞争力钢铁集团的战略高度，进一步理清多元产业资产、人员与业务管理关系，加强对多元产业战略决策、发展规划、资本运作、运营考核等重大事项的统一管理，建立符合多元产业健康快速发展的管控体系。

河钢集团成立由主管领导牵头、相关部门负责人组成的多元产业发展委员会，多元产业发展委员会办公室设在集团战略企划部，统筹负责集团多元产业战略决策、资源整合、业务协同和运行管理。各钢铁子公司也明确了多元产业主管领导和管理机构，按照市场化、专业化、公司化的发展方向，进一步完善多元产业管理体制和机制，健全管理制度，实现规范化运作。

（二）制定多元产业发展实施规划

按照河钢集团确立的总体思路、基本原则、规划目标、发展路径，集团多元板块各专业公司要制定2015~2018年发展规划，提出具体经营目标。各钢铁子公司要研究制定多元产业实施规划，提出逐年消纳人工成本和市场化创效的具体目标。

（三）构建多元产业经营考核机制

将多元产业纳入经营业绩考核范围，重点考核非钢单位占用资源的利用效率和综合效益，促进投资效益释放，确保集团各非钢子公司成为集团重要的创效主体。各钢铁子公司激活存量资源，提高资产利用效率和市场化专业化发展水平，在加快优化人力资源结构、削减钢铁主业附加成本的基础上，积极培育新的效益增长点。

（四）建立市场化人才引进与培养机制

既要将发展多元产业作为优化钢铁主业人力资源结构的重要渠道，又要高度重视多元产业专业人才队伍建设，在充分挖掘内部人才潜力的同时，通过市场渠道，跨越行业和企业边界，积极引进企业发展急需的高端专业技术人才，为打造多元化、综合型产业集团奠定强有力的人才支撑。

（五）强化内部市场提升服务能力

结合主业“零外委、零外包、零外雇”政策，最大限度地承接与占据服务于钢铁主业的内部市场业务，深度挖掘和盘活存量资源，实现多元资产高效利用。在钢铁主业与多元产业之间，严格按照市场化原则进行独立核算，规范管理制度，促进多元单位进一步提高服务钢铁主业的质量和效率，积极开拓外部市场，加快实现由内生型向市场化的转变。

（六）拓展外部市场提升综合竞争能力

树立开放性思维，充分利用包括技术、人才、资本、市场、管理等在内的社会资源，提高存量资产的配置效率，尤其是在医疗、教育等专业化程度较高的产业领域，加强与国内外专业机构的战略合作，实现从自主发展、自主经营向合资合作转变，提高资产利用效率和综合竞争能力。

（七）借力资本市场实现业务腾飞

对多元板块市场化程度较高的成熟企业，加快推进其海内外上市进程，充分利用资本市场实现跨越式发展；利用上市公司资本运作平台，适时推进集团内部和外部产业链上下游成熟资产的并购与业务整合，全面参与社会资源配置，实现产业规模化发展。

四、多元产业发展重点方向

河钢集团多元产业发展呈现集团与子公司的“双层面”格局。集团层面发挥整合优势，成立河钢采购、河钢销售、河钢国际三大经营公司和河钢矿业、国际物流、供应链金融、河钢工业、河钢数字等专业公司，初步形成了矿山资源、现代物流、金融证券、钢铁贸易、装备制造、新能源和数字技术等七大产业板块；2015~2018 年，河钢集团多元产业发展立足点在于激活盘活存量资源，优化资源配置，提高资产利用效率，推动多元产业市场化转型。坚持从企业实际出发，通过发挥规模优势与协同效应，引入市场机制，融入社会资源，适时推进资产和业务的横向、纵向整合，重点培育和积极发展多元产业。

河钢集团多元产业板块如图 6-1 所示。

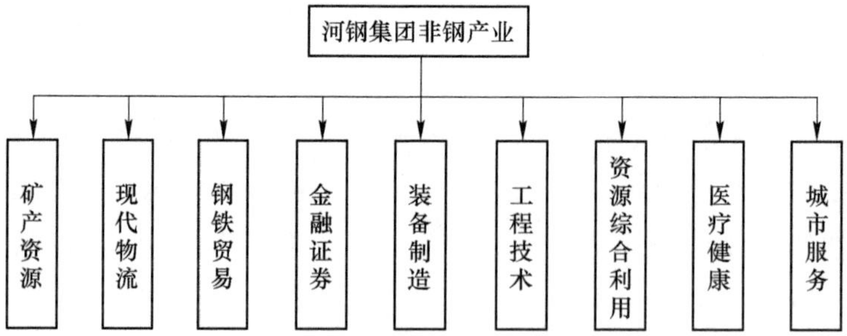

图 6-1　河钢集团多元产业板块

（一）矿产资源

加快释放南非 PMC 资源投资收益，成为集团海外及资源板块主要利润源；

优化国内矿产资源发展战略，彻底转变“依靠新增贷款走规模扩张”的传统思路，以高效推进现代新型矿山建设为主线，优化投资策略，创新合作模式，控制投资风险，加强内部管理，提升成本竞争优势。

（二）现代物流

借助集团庞大的物流资源规模优势，全面挖掘全产业链物流价值，依托物流和码头基地，进一步增强集团物流价值链的主导权和掌控力，并以此为基础，向产业链上下游延伸，现阶段的重点是，做强做优港口物流，深入谋划发展“大物流”产业，将国际物流公司发展成为集团的重要利润源。

（三）金融证券

依托集团资金链规模优势，将供应链金融公司打造为集团资金集中管控、高效运作的重要平台，并依靠全方位的金融服务，逐步提高收益水平；以香港国际控股、投资控股公司为对外投融资平台，全面提升集团资本运营能力，壮大集团金融业务板块。

（四）钢铁贸易

以德高公司为主体，构建全球化贸易服务网络，使其成为集团实施国际化战略的重要窗口，布局全球市场、配置全球资源的主要途径，集团海外创效的又一主要来源；依托集团产业链规模优势，按照“市场化、专业化、产业化”运作原则，进一步增强销售、采购、国贸三大经营公司的供应链管理水平和市场化创效能力，使贸易服务成为新的创效增长极。

（五）数字经济

以河钢数字技术有限公司（以下简称“河钢数字”）为业务整合平台和市场化经营主体，推进河钢集团数字化转型，加快打造数字化钢铁样本。河钢数字基于新一代信息技术和数字经济，聚焦工业互联网、智能制造、大数据和智慧城市建设等领域，持续为客户提供自主可控的数字化解决方案。在此过程中，河钢数字将结合数字技术与工业行业优势，面向河钢及其他工业企业，开发具有自主知识产权的 Weshare 工业互联网平台，建设数字化全集成平台、工业智能 APP、工业大数据分析等应用；基于社会、经济、民生、安全等领域的实际管理和应用需求，利用物联网、大数据、云计算等先进技术，实现人与物、物与物的无缝链接，提升人对社会资源的实时控制、精确管理和优化配置能力，从而实现生产、生活的科学智能决策。

（六）钢材深加工

主动适应制造业服务化趋势，坚持“服务创造价值”理念，把钢材延伸加工服务作为推进营销模式创新、培育渠道优势的战略举措，以向重点用户和战略市场延伸为主线，通过战略并购、合资合作、自主建设等方式，加快布局加工配送中心体系，发展现代新型钢材深加工业务，成为从生产型制造向服务型制造成功转变的重要支撑。

（七）装备制造

积极推进宣工发展与国内外知名企业的战略合作，全面深化全产业链合作关系，依托战略投资者的技术、管理、品牌优势，增强宣工产品市场竞争力；进一步激活集团内部机械加工制造存量资产，提升零部件加工制造能力，加快占据内部市场，发展壮大装备制造业板块。

（八）资源综合利用

依托集团“绿色钢铁”品牌效应和节能环保技术，发挥资源共享、技术协同、市场容量优势，以钢铁子公司为主体，借助于国内外战略合作，深度发展气体、焦化、钢渣、煤气、水渣等冶金过程资源综合利用，形成具有国际竞争力的特色多元产业。在条件成熟时，积极推进集团内部资源综合利用板块的横向整合，培育具有强大市场竞争力与规模优势的“第三方”专业公司。

（九）工程技术

依托子公司积累的人才、管理、技术、资质、品牌等核心优势，整合内部存量资产资源，全面接管内部市场服务，重点发展工程设计、运营总包、节能环保、设备维检等服务业务，构建以设计总承包为龙头，具有工程咨询、工程设计、工程承包、运维服务等综合能力的新型工程技术服务体系，提高外部市场拓展能力，壮大工程技术服务板块。

（十）医疗健康

坚持开放性思维，积极引入国内外专业投资管理机构与社会资本，将集团内部职工医院资产整体打包，采用整体托管、资本合作等方式，推进医疗资源的专业化运营管理，提高低效存量资产的运行效益，培育壮大集团医疗健康服务产业。

（十一）社会服务

积极推进子公司生活后勤服务系统市场化转型，依托内部相关市场，全面参与社会竞争，创新管理体制机制，盘活存量资源资产，重点培育物业管理、职业教育、餐饮住宿、工业旅游、房地产等具有区域品牌优势的社会服务产业。

第三节　河钢集团业态培育进化的主要成效及商业模式规律

经过多年发展，河钢集团凭借其规模优势、区域影响力和资源整合能力，为集团多元产业发展提供了良好的资源保障。集团初步形成矿山资源、现代物流、金融证券、钢铁贸易、装备制造等五大产业板块，钢铁子公司重点培育了资源综合利用、节能环保、钢材延伸加工、工程技术、社会服务等业务板块，各多元产业子公司基本形成主导产品，并在相关领域具备一定的市场竞争力，为多元产业快速崛起打造发展基础。

一、产业业态进化的主要成效

多元产业紧抓国家“供给侧结构性改革”的发展机遇，紧紧围绕“市场”和“产品”两大主题，以提升“市场化、平台化推动全流程全产业链创效能力”主线，立足钢铁产业链资源平台和市场优势，在非钢系统体制机制创新、市场化改革、资源链整合等方面积极探索和实践，取得较好经营业绩，为“还原钢铁主业的先进性”提供了坚实支撑。

（一）高水平规划引领发展

2014 年 12 月 5 日，河钢集团在年度重点工作分析说明会上正式提出非钢产业四年发展战略目标，并随后制定《河钢集团多元产业发展规划纲要

（2015~2018年）》，确定多元产业以钢铁产业链“纵向延伸，横向拓展”为主线，以“促进结构调整，推动转型升级”为战略定位，依托钢铁主业，适度相关多元，坚持“市场化运营，公司化管理”，打造成集团发展的战略支撑点。

四年来，河钢集团多元产业坚持市场化、专业化、公司化发展，加快钢铁主业结构调整、产业升级，深入推进钢铁主业保障、存量资产盘活、资源提高利用等各项工作，全产业链创效能力持续攀升，基本实现了既定的战略目标。

（1）目标完成之一：大力削减附加成本，成为还原主业竞争力主渠道，实现多元产业5万名在岗人员稳定就业，并完全消纳其人工成本。

截至2018年年底，集团多元产业共吸纳在岗员工就业49255人，当期列支人工成本45.8亿元。其中各钢铁子公司吸纳在岗员工就业35910人，当期列支人工成本28.6亿元，消纳人工成本比例为92.1%；专业公司吸纳在岗员工就业13345人，当期列支人工成本17.2亿元。

（2）目标完成之二：大力开展独立运营、自负盈亏，成为具有较强竞争力的市场经营主体，集团新的效益增长极呈现竞相迸发的良好局面，产业收入贡献率、外部市场收入比例接近30%的目标。

2018年，多元产业全口径实现营业收入771.6亿元，同比增长35.8%，收入贡献率达到22.9%。其中，各钢铁子公司实现销售收入369.5亿元，专业公司实现销售收入402.1亿元。各钢铁子公司实现外部收入101.8亿元，占比27.5%，同比增长2.5%。

（3）目标完成之三：按照“用足用好集团庞大的产业链条和丰富资源，跟踪新经济形势下层出不穷的新业态、新模式，积极参与新一轮新业态的竞争”的要求，融入新时代经济发展，积极布局新产业、培育新业态、创造新模式，成为集团重要的战略支撑点。

成立河钢数字公司，全面发展新一代信息技术。深挖产业链金融服务，河钢集团租赁、河钢集团保理、河钢集团售电等专业公司顺势而生，“铁铁物联”“铁铁智运”平台顺利搭建，“河钢集团铁信”在线支付平台业内首创，供应链价值创造能力全面激发。ICT产业初具规模，河钢唐钢智能无人天车系统国内领先，市场份额全国第一。“航天氙”稳居国内行业主导地位，河钢集团邯钢“航天氙”产品打破进口氙气40年垄断，成功应用于我国卫星发射。

2018年，河钢集团多元产业创效27.3亿元。其中各钢铁子公司多元板块创效10.2亿元。集团专业公司多元产业资产1312亿元，创效17.1亿元。净资产收益率平均达到1.7%，成为集团经营创效的重要来源。河钢集团多元产业销售收入占比近40%，就业贡献率超过50%。

（二）高效整合完善产业链

集团多元产业坚持变革突破，推进价值再造，深耕厚植以利长远，构建并持续完善多元产业布局，打造出一批在行业内竞争力较强的产业板块，建立了规范有力的管理体系，形成了全产业链创效的体制机制，不断抢占产业升级和转型发展制高点。

2015年开始，集团以“组织发动，营造环境”为主线，全面开启落实多元产业四年规划的序幕。2016年，集团积极响应国家推进供给侧结构性改革及钢铁行业“去规模化”发展新要求，多元产业按照“市场化做实、专业化做强、公司化做大”基本原则，紧密围绕“规范运作，提高质量”工作主线，结合集团和子公司双层面发展实际，构建集团多元产业管理体系，引入市场化机制，将多元单位培育成“自主经营、自负盈亏、自我约束”的市场主体，由内生型向市场化转型，全面激发非钢单位发展活力。

2017年，集团充分把握京津冀协同发展机遇，多元产业以“外部创效，改革创新”为工作主线，以市场化、平台化推动全产业链创效，全面引入社会资本与专业管理，狠抓“横向更宽、纵向更深”，“将钢铁产业的供应链、工序链、资源链打造为价值链、创效链，将费用单元转变成创效单元”，打造全产业链竞争优势。一批有广泛影响力的市场主体加速育成，打造出河钢新材、河钢国际、河钢物流等专业化公司，存量资产利用效率显著提高，外部市场收入进一步提升。

2018年，集团进一步整合多元产业板块，将原来提出的矿产资源、现代物流、钢铁贸易、金融证券、装备制造、工程技术、资源综合利用、医疗健康、城市服务等十大业务板块，进行优化聚焦，着力发展以战略性新兴产业为主导，以工业技术、工程技术、数字技术、工业贸易和产业金融为主要板块的现代工业服务业。以组建河钢数字公司为契机，着力打造具有行业影响力的数字化公司，加快数字化转型，打造数字化钢铁样本。

当前，河钢集团是排名世界第四、我国第二的特大型钢铁材料制造和综合服务商。河钢集团以钢铁制造为主业，横跨矿山资源、装备制造、现代物流、金融服务、能源化工、工业服务等相关多元产业，多元及海外板块拥有河钢矿业、河钢物流、河钢钢研、河钢宣工、财达证券、河钢财务、河钢能源、河钢新材、河钢化工以及瑞士德高、南非 PMC、国际控股、河钢工业、河钢数字等公司。作为中国钢铁企业自我滚动发展的典型代表，作为中国最大钢铁企业之一，河钢集团明确了“建设与规模水平相匹配、效益行业一流、受社会普遍尊重、最具竞争力钢铁企业”的共同愿景。

（三）加快产业转型谋未来

未来，集团多元产业将以党的十九大精神为指导，按照深入推进供给侧结构性改革、实现高质量发展的总体要求，大力培育以新材料、新能源和新一代信息技术为方向的战略性新兴产业，积极发展以工业技术、工程技术、数字技术、工业贸易和产业金融为重点的现代工业服务业，打造一批具有品牌影响力、行业引领地位、拥有核心竞争力和自主知识产权的骨干企业和社会公众化公司，助推集团加快实现“从钢铁到材料”“从制造到服务”的深度融合发展。

一是加快培育数字经济新业态。依托河钢数字，加强与华为、金蝶等知名企业战略合作，利用新一代信息技术改造传统产业，形成具有自主知识产权的 Weshare 工业互联网平台，加快建设数字化全集成平台、工业智能 APP、工业大数据分析等应用系统。发挥集团科技资源优势，提供钢铁行业数字化解决方案，实现市场化技术输出，打造具有河钢集团特色的数字技术板块。

二是加快培育工业技术产业。深化与普锐特公司合作，加快构建面向产线的技术服务平台，开展以长材、板材生产线为主的高端零部件维修业务，实施“在线状态监测”和“现场服务”样板项目，培育具有自主知识产权、品牌影响力和市场竞争力的技术服务板块。深化与西门子公司合作，发挥增材制造技术优势，重点开展高端、小批量、关键零部件制造业务，推动信息网络技术与先进材料技术、数字制造技术的密切结合。

三是加快培育新能源产业。充分发挥集团制氢优势，加快氢气生产、储运、基础设施等全领域研究，尽快建立示范加氢站，推动燃料车辆投用，打造燃料电池汽车应用平台，实现氢能示范运营，领军发展氢能全产业链。进一步推动子公司资源整合，做大做强气体产业，培育河钢集团气体品牌。

四是加快培育工业贸易和产业金融板块。依托河钢采购、河钢销售、河钢物流、河钢国际、河钢金融，深度挖掘产业链衍生价值，打通上下游产业链，加快推进辅料备件在线联采、网上工业品超市建设，通过上线下深度融合互动，推进供应链金融平台建设，全面打造以河钢集团为核心的、连接上下游企业的产业生态圈，做大做强贸易和供应链金融板块，推进工业贸易与金融共生共赢。

五是加快盘活存量资源。结合集团区域结构调整和产业升级规划，在退城搬迁实施过程中，盘活土地等重要资源，积极发展产城融合，形成具有地域特色的现代城市服务业板块。

六是加快创新体制机制。深入推行市场化选人用人机制，大力引进紧缺人才，积极引入职业经理人制度，夯实人才支撑和智力保障。引入市场化薪酬分配机制，2019 年各子公司多元产业人工成本实行单独列支，通过市场化创收消化。积极引入战略投资者，搞活经营，培育一批上市公司。各产业单元要打破内生型发展依赖，依据自身优势，在钢铁产业业务以外，打造若干个代表行业水平的新型产业集群。

二、多元产业发展新模式

河钢集团经过多年探索，在多元产业发展模式上不断创新，并持续引领行业发展。河钢集团从整合内部具备协同发展优势的产业资源入手，以产业化思维，培育集团层面多元产业的战略管控中心和投资运营主体，以协议采购、战略联盟、交叉持股、股权合作等多种模式，形成若干个以旗舰公司为平台的多元产业投资与运营管理平台，逐步构建多元全产业链竞争优势。河钢集团将多元产业发展作为还原钢铁主业先进性的重要战略部署，以市场化、平台化思维推进全产业链创效，将钢铁主业的供应链、资源链、工序链不断地打造、转变为价值链与创效链。河钢集团以产业链价值创造为核心的非钢发展新模式构建与实施的定位及主要做法如下：

（1）引入市场机制，承接内部市场，盘活存量资源。河钢集团刚性提出钢铁主业要实现“零外委、零外包、零外雇”，给多元产业最大限度地服务于内部市场，深度挖掘和主动盘活存量资源以难得机遇。创新管理体制，全面激发发展活力，将非钢单位逐步培育成“自主经营、自负盈亏、自我发展、自担风险、自我约束”的市场主体，由内生型向市场化转型，促进其从费用补贴单位向经营创效单位转变，逐步实现多元产业的公司化运作、集团化发展。

（2）融入社会资源，强化战略合作，激活低效资产。坚持“以资源换股权、以市场换投资、以时间换空间”的发展理念，充分利用钢铁产业链既有的市场、人才、资源、信誉、管理等比较优势，加强与国内外专业机构、与行业领先企业的战略合作，按照延伸产业链、提升价值链的发展方向，有针对性引入社会资本，提高存量资产利用效率，培育新的多元产业增长极，最大限度消纳钢铁主业富裕人力资源。

（3）实施资本运作，放大资产效益，拓展发展空间。对多元产业板块中市场化发展程度较高的成熟企业，加快培育和推进其在海内外资本市场的上市步伐，实现跨越式发展。利用多元产业上市平台，适时推进集团内部和外部产业链上下游成熟资产的并购与业务整合，全面参与社会资源配置，实现多元产业规模化发展。

以产业链价值创造为核心，构建非钢发展新模式，为消减河钢集团钢铁主业附加成本做出了重要贡献，为河钢集团转型发展做出了有益探索，创新实践钢铁企业新常态发展路径，起到了行业示范作用。

三、河钢集团模式商业规律分析

（一）多元产业呈现两个“三步走”

近年来，河钢集团多元产业坚持转观念、转机制、转方式，持续聚焦优化，着力打造产业优势，步步登高、节节攀升，呈现出两个“三步走”的良好局面。

1. 资源市场化配置“三步走”

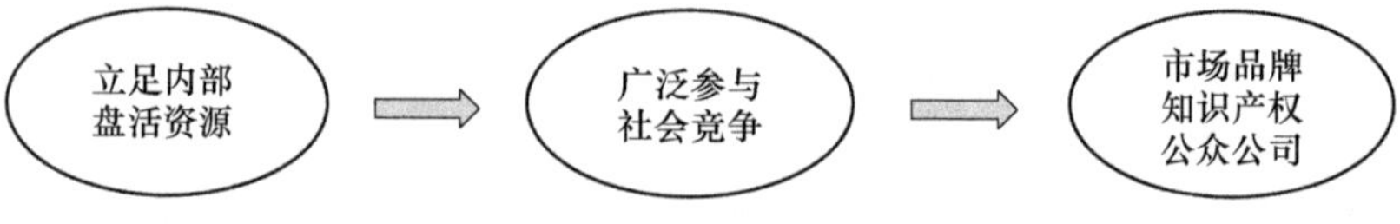

第一步：立足内部市场，盘活多元资源。各多元经营主体转变观念，摒弃高盈利时期的思维模式，围绕大力削减钢铁主业附加成本，依赖而不依靠

主业，积极盘活大量闲置资源，立足内部市场，提供优质服务，以内生型增长的主要方式成为消纳人工成本、还原钢铁主业先进性的主渠道。

第二步：培育核心竞争力，广泛参与社会竞争。在继续巩固和深耕内部市场的基础上，积极培育、挖掘各个产业板块和经营主体的市场核心竞争力，同时加快外部市场开拓，寻求核心能力的快速聚焦和市场份额快速扩张。在市场竞争中不断锤炼专业先进性、竞争优势和脱离母体的生存能力，并成为反哺钢铁主业、新的效益增长极。

第三步：逐步形成独立的市场品牌和自有知识产权，打造一批社会化公众公司。进一步做大做强多元产业，引入战略投资者社会资本，放大多元资本效应，积极整合外部资源，推动企业转型升级，成为建设最具竞争力钢铁企业、打造现代化综合型产业集团的战略支撑点。

2. 产业板块的“三步走”

集团多元产业发展紧贴国家政策、经济发展和行业趋势，在打造产业多元板块上，经历了“初始多元”“聚焦优化”“打造产业生态圈”的发展路径。

“初始多元”阶段：集团成立之初，多元产业整体存在“低小散”问题；大部分产业技术门槛低，处于产业链低端；企业体量普遍偏小，大量业务重合，单体竞争力不高；对主业依赖度高，社会参与度低，核心竞争力不强。各子分公司产业发展方向不明确、重点不突出、结构性差异明显，市场化机制不健全。

“聚焦优化”阶段：全面提高产业集中度，凝聚优势资源，打造聚合优势，以制定《集团多元产业发展规划纲要（2015~2018 年）》为节点，集团层面引导和推动做大做强矿产资源、现代物流、钢铁贸易、金融证券等十大业务板块，各子分公司发挥优势产业，形成各自发展思路和特色，提高产业发展质量和水平。这个阶段，形成河钢唐钢互联网平台、河钢邯钢气体及环保、河钢承钢钒钛新材料、河钢数字信息服务、河钢新材涂覆板等多个特色优势产业，加速集团多元产业高质量发展。

“打造产业生态圈”阶段：以 2018 年 7 月 29 日集团现代工业服务业大会

为起点，集团以钢铁产业链为主线，深度聚焦优势产业，推进钢铁产业链条向先进制造业纵向延伸、横向拓展，实现先进制造业与现代服务业深度融合发展，加速转换新旧动能，成为以制造为基础、以硬件（产品）为载体的解决方案服务商，打造与钢铁主业相互耦合、协同发展的产业生态圈，实现平台化、专业化运营，新产业、新业态、新模式层出不穷。

（二）商业模式创新呈现新亮点

近年来，河钢集团以为客户创造价值为目标，以商业模式创新构筑差异化竞争新优势，迅速打开了经营发展的新境界。

一是收购全球最大营销网络，打造全球营销服务平台。2015 年完成对全球最大钢铁贸易服务网络——瑞士德高公司收购后，河钢集团迅速拥有了遍布全球 110 多个国家和地区，包括 300 多家供应商和 4.4 万家稳定客户的全球贸易和服务网络，拥有了与国际接轨的先进市场理念和营销模式。同时，德高也成为集团加快国际化人才培养、提升全球资源配置功能的重要载体。河钢集团成为“全球拥有资源、全球拥有市场、全球拥有客户”的国际化程度最高的中国钢铁企业，国际化品牌影响力显著提升。

二是嵌入高端客户产业链，打通进军国内外高端市场的战略通道。河钢集团瞄准下游用钢行业高端需求，以资本合作、共建研发平台、EVI 先期介入等多种形式，嵌入下游用钢行业和高端客户，为终端用户提供优质材料解决方案。其中，通过收购海尔特钢，以资本为纽带，将钢铁产业链嵌入家电产业链，开启了钢铁企业与家电企业供应链合作的新模式，实现了与高端客户的无缝对接，打通了进军国内外高端家电用板市场的战略通道，加快从钢铁制造商向综合服务商转变。收购海尔特钢，迅速推动河钢集团成为国内最大的家电板供应商。

三是率先推行大客户服务经理制，建立用户导向型的营销服务模式和需求驱动型的商业模式。改变过去“远离客户端、大量依赖中间商”的批发式营销模式，在行业内率先实施大客户服务经理制，成立两级“客户服务中心”，开展对高端客户“一对一”“点对点”的个性化服务，逐步建立起“用户导向型的营销服务模式和需求驱动型的商业模式”，推动了生产模式由“以产量为中心，为计划而生产”向“以客户为中心，为销售而生产”转变。目前，集团大客户总数达到373户，涵盖奔驰、宝马等诸多知名汽车制造商，海尔、美的等高端家电商，卡特彼勒、日本小松等世界一流工程机械企业，以及多家大型国有企业和国家重点工程用户等。大客户成为河钢集团产品销售的主渠道。

第四节 河钢集团业态培育进化典型案例

一、河北沃享信息技术有限公司（河钢数字）

（一）企业简介

河北沃享信息技术有限公司成立于2015年7月，是河钢集团全资子公司，2017年获评国家级高新技术企业、河北省省级大数据技术研发中心。任北京大数据研究院大数据分析技术创新中心的理事单位、河北省电子政务联盟理事单位、京津冀信息化建设成员单位，并与西安电子科技大学结成产学研合作关系。

随着云计算、物联网、大数据等信息技术的飞速发展，沃享公司在河钢集团多年信息化应用实践基础上，通过产学研结合，自主研发了Weshare物联网大数据开发平台，并先后在政务、工业、农业、教育等领域形成了自己的解决方案和商业模式。其中工业大数据、审计大数据、医疗大数据荣获河北省2017年“互联网+”应用创新奖。

目前公司拥有物联网大数据相关软件著作权23项，具备ISO9001质量管理体系认证资质、ISO20000信息化系统运维资质、ISO27001信息系统安全认证资质、CMMI软件成熟度3级和双软认定企业资质。

（二）企业发展历程

2008年7月，河钢集团正式成立，河钢集团衡板信息中心起步。

2015年7月，在河钢集团大力发展多元产业政策下，河北沃享信息技术股份有限公司正式成立。同年10月，携手微软、VM公司在衡水市召开大数据论坛和虚拟化论坛。12月，入选河北省电子政务智慧联盟成员单位。

2016 年 9 月，与衡水市人民政府共同举办“中国衡水大数据创新发展论坛”。牵手哈励逊国际和平医院，衡水首个三甲医院医疗大数据项目成功落地。12 月，确定公司战略方向：“全面聚焦大数据，打造领先的大数据与人工智能解决方案服务商”，石家庄、青岛办事处正式成立。

2017 年 6 月，与西安电子科技大学产学研合作，成立“物联网大数据应用联合实验室”。8 月，携手衡东物流园共同打造衡水“物流云”项目，衡水智慧物流正式启航。11 月，投资 220 万元搭建自己的 Hadoop 软硬件大数据平台，大数据研发平台正式启用。

2018 年 7 月，“沃享 Weshare”品牌正式推出，沃享公司布局全国的大幕正式拉开。2018 年 12 月，河北沃享信息技术有限公司改组为河钢数字技术有限公司（河钢数字），成为河钢集团数字技术产业的能力资源整合平台和市场经营主体。

二、供应链金融（河钢金融）

（一）公司成立背景

供应链金融是商业银行根据产业特点，围绕供应链上的核心企业，基于交易过程向核心企业和上下游相关企业提供的综合金融服务。结合钢铁行业实际来看，钢铁行业供应链金融是指各家银行从钢铁产业链角度出发，开展综合授信，以促进供应链中核心企业和上下游企业产供销链条稳固顺畅流转。

随着集团整合不断深入和主体装备更新换代，总资产、营业收入实现双翻番，但同时资产负债率快速攀升，财务费用负担加重，集团资金管控一度存在问题。资金收支管理以子公司为核心，相互独立，各自为战，难以发挥整体效益。集团没有形成统一的大资金池，资金运营效率低，财务风险大。

2017 年 6 月 26 日，在集团多元产业工作会议上，河钢集团于勇董事长要求，“集团财务金融系统加快推进供应链金融服务，把销售、采购、物流端流失的利润坚决拿回来。”从此，河钢集团提出供应链金融的发展构想。

2018 年 8 月，集团正式成立河钢集团供应链金融服务公司，主要依托互联网、大数据等现代手段，致力于集团产业金融板块协同运作和平台化管理，为供应链上下游企业提供一体化金融服务。旗下还设有供应链采购平台（简称“铁铁物联”),实现采购业务从招标、签约、收货、结算及付款全部在线运行;无车承运平台(简称“铁铁物流”)整合集团货运资源，实现运输业务从招标到结算、付款全程在线管理，并不断发展外部物流市场。

(二) 资金管控工作取得成效

(1)探索金融产品创新。一是债券产品实现发行场所和品种的全覆盖，成功获批银行间交易商协会DFI储架债券发行资质，为国内国有钢企第一家，河北省第一家；成功发行国家发改委绿色永续债，为发改委首单钢企绿色永续企业债；发行长期限私募债、公司债、中票，引入保险债权计划；发行无评级无担保的美元债。二是创新推动资本运作模式。包括与建设银行签署200亿元市场化债转股协议；与工行签署20亿元市场化债转股协议，实现集团降杠杆目的；发行ABS、ABN等资产证券化产品，提高企业资产证券化率。

(2)搭建金融服务平台，推进产融结合。一是河钢集团融资租赁把握“营改增”窗口期，完成售后回租业务145亿元，每年实现创效1.5亿元，打造集团设备统采平台，降低集团成员企业设备采购成本，获取自贸区税收红利。二是河钢集团商业保理开展“一头在外”票据保理业务。年均开展银承贴现289亿元，商承贴现137亿元，铁信贴现20亿元。三是河钢售电响应国家售电供给侧改革，2017~2018年争取低价电资源140亿度，实现降本增效3.5亿元。四是开通跨境人民币双向资金池。累计从境外汇入人民币87亿元，从境内汇出人民币61亿元，净汇入26亿元。五是开通跨境外币资金池。累计实现对外放款22亿美元，累计借入外债6亿美元。六是整合全集团票据资源，提高票据使用效率。集团票据中心统一对外开具足月票据，累计收付票据2000亿元，创效4亿元。

(3)以内部银行为基础，创新推进资金集中管控。一是成立资金管控中心。按照“量入为出、以收定支”原则，依托集团内部银行对子公司收付款实行流量管控，对薪酬、项目支出等实行归口审批。子公司销售收入全部上存集团内部银行，符合规定的预算支出，向集团内行申请支付指令，集团根据支付指令按日下拨资金。二是推进以资金管控为核心的财务共享服务。对接供应链平台，开发资金集中收支、财务报表上传、预算管理考核等模块，同时与子公司ERP系统、银行银企直联系统对接，建设集团财务共享平台，实现收款、付款“一键式”操作。目前，子公司销售收款账户 U-Key 全部统管，付款账户管理正在推进中。

随着钢铁行业发展日渐成熟，支撑产业发展的金融服务能力越来越重要。加大金融服务开发力度，运用交易大数据，引入供应链金融，缓解中小企业融资难，为客户解决问题创造价值，成为许多钢铁电商平台的开发重点。河钢集团交易中心已与 14 家国有银行开展“总对总”深度合作，实现融资业务系统和银行融资管理系统的在线对接，从根本上保障放款效率，满足客户在线融资业务需求。

三、伊拉克 MASS 项目

（一）项目背景

MASS 钢厂是由伊拉克 MASS 集团总投资 12 亿美元新建的钢轧厂，由意大利达涅利公司负责总体设计、设备调试及试生产，土耳其 GEMONT 公司负责设备安装调试。炼钢设计年产量为 125 万吨，两条轧钢生产线设计年产量为 120 万吨。该项目属伊拉克境内最大钢铁企业，由于伊拉克钢铁工业尚处于起步阶段，当地缺乏钢铁生产技术人员和有经验职工，MASS 积极寻找合作伙伴来承包钢厂的生产和维护。在江苏远大集团介绍下，河钢邯钢公司在伊拉克 MASS 钢厂竞标环节脱颖而出，经过实地考察和多次协商谈判，2014 年 7 月 7 日河钢集团的邯钢集团工程技术有限责任公司与伊拉克 MASS 集团就其下属钢厂签订了为期五年的操作、维护及生产管理合同。伊拉克钢厂项目作为河钢邯钢公司“走出去”的第一个项目，抢抓国家“一带一路”合作机遇，为河钢集团邯钢公司发展海外事业积累经验。

（二）项目简介

根据合同，双方合作基于一期工程分为两个阶段进行。第一阶段为商务期，提供相关管理、技术和操作人员，主要负责工程建设期的监理、验收，配合调试，组织试生产阶段提供相应的生产和维护人员，伊方按人员支付中方费用。第二阶段为承包期，初步商定以达涅利公司试生产期间达到的产量作为考核依据，由我方组织整个钢厂生产和维护，伊方按吨钢支付中方费用。

项目主要包括一座年产能力125万吨、120吨级的超高功率电炉，一座LF精炼炉，一台6机6流多断面连铸机，一条设计产能60万吨棒材轧机生产线，一条设计产能60万吨型材生产线，以及变电站、制氧站、水站、空压站、液化石油气站等配套设施。

项目部下设炼钢、轧钢和维修三个车间，总人数460人左右。目前，伊拉克钢厂电炉炼钢和第一条轧钢线扣除电力供应、废钢供应等外围因素，基本上达到了设计产能，轧钢二线已经进行了加热炉烘炉，其他设备正在逐步进行调试。

2018年1~10月，累计生产钢坯21.4万吨，轧钢累计生产16.4万吨。截至2018年10月底，伊拉克钢厂累计生产钢坯62.7万吨，轧钢累计生产钢材（螺纹钢）53.9万吨。

（三）项目收入情况

河钢集团邯钢工程公司通过此对外技术服务合同的良好运作，2018年实现合同收入3668万元，利润407万元；自项目开始以来，合计实现收入16510万元，利润2055万元，利润率12.5%。消化河钢邯钢公司的人工费用3891万元，消化河钢舞阳公司的人工成本746万元。

（四）政策支持出口贸易

河钢邯钢工程公司获得"服务外包示范企业"资质，正在争取"技术先进型服务企业"资质，获得后企业所得税将由25%降至15%。依托项目部积极参与MASS钢厂备件采购，获得订单后利用河钢集团采购渠道供应备件，开展出口贸易。近期正在为MASS钢厂设计钢渣处理生产线，按照"技术先进适用、工艺布局紧凑、环保超低排放、资源循环利用"的原则进行设计，满足MASS集团总裁的要求。

第七章　集团管控迭代

本章要点

河钢集团管控迭代的背景：河钢集团成立于 2008 年，与成立初期相比，“十二五”中后期以来，河钢集团管控体系面临的外部环境和河钢集团自身发生了重大变化，一是钢铁行业形势发生巨大变化，经历了严峻的去产能洗礼和残酷的市场竞争；二是生态环境建设提到新高度，京津冀钢铁产业面临巨大的环境压力；三是工业材市场需求的持续升级演变，对产品质量、服务等提出更高要求；四是新一代科技革命迅速发展，信息技术风起云涌，深刻改变了钢铁竞争格局和运营方式；五是河钢集团产业结构发生巨大变化，战略新兴产业等多元板块迅速发展；六是河钢集团走上国际化发展道路，经营地理空间大大拓展。以上变化对河钢集团管控方式提出了更大的挑战。

河钢集团管控迭代的核心理念：面向市场，建设精干高效、管控有力的扁平化管理体系，打造国际化、效率型集团总部和创新型精英管理团队。集团总部定位于战略决策、资源共享、协同服务中心，集中精力“把方向、抓大事、控风险”，重点强化战略规划、投资决策、重要人事管理、全面预算、资金管控、运营协调、营销监管、对外合作、风险管控等九大核心职能，加强顶层设计，最大程度地发挥集团整合优势和协同效应，切实提高集团运营效率以及各种资源的配置效率。

河钢集团管控迭代的实施路径：

（1）全面瘦身健体，构建精干高效的扁平化组织管理体系。

（2）以用户需求为导向创新营销模式，以客户结构高端化推动品种结构提升。

（3）探索建立直面市场和用户的生产组织模式和管理体制。

（4）实施以客户为导向的战略绩效考核体系。

（5）根据产业特点打造个性化管控方式。

（6）建立海外业务集中高效管控体系。

（7）加强集团资金集中管控。

（8）构建钢铁集团智能协同办公平台。

（9）构建监控、全面预防的立体式风险管理体系。

河钢集团管控迭代的主要成效：河钢集团管控模式进行多维度调整迭代，集中河钢集团各子、分公司优势，使资源优化、产品优化、装备优化、资金优化，实现集团成员企业之间在研发、采购、制造、销售、管理等环节协同运作，实现集团化管控，有效地发挥集团化管理优势。

河钢集团管控迭代的商业模式规律：集团管控迭代是河钢集团按照“四圈层”商业模式逻辑体系进行的集团化管理实践：河钢集团从客户层深度要求出发进行产业管控迭代顶层设计，同时在价值层积极响应客户需求，着力构建客户导向型营销体系，实施以客户为导向的战略绩效考核体系等；在能力层，加强集团资金集中管控、构建钢铁集团智能协同办公平台等；在发展层，推进管理组织体系扁平化变革，根据产业特点打造个性化管控方式，建立海外业务集中高效管控体系。

第一节　河钢集团管控迭代背景

一、河钢集团成立初期管控方式

2008 年 6 月 30 日，河钢集团成立。成立之初，河钢集团在集团管控上缺乏成熟的模式。在国内尚无成熟经验和现成模式可资借鉴的情况下，河钢集团决定创新基于钢铁主业高效一体化运作的集团管控模式，推进资产、资源、业务的实质性整合，充分发挥企业整合重组优势和协同效应，推动河钢集团由大变强。河钢集团成立初期组织结构见图 7-1。

大型企业集团的管控模式主要有财务管控型、战略管控型和操作管控型三种[17]。财务管控型模式主要以财务指标对成员企业进行管理和考核，管控主要手段体现为财务控制、法人治理和企业并购行为，是一种分权管控模式。

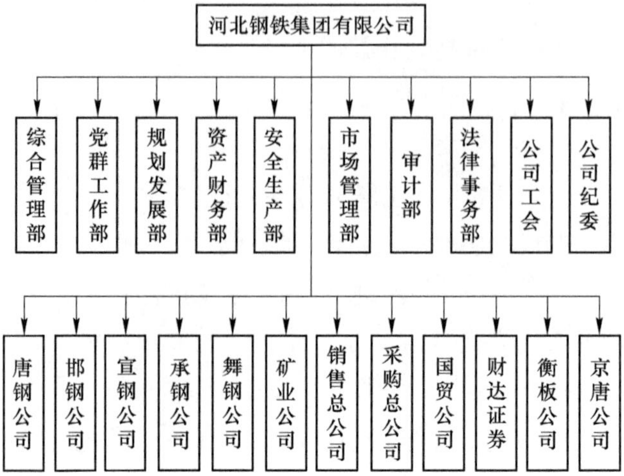

图 7–1　河钢集团早期的组织结构图 [18]

战略管控型模式主要以战略规划为主，主要管控手段为财务控制、战略规划与控制，人力资源控制等，是介于集权与分权之间的一种管控模式。操作管控型模式通过总部业务管理部门对下属企业日常经营运作进行管理，主要管控手段包括财务控制、营销 / 销售控制、网络 / 技术控制、新业务开发、人力资源等，是一种集权的管控模式。经过对集团管控模式特点及利弊分析，河钢集团决定以操作管控为基础，结合战略管控，探索实施基于钢铁主业高效一体化运作的集团管控模式。河钢集团总部职能主要集中在战略管理、风险控制、运营协调、职能支持等方面。以统一的集团文化思想推进集团融合，着重推进集团整体发展和培育核心竞争力，解决可持续性问题；提高集团运营质量，解决全集团业务协调性问题。通过创造集团独特的母合优势，实现集团业务价值最大化，利用职能共享、信息共享、技术共享来实现集团运作效率提高。结合整个集团实际业务特点，体现整合优势和协同效应发挥，在这种管控体系基础上，必然形成集团管理和控制各项专业化领域的管控模式选择。

河钢集团各钢铁子公司的原料、工艺、装备、产品、客户、营销模式等方面具有高度的一致性。河钢集团意图通过钢铁主业高效一体化运作的集团管控模式，发挥集团母公司“战略规划、资本运营和投资决策”三个中心作用，实现“发展规划、资产管理、资产运作、投资管理、财务资金、人力资源、市场营销”等业务管理的“七个统一”，谋划钢铁主业战略规划，推动钢铁主业各子公司定位转变，实现资产、资源、业务的实质性整合，培育具有实力、活力、竞争力的大型企业集团。具体内容包括：

（1）搭建母子公司体制，将唐钢、邯钢等全资和控股子公司，变为集团公司直属一级子公司，形成以产权为纽带，按照现代企业制度运作的母子公司体制。

（2）充分发挥集团母公司的战略规划中心、资本运营中心和投资决策中心作用，逐步实现发展规划、资产管理、资本运作、投资管理、财务资金、人力资源、市场营销等七个方面的有效统一。推动钢铁子公司实现由“利润中心”向“产品制造中心”“成本控制中心”的转变。

（3）以河钢集团为平台，在推动省内钢铁企业联合重组基础上，实现产业布局优化。

（4）组建矿山公司、国际贸易公司、销售总公司、采购总公司等一级子公司和分公司，对集团所属矿山资源、国际贸易、大宗原燃料采购和产品销售业务实施实质性整合。

河钢集团组建销售总公司和采购总公司及国贸公司，旨在提高河钢集团产品话语权和减少集团内价格竞争，以更大规模的采购量培育出稳定的供应链和长期双赢的供应销售渠道，以利于在激烈市场竞争中获得优质、低价、稳定的资源，最大限度地降低物流费用和运输成本，实现更大区域内的资源最优配置。

（5）财务系统实现系统整合，是集团管控模式与价值体系的最直接反映。做大做强河钢集团，并使之成为最具市场竞争力的钢铁企业集团，其集团管控下的财务管理模式至关重要。

河钢集团以集团发展战略定位为中心，结合实际管控组织构成、形成有机管控平台，建立和完善横向管控机制和风险管控机制。

二、河钢集团管控方式调整的背景

“十二五”中后期以来，河钢集团面临的外部环境和河钢集团发生重大变化，一是钢铁行业形势发生巨大变化，经历严峻的去产能洗礼和残酷的市场竞争；二是生态环境建设提到新高度，京津冀钢铁产业面临巨大的环境压力；三是工业材市场需求的持续升级演变，对产品质量、服务等提出更高要求；四是新一代科技革命迅速发展，信息技术风起云涌，深刻改变了钢铁竞争格局和运营方式；五是河钢集团产业结构发生巨大变化，战略新兴产业等多元板块迅速发展；六是河钢集团走上国际化发展道路，拓展经营地理空间。以上的变化对河钢集团管控方式提出更大的挑战。

比如产业结构方面，河钢集团已发展成全球最大的钢铁材料供应商和综合服务商之一，形成了以钢铁制造为主业，矿山资源、装备制造、现代物流、金融服务、能源化工、工程技术、教育医疗等多元产业协同发展的跨国型企业集团。产品升级方面，河钢集团在境内外拥有约5000万吨优质钢铁产能，其中境内钢铁子公司主要有河钢唐钢、河钢邯钢、河钢宣钢、河钢承钢、河钢舞钢、河钢石钢、河钢衡板、河钢新材等企业，拥有世界最先进的钢铁工艺技术装备，具备替代进口钢材、高端产品升级换代的技术和装备强大基础，是中国产品规格最为齐全的钢铁企业。经营区域方面，河钢集团按照“全球拥有资源、全球拥有市场、全球拥有客户”的定位，不断加快实施国际化战略，重点布局欧洲、美洲、非洲等地区，拥有了以瑞士德高、南非PMC、河钢塞尔维亚公司、马其顿公司、开普顿公司、克拉赫公司为主要实体的“四钢一矿一平台”。

第二节　河钢集团产业管控迭代的核心理念和实施路径

一、河钢集团产业管控迭代的核心理念

河钢集团把改革创新贯穿于集团发展的各个领域、各个环节，用改革的精神、思路、办法，激发市场活力，增强发展后劲。河钢集团存在的问题，不是产品、装备的问题，而是高盈利期遗留下来的传统经营模式不能适应新的发展时期以及新的经济发展模式的问题，要解决当前的新问题和历史遗留问题，唯有以改革促进发展，以创新促进转型。由此，改革创新成为河钢集团适应行业新常态，解决企业在高盈利期形成的管理、运行模式、体制机制

等诸多问题的重要抓手。河钢集团通过产线对标，折射出企业在管理体制、资源配置、运行机制等方面的深层次问题，折射出企业在成本结构、工艺水平、产品结构，特别是分配制度和管理体制等诸多方面与行业领先企业之间存在的差距，解决这些问题必须以改革创新的勇气，从根本上求变、求突破，大胆尝试，敢于触碰管控架构、管理体制、运营机制方面的老问题。

立足改革创新，河钢集团最大限度地挖掘企业管理和技术潜力，提高全流程成本控制能力，提升产品竞争实力；最大限度地发挥集团整合效应，实现资源共享、优化资源配置，提高资源利用效率，互利共赢；强化营销龙头地位，全面激发营销系统的活力，提高快速反应市场能力，实现集团效益和效率最大化；提高国际化经营水平，以全球的眼光和视野，高效配置国际、国内两种市场资源，提高多元产业市场化、专业化发展水平，尽快形成新的效益增长极。

河钢集团根据集团发展和实际运营情况，适时改进和调整管控模式，不断总结积累经验，创新管控模式。为适应综合型产业集团发展的战略需要，河钢集团在组织结构方面建立与国际接轨、精干高效、管控有力的扁平化管理体系，建立完全适应市场的国际化、效率型集团总部和创新型精英管理团队。集团总部把自身定位于战略决策、资源共享、协同服务中心，集中精力“把方向、抓大事、控风险”；在加强战略管控、突出核心职能方面，重点强化战略规划、投资决策、重要人事、全面预算、资金管控、运营协调、营销监管、对外合作、风险管控等九大核心职能，加强顶层设计，最大程度地发挥集团整合优势和协同效应；在简化管理关系、缩短管理流程方面，推行大部制扁平化管理，除办公室和党群部门（机构）外，取消“部管处”体制，部门内部不设处级机构，实行总经理负责制和职能经理、专员制，做到“机构精简、人员精干”；坚持以人为本，畅通职业发展通道，充分发挥总部机关人力资源潜力，将人员配置到更能发挥其专业特长的岗位上，做到“人尽其才、才尽其用”。通过以上措施，切实提高集团钢铁主业及其他业务板块的运营效率以及各种资源的配置效率。

二、河钢集团产业管控迭代实施路径

河钢集团以“纵向更深、横向更宽”的新理念、新视角，构建传统产业转型发展的新路径、新业态，推进产业链向海内外高端制造业纵向延伸，向新材料、新能源和生产性服务业横向拓展，把整个产业链条上的各个环节打造成独具优势的创效单元。立足集团现有资源优势，以市场需求为驱动，建立新型商业模式和盈利模式，实现集团由钢铁制造商向钢铁材料解决方案和综合服务商转变，由产品竞争向产业链竞争转型，把河钢集团打造成多元化，具有强大品牌影响力、竞争力的产业集团。

按照综合型产业集团的多元化管控特色，河钢集团把旗下各子公司分为钢铁子公司类（包括河钢唐钢、河钢邯钢、河钢宣钢、河钢承钢、河钢舞钢、河钢石钢、河钢衡板、河钢新材 9 家单位）和非钢子公司类（除钢铁子公司以外的单位）两部分，对钢铁类子公司实施运营管控结合战略管控的管控模式，对非钢类子公司实施战略管控。针对企业特点，对每个企业进行“一企一策”管控。既要发挥集团规模效应、集约、协同发展优势，更要最大可能地发挥每个子企业的独特优势和创新能力。

（一）全面瘦身健体构，建精干高效的扁平化组织管理体系

河钢集团主动适应行业个性化、定制化需求的发展趋势，持续深化以产线为独立市场单元的组织结构扁平化改革。改变传统钢铁企业长期形成的金字塔型的直线职能制组织结构，构建以产线为核心的独立市场单元，建立以价值创造为导向的资源配置方式和生产经营模式，全面激发和释放企业活力。

一是实现产线单元市场化，使产线成为直面市场、聚焦产品的价值创造中心，成为资源配置、运营管理、经营决策的中心；二是实现组织结构扁平化，改革子公司领导体制，“去中间层”与“去行政化”相结合，实现关键人才、关键待遇向产线倾斜配置，形成以市场单元为重心的管理体制，提高市场响应速度与资源配置效率。通过组织扁平化变革，各子公司的机关管理职能部门和人员减少 20% 以上，产线产销研一体化实力明显增强，产线在岗人员与管理服务平台人员之比达到了 20:1；三是实现公共服务平台化，转换职能部门角色，优化整合、集中管理公共资源，搭建支撑市场单元高效运行的“货架式”公共服务平台。通过管理体制与运营机制变革，倒逼企业资源配置方式转变，为产品提档升级、品种结构调整、客户结构优化，提供重要的制度保障。

截至2017年年底，河钢集团下属综合型钢铁子公司已组建16个产销研一体化的独立市场单元（产品事业部），产线专属性强的生产、技术、营销资源全部下沉配置到事业部，同时明确了由子公司副总经理担任产品事业部总经理的领导体制，实现了“两个扁平化”（产线单元与市场用户之间的扁平化，各子公司领导与产线单元之间的扁平化）；专业化钢铁子公司围绕实现一级管理，积极推进“去中间层”和二级单位“去行政化”，减少管理层级，提高管理效率。

（二）以用户需求为导向创新营销模式，以客户结构高端化推动品种结构提升

河钢集团突出“产品”“市场”两大关键词，一方面持续推进产线全面对标，不断挖掘产线现有装备潜能；另一方面“走进市场、对接用户”，全面建立以两级客户服务中心为平台的营销服务体系，持续推进河钢集团产业链条和服务网络向终端用户延伸，实现由普钢营销模式向特钢营销模式转型。

跨行业借鉴西门子、海尔等企业成熟营销模式，建立用户导向型营销服务模式和需求驱动型商业模式，全面推行大客户经理制，构建以“产线—产品—客户—客户经理”为线条的品种开发路径及市场对接方式，构建一对一、点对点的营销模式。深化与下游企业协同创新，建立了8个“创新研发中心”，加快推进EVI先期介入，嵌入下游高端用钢企业制造工序链条，与北汽集团、国能汽车等高端客户开展全面深度战略合作，与高端客户无缝对接，培育一批极具黏度的战略客户集群。

钢铁行业高盈利期结束，市场供求关系、品种结构、用户群体结构发生深刻变化，必须实现向“为客户而销售，为销售而生产”的转变。河钢集团营销模式转型主要目标是，通过建立融技术、营销、服务为一体的客户导向型营销模式，以用户结构的高端化驱动产品结构调整和服务提档升级，进而形成需求驱动型的生产组织方式，实现由钢铁制造商向材料解决方案综合服务商的跨越。

（三）探索建立直面市场和用户的生产组织模式和管理体制

近年来，河钢集团各子公司结合推进“大部制”“扁平化”管理体制改革，以品种事业部、产线协调组、SBU战略单元等虚拟或实体组织形式，实施产

线资源优化整合，产线直面市场取得一定成效。

随着“大规模定制”时代到来以及河钢集团大客户营销体系建立，企业对接用户通道得以全面打开，然而，传统钢铁企业以制造为中心的生产组织模式和资源配置方式，逐渐暴露出对市场信息传导不畅、响应速度较低、企业市场责任主体模糊、协调成本过高、专业力量分散等弊端，严重制约企业运营效率提升。因此，围绕快速响应市场，高效对接用户的商业模式创新势在必行。

创新商业模式主要思路是：以产线为基本市场单元，实现产销研资源一体化高效配置，彻底颠覆以生产组织为中心、工序“后驱动”的传统经营模式，构建以用户需求为中心、价值“前驱动”的管理体制，形成“产线与用户零距离、平台与产线零距离”的商业模式。

一是打破“生产厂”基本概念。传统的“生产厂”向市场化的“经营体”转变，“生产厂长”逐步向“产线（产品）经理”的角色转换。

二是优化整合内部资源。每条产线都要进行客户细分、市场定位，推进与产线紧密相关的生产、销售、研发资源尤其是专业技术力量向产线优化配置，形成“产销研一体化”的实体和虚拟组织架构，为产线直面市场提供组织支撑。

三是完善大客户营销体制。客户中心与产线紧密结合，形成“客户服务中心＋产线市场单元”的生产经营方式和“客户经理＋产线经理”的营销组织模式。

四是推进生产组织方式变革。建立以产线为中心、“产线保用户、全员保产线”的用户导向型和需求驱动型的生产组织方式。

（四）实施以客户为导向的战略绩效考核体系

2016年是河钢集团实施“十三五”发展规划的开局之年，进一步巩固新常态下经营成果；同时也是聚焦市场和产品，全面提升竞争力的关键之年。为全面激发各子分公司的创新创效活力，确保全年经营目标实现，按照集团战略绩效考核设计思路，进一步突出市场和产品两大主题，集团以客户价值为导向的战略考核体系在考核指标设计上，着眼企业长远发展，培育可持续发展能力和产品竞争力，加大对客户价值相关的指标权重，发挥考核导向和激励作用。主要做法是：

1．以客户为导向，确立考核体系指导思想

集团以客户为导向的战略绩效考核体系的指导思想是：认真贯彻落实党的十九大精神，贯彻党中央国务院关于推进“产业迈向中高端”、实施“供给侧结构性改革”等战略决策精神，坚持求新求变求突破的工作主基调，把握技术进步、管理创新两大核心任务，突出“市场”和“产品”两大主题，坚持以用户需求为导向，以客户结构调整推动产品结构提升。着力完善经营体制机制，着力营造对接市场环境，着力增强资源配置功能，着力提升产品品牌形象，大力激发全产业链创新创效潜能，实现集团综合竞争力全面提升。在做强做优钢铁主业的基础上，以延伸产业链、提升价值链为目标，树立全球化的跨界思维，以“横向更宽、纵向更深”的新视角，构建传统产业发展新路径，建立适应行业新常态，完全市场化的体制机制和经营模式。

2．落实集团战略部署，打造四个“坚持”考核体系原则

（1）坚持市场化、平台化原则，打造“全价值链”。按照集团确定的将供应链、工序链、资源链打造成价值链的总体思路，科学设置经营公司、多元公司的创效指标，逐步将“费用单元”转变成“创效单元”，构建市场化价值创造平台。

（2）坚持战略管控原则，突出“结果考核”。以落实集团战略、提升核心竞争力为主线，突出顶层设计和目标管理。一方面按照工效挂钩原则，强化对反映子分公司经营结果的核心效益指标考核，超额创效部分按一定比例进行提奖。另一方面加大对子分公司核心管理团队考核力度，将核心指标和否决指标与子分公司主要领导、主管领导挂钩。其中，钢铁子公司以利润总额为核心效益指标，承担服务、创效双功能的经营公司，以保供保产和市场化创效指标为核心效益指标。

（3）坚持目标导向原则，推动“重点突破”。突出集团战略引领作用，针对影响子分公司核心经营绩效的关键环节，设置运营指标体系。其中，对钢铁子公司设置“营销、产品、资金、成本”四大类关键运营指标，对经营公司设置供应链服务和费用类运营指标，对其他公司突出影响业务发展能力的关键运营指标。

（4）坚持差别对待原则，落实“一企一策”。根据集团内部各钢铁子公司之间、钢铁子公司与多元子公司之间以及多元子公司之间发展不平衡和行业

属性不同的特点，分别设置反映其经营创效能力和可持续发展能力的关键指标（KPI），并根据企业实际、参照行业标准，设置不同的指标值。

（五）根据产业特点打造个性化管控方式

河钢集团以战略布局、效益提升为目标，深度嵌入下游用钢产业链；以股权合作方式推动在零部件制造以及整机制造实体布局，实现对下游产业资本渗透，提升河钢集团在钢铁产业链上主导优势、整合优势和利润获取优势，最终形成基于股权纽带、具备技术和商务服务优势的产业链竞争实力，使河钢集团由传统钢铁制造商向钢铁材料综合服务商转变。如河钢集团以旗下青岛邯钢彩涂板有限责任公司（以下简称“青彩公司”）作为股权交易的主体，收购海尔特钢70%股权，新公司名称为青岛河钢新材料科技有限公司（即“河钢新材”）。

通过并购海尔特钢，河钢集团获得了学习借鉴家电品牌企业管理体制机制的样板。作为市场化程度高的家电企业，海尔相对成熟先进的经营理念和管理体制促进了河钢集团经营理念和管理体制的提升。

1. 复制海尔特钢管理体制

按照海尔集团“人单合一”模型，海尔特钢整体管理体制展开推进执行，“人”即具有两创精神的员工；“单”即用户价值[19]。海尔注重从以产品为导向转变为以用户为导向，一切以用户为中心。每个员工都在不同的自主经营体中为用户创造价值，从而实现自身价值，也自然为企业和股东创造价值。

河钢新材延用原海尔特钢的创客小微模式，设小微主一人（总经理），小微主下设四个自主经营体，即青岛特钢线体、合肥特钢线体、市场部和开发部。各线体分别设接口人1人，接口人下每条产线设1名责任人。各自主经营体和产线按照上级分解下达的年度、季度、月度目标，通过自主经营确保目标落地。海尔特钢机构设置高度扁平化，人员设置非常精干，管理岗位基本不设副职。

在扁平化管理架构下，河钢新材实行“人单合一”的管理模式，即每个员工都应直接面对用户，创造用户价值，并在为用户创造价值中实现价值分享。对外部，所有资源都面向用户，以用户价值实现来评价员工和团队价值；在内部，下道工序就是上道工序用户，在工序间建立市场化的索赔索酬机制，下道工序拥有对上道工序评价权力，同时可以对因上道工序引起的工作质量和效率损失提出索赔。在此机制下，企业内部关系由原来的纵向下级只服从上级，横向依靠会议调度和命令协调，转变为按照用户价值共同协同的团队、服务和契约关系。

2. 推进河钢集团彩板业务一体化运营

为更好地实现战略意图，从2016年年初河钢集团开始启动河钢新材一体化运营工作。河钢新材树立“开放、包容、共创、互赢”的理念，充分尊重原海尔特钢的历史文化和市场主体地位，保持其相对独立性和现有管理体制、组织架构、运营机制、薪酬体系和现有管理团队及核心人员稳定性。通过一年左右平稳过渡，实现河钢新材一体化运营，将其打造成为一个“跨越传统钢铁行业”、为家电企业提供个性化定制服务的服务型制造企业。

（1）将河钢新材纳入集团一级子公司管理，作为集团钢铁制造向家电产业延伸的投资、管理和运营平台。

（2）经过一年左右的过渡期后，实现河钢新材（包括海尔特钢和原青彩公司）一体化运作，依托原海尔特钢管理团队，负责河钢新材运营管理。三年内实现IPO上市。

3. 创新考核体系，稳步推进产品升级

（1）海尔特钢考核体系。海尔特钢按照“员工薪酬不是企业付薪，也不是领导付薪，而是用户付薪”的分配理念，建立自挣自花分配机制，即留足企业、挣够自己、剩余超利分享，完不成指标扣减全体员工绩效工资。建立“对赌酬”“对赌跟投”“超利分享”等多种灵活的分配机制，激励员工以高目标获取高薪酬。

考核机制严肃性保证了员工对于未来薪酬预期确定性，即完不成目标肯定没有绩效工资，超额完成目标肯定有超额奖励。未来收益形成确定性预期，极大释放海尔特钢员工主动性，不再是以前的“上级定完目标，再帮下级想办法”，而是成为“上级定目标，下级想办法”。

（2）创新考核体系，推进产品升级。为适应河钢新材经营一体化，根据河钢集团经营业绩考核办法，借鉴和完善海尔特钢原有考核机制，突出薪酬与效益挂钩的市场化原则，进一步激发河钢新材围绕“市场”和“产品”两大主题创新创效积极性，河钢集团对河钢新材制定了经营业绩考核办法。

按照“效益升薪酬升、效益降薪酬降”的市场化原则，实行薪酬总额（人工成本费用）与利润挂钩办法。为鼓励河钢新材积极开拓海尔以外国内外家电用钢和高档装饰板等其他彩板市场，在完成全年利润指标的基础上，将海尔以外市场创效额（包括海尔以外的家电用钢和家电用钢以外的高档彩板市场创效额）作为领导班子和高管团队薪酬的特殊提奖项目。

经过一年的一体化运营，河钢新材除为海尔集团长期配套服务外，与三星、松下、LG、美的等家电行业知名品牌客户建立长期合作关系，业务辐射东南亚、欧美等海外区域，实现客户高端化。高端客户为海尔特钢带来丰厚利润，倒逼其实现运营、生产、研发等系统能力提升，产品档次不断提高，品牌实力和影响力越来越大。

（六）建立海外业务集中高效管控体系

随着国际化战略深入推进，结合河钢集团完善国际化营销网络、推进资源全球化布局、整合下游产业链、加强国际合作等海外业务发展重点，依据“专业化整合、板块化管理、平台化运营、系统化管控”原则，进行海外业务组织管理优化。

2014 年年初，河钢集团召开首次海外工作会议，筛选确定 19 项年度重点工作，从制定海外发展战略、加强海外公司管理考核、搭建信息平台、建立沟通报告制度、健全国际化人才培养使用机制、推进海外投资重点项目、做强海外业务等方面，明确全年重点工作任务。在此基础上，完善河钢集团海外业务管理体制，对集团及各级子企业所属境外企业和集团各子分公司境外业务实行归口管理。

海外事业部负责境外企业和集团各子分公司境外业务的统一归口管理，协调集团各部门和各子分公司及时处理境外企业和境外业务经营中需要解决的各种问题；负责境外企业和境外业务重大事项报告制度的制定和实施；负责研究、制定各子分公司境外业务管理细则。

战略企划部负责境外企业战略管理、管控体系设计和品牌建设；负责建立健全境外企业和境外业务管理基本制度；负责制定与优化境外企业经营业绩和综合绩效评价考核办法，牵头组织实施境外企业经营业绩和综合绩效评价考核。

投资管理部负责集团及各级子企业（含境外企业）境外股权投资（含增资、并购、新设）、合资合作业务、产权股权关系管理，以及特定资产（土地、矿权）交易管理。

经营财务部负责境外企业的财务管理相关工作，负责监督境外企业的预算、成本费用、融资、银行账户、资金、资产清查和财务报告等工作。

安全管理部配合海外事业部督导境外企业安全生产管理工作和安全生产管理制度的制定。

法律事务部负责境外企业经营和境外业务的合规管理；负责协调处理国际贸易纠纷等涉外法律事务及境外企业风险管理。

审计部负责境外企业审计事务管理。党委组织部（人力资源部）负责境外企业的党组织建设和人力资源管理。

党委宣传部（企业文化部）负责境外企业宣传报道、新闻媒体关系维护等。

科技管理部负责境外企业知识产权事务管理，指导和规范境外企业知识产权的创造、运用、保护和管理。明确河钢南非矿业公司、河钢塞尔维亚公司、香港国际控股公司等海外公司的管控级别和定位，从组织架构上有效推动了河钢集团海外业务板块的发展。

（七）加强集团资金集中管控

2014年集团资金管理紧紧围绕“全面扭亏、止血保链”的首要任务，坚持“保安全、控总量、调结构、降成本”的总体思路，将现金流管理作为工作主线，明确提出“融资规模不增加、负债水平不上升、财务费用不升高”的总体要求，加强资金刚性管控，构建了低资金保障下的运行新常态。主要做法包括以下三个方面：

1. 坚决管住、管好、管活资金

（1）坚决控制贷款规模。严格控制贷款规模，通过刚性管控措施，彻底扭转长期以来依赖银行贷款输血的被动局面。通过压减贷款规模和刚性资金管控措施，让全体员工直接感受到来自外部环境的巨大压力，改变长期依赖高负债维持的发展模式和生产经营方式，子公司彻底摆脱了长期“依赖集团和贷款输血”的经营惯性，建立起适应新常态的低资金保障下的生产组织模式。

（2）创新融资管理，优化负债结构。一是在融资管理上推进“六个增加”，

即增加中长期融资比例、增加美元借款比重、增加融资租赁（或售后回租）方式、增加海外融资规模、增加直接发债等低成本融资方式、增加出口预收款融资规模。二是扩大融资视野，充分发挥进出口贸易平台和香港国际贸易平台作用。三是积极研究把握金融政策，在全省率先开展跨境人民币双向资金池业务。通过多渠道创新融资品种，置换传统贷款和高成本融资项目，有效调整负债结构。

（3）盘活存量资产，提高资金使用效率。坚持严格的资金集中管控制度，提高存量资金使用效率。加大应收账款管理，加快资金回笼。发挥集团资源共享优势，处置变现无效存货，进一步削减库存资金占用。2016年，持续强化融资总量管控，融资规模比年初降低30亿元，连续三年融资额度降低30亿元。全集团累计利息支出比上年同期降低19.5%，节省财务费用17.63亿元。年度利息支出首次控制在100亿元以内。开通跨境资金池，实现境内外资金统一管理和调配。全年可归集口径资金集中度达到77%。

（4）资金统一运作，实现资金管理创效。依托集团整体信用优势，扩大统一直接融资比例，降低融资成本；依托河钢集团在线资金管理平台，实现集团所有资金账户全监控，统一平衡调配资金。充分发挥集团财务公司功能，通过资金统一运作，不仅优化债务结构，而且降低融资成本。在全行业财务费用同比上升20%的情况下，河钢集团全年利息支出与上年持平，实现资金管理创效25亿元。

（5）充分利用信息化手段，实现上下联动。科学有效管理是现代企业赖以生存争发展的重要基础。企业管理就是对企业的人、财、物等方面进行有效管理，使企业各种资源达到合理有效配置。企业管理核心是决策，而决策过程实际上是信息掌握过程。因此，企业管理本质就是对信息的掌握、控制和有效利用。企业管理信息化是指企业广泛利用现代信息技术，充分开发信息资源。把先进技术、管理理念和方法引入到管理流程中，实现管理自动化，提高企业管理效率。

河钢集团组建具有特殊性，是先有“子”后有“母”的模式，原有成员企业都有一整套信息化管理系统，这其中就包括财务系统和资金管理模块。面对当前钢铁行业持续低迷现状，结合各成员单位实际情况，为有效实现资金管控，集团先后集中上线运行资金管理软件系统，以信息化手段为抓手，建立资金安全风险防控体系和资金统一运作平台。

2．营造环境、激发革新，增加自有现金流

（1）细化成本对标，优化成本结构。全面颠覆高盈利期传统思维和做法，建立起适应新常态的低成本运营模式。针对“以高价物料生产低端产品”的不合理现象，大力优化成本结构，从源头上杜绝高价物料采购和使用，各子公司加大经济物料替代，不断优化原燃料入炉结构，有效降低生产成本。2017年，剔除市场因素，集团吨钢综合售价同口径提高163元。集团生铁成本同口径降低35元/吨。河钢集团采购强化供应链战略管理，加强采购端结构优化，实施库存动态管控，全年吨物料采购成本比中钢协平均采购成本低45.4元。河钢国际公司增强资源掌控和整合配置能力，发挥港口库存集中管理优势，进口矿吨矿采购成本低于普氏指数1.05美元。

（2）市场化改革，激发创新活力。强化客户理念和市场化思维，彻底改变以“自我”为中心的生产组织模式，建立以用户为中心的市场拉动型生产组织模式。紧紧围绕产品和用户升级，打造全新营销模式，大力发展直接面对上下游终端客户的战略采购和战略营销，以用户群体的高端化拉动品种结构和品牌形象高端化。结构调整绝对不是简单的出高端产品，它既包括产品结构调整，也包括生产组织方式和经营模式调整。

2016年，河钢集团发挥战略保供渠道优势，加强对原燃料市场的预期管理与资源配置，创新采购模式，动态调整采购节奏，有效平抑资源市场价格波动风险。国内吨料采购成本较中钢协平均水平低36元，进口矿采购价格低于普指0.6美元/吨。持续优化原料库存，国内大宗物料库存同比降低23%，进口矿库存控制在300万吨以内。系统推进大物流体系建设，着力整合港口铁路物流业务，吨钢物流成本降低89元。继续推进备品备件联储联采，在2015年降幅22%的基础上，再度降低9.8%。销售系统完善“一个市场、两个主体”的营销体制，发挥集团大营销平台作用同时，充分调动各子公司开发品种钢和直供市场积极性。推广河钢舞钢与河钢石钢的特钢营销服务模式，主动对接大型终端用户和战略供应商，巩固销售主渠道优势。

（3）大力推进产线对标。产线对标是全方位对标，包括相同产线的售价、产品结构、人员配置、技术水平配置等方面，是河钢集团内部各产线生产组织和经营管理的一个大起底。通过对标要全面发现，每条产线从原料投放到产线技术人员配置，到员工待遇分配，还存在哪些问题，以及相同装备水平产线的产品结构和产品售价存在哪些差距。

（4）大力削减附加成本，还原钢铁主业先进性。国内钢铁企业综合盈利水平不高，并不是钢铁主业本身竞争力不行，而是附加在主业上资源效益没有得到充分利用，导致附加成本过高。最大限度地削减附加成本，还原主业先进性，对河钢集团来说，比其他方法和手段来得更直接、更有效。全面削减除“原燃料、动力、工资、财务费用”四大基本要素以外的非生产性开支，将清理“外委、外雇、外包”和流通环节中间商作为削减附加成本的突破口。

（5）创新全面预算管理。以现代化管理手段替代行政管理手段，2014 年河钢集团创建以现金流管理为中心，以费用支付项目、支付限额控制为重点，以内部资金交易网络平台为手段的全面预算管理体系。本着能够不发生的费用一律不设项目、能够自己干的一律不外委的原则，撤销各项中间环节费用，削减不必要的费用项目，在原有预算费用名目 400 多项的基础上，砍掉不必要的开支名目，统一确立全集团四大要素之外费用项目 100 个，确立全集团资金支付名目 106 个。按照集团统一确立的预算科目体系，各子公司强化预算管控工作，按照规定费用项目和资金支付名目严格控制资金支出，规定项目之外的费用不允许发生，没有支付名目的款项绝对不允许支付。

3．全方位布局打造战略资金支持体系

河钢集团创建大型企业集团资金管控新常态和资金管理新模式，实现全方位布局的战略资金支持体系，成为集团全球化发展战略的重要支撑。以全球的视野，构建多元融资渠道，在控制风险的基础上，提高全球资源配置能力，为集团快速发展保驾护航。

（1）积极拓展银行授信，稳定倒贷资金链。继续保持好工、农、中、建、交五大行主渠道，同时积极增加股份制银行授信额度。河钢集团旗下各子公司技术装备水平属于国内领先、世界一流，能源环保指标达到甚至超过监管标准。施行新环保法，对河钢集团是重大利好，河钢集团以此为契机进一步扩大银行授信额度。

（2）组建集团结算中心，创建集团大资金池。通过集团结算中心有效运转，在集团内部形成了以资金链条为纽带的模拟市场机制，减少内部周转占用资金，实现内部交易不动用外部货币，解决内部拖欠问题，提高资金周转效率，

打通原本分散、独立的子公司小资金池，创建集团统一管控的大资金池。

（3）提高债券融资比例，调整负债结构。依托集团整体授信评级优势，提高直接融资比例。随着国家放宽公司债发行条件，发债品种更加灵活，发债成本明显低于银行贷款。因此，积极研究增加发债品种和比率，调整和优化公司负债结构。

（4）降低库存占用，增加无息商业负债。发挥集团整合效应和市场话语权，积极与上、下游企业建立战略联盟，推进"零库存"管理。充分利用上、下游供需链条，增加集团资金储备。依托河钢集团信誉，大力推广商业承兑汇票结算模式，有效释放银行承兑保证金，与商业银行合作，将河钢集团商业承兑汇票打造成准银行承兑汇票。

（5）依托海外贸易平台，加大海外融资比例。伴随河钢集团国际公司成功运作，河钢集团国际贸易结算量迅速提升。特别是 2014 年成功签约控股瑞士德高公司之后，河钢集团国际贸易板块异军突起。巨额进出口贸易背景必然拓宽海外融资渠道，研究规避汇率风险和扩大海外融资比例成为河钢集团重点课题。

（6）盘活存量资产，谋划新的发展机遇。河钢集团现有资产 4375 亿元，多元产业资产就占到 1300 亿元，多元产业资产利用效率提升对河钢集团至关重要。目前，多元产业占用钢铁主业很多资源没有得到充分利用。通过对现有非钢资产进行统计分析，一是要对多元资产提出年度创效目标；二是要盘活多元资产，加快引入社会资本，发展混合所有制，解决长期以来的钢铁主业包袱问题。

（八）构建智能协同办公平台

协同办公平台是利用网络、计算机、信息化，提供给多人沟通、共享的平台，是给办公人员提供方便、快捷、降低成本，提高效率的信息化软件。随着我国 4G、WiFi 网络不断普及，以及移动智能终端用户量不断攀升，已经从传统 OA 办公，走向更高要求的移动办公。河钢集团立足集团型企业，赋予智能协同办公平台更多内涵。

河钢集团智能协同办公平台首先是一个大协同平台，是总部及下属成员企业大协同办公体系。智能协同办公平台是管理和协作平台，能够实现团队协作，如项目管理、流程管理、事务管理等，随需应变，动态适应，实现柔性管理。智能协同办公平台是沟通平台，不限于团队信息传达或者通讯，实现沟通过程的时效性、完整性和有效性；智能协同办公平台是智能化平台，通过现代化手段，服务日常办公；智能协同办公平台是知识中心和应用运行支持平台。

（九）构建监控、全面预防的立体式风险管理体系

构建重点监控、全面预防的立体式风险管理体系是超前辨识、评估企业各项风险，突出抓好企业运营中“人”“财”管理，以财务风险、权力运行风险、法律风险防范为重点，健全内控体系，建立起全面预防的立体式风险管理体系。

1. 建立“辨识评估先行、分类层级管理、突出重点管控、内控体系保障”的风险管理

（1）辨识评估先行原则。广泛、持续不断地收集影响企业实现目标的内外部风险信息，包括历史数据和未来预测，并把收集初始信息的职责分工落实到有关职能部门和业务单位，有效识别集团业务管理过程中重大风险，建立风险识别机制、风险分析与评价机制。

（2）分类层级管理原则。建立起集团董事会、各职能部室及二级单位为基本框架的三级风险防范体系。并将企业面临的各类风险进行分类，落实责任单位。企业战略、规划、资本运营等职能部门应承担战略风险管理职能；市场、销售、采购等职能部门应承担市场风险管理职能；财务、资本运营等职能部门应承担财务风险管理职能；企业管理、人力资源、安全环保、信息管理等职能部门应承担运营风险管理职能；法律、纪检监察等职能部门应承担法律风险、权力运行风险管理职能。

（3）突出重点管控原则。风险管理涉及企业各个环节、各个领域。风险防范要结合集团发展实际，针对生产经营薄弱环节，突出重点，发现重大风险点，管理和控制集团重大风险、关键风险。在此基础上以点带面，形成全面风险管理机制。

（4）内控体系保障原则。集团成立内控体系建设管理委员会。在业务流程梳理和风险应对措施制定的基础上，按照“规定与流程相结合，全面涵盖而又重点突出”的基本要求，建立起完整的、可操作性强的内部控制体系。

2．重点开展财务风险、权力运行风险、法律风险的防控

按照“辨识评估先行、分类层级管理、突出重点管控、内控体系保障”的风险管理原则和集团董事会提出的“统一规划、分步实施、重点推进、确保实效”的风险管理思路，将集团全面风险管理工作重点确定为防范财务风险、权力运行风险、法律风险。

（1）加强企业负债管理，严控财务风险。

1）全面梳理业务流程，查找主要风险点。全面开展财务业务流程梳理，分析每个活动点存在的风险表现形式，不错漏每个节点。采取逐步推进方式，以内部环境为基础，以控制活动类业务为核心，加强控制手段管理，重点梳理货币资金、采购与付款、销售与收款、存货与生产、对外投资与筹资等关键业务流程，进一步梳理相关流程，全面找出具体风险控制点。

2）科学运营控制方法，实现对风险的有效控制。通过综合运用不相容职务分离控制、授权审批控制、会计系统控制、财产保护控制、预算控制、运营分析控制和绩效考评控制等控制措施，针对确定风险点，制定相关控制制度及措施，将各经营管理环节风险降低至可接受水平。

3）健全财务管理制度，实行刚性管理。按照“规定与流程相结合，全面涵盖而又重点突出”的原则，修订和完善各项管理制度，明确业务流程和相关部门风险管理职责和程序，做到制度无盲点。修订完善《河钢集团有限公司理财管理办法》《河钢集团有限公司融资管理办法》《河钢集团有限公司托管承兑汇票管理办法》《河钢集团有限公司现金管理平台运行管理办法》等十余项财务管理制度。

在此基础上，在对集团经营状况和财务状况系统分析基础上，制定具体财务风险控制措施。

一是严格控制融资总量增长。集团贯彻“现金为王”的理念，将现金流管理作为生产经营工作主线，坚决扭转生产经营对银行贷款“输血”依赖，全力堵住“失血点”，迅速恢复“造血”功能。明确提出全年经营环节“融资规模不增加、负债水平不上升、财务费用不升高”的总体要求，强化刚性管理。提升资金管理信息化水平，加强对融资和现金流的实时监控，加强对子公司的管控能力，在大额资金的筹措、使用、偿还等方面加大管理力度，确保资金链安全。

二是千方百计盘活存量资产。推进资金集中管控，强化资金内部调剂和运转效率，提升存量资金使用效率。加大应收账款管理，严格控制应收账款增长，对存量应收账款按照其性质、账龄和账务人情况，分类管理，强化清收，加快资金回笼。组织开展存货实地盘点，摸清各类存货底数。削减库存资金占用，发挥资源共享优势，盘活存量资产。全面清理长期股权投资，加快退出长期亏损、长期无分红、无发展前景的投资项目。

三是优化资本结构和负债结构。提高直接融资占比，降低对银行贷款依赖，用足用好国家政策，在允许范围内多发行中票、短融、公司债、企业债、私募债等。提高中长期负债占比，优化债务期限结构，稳固资金链。通过融资租赁、结构化融资等多渠道融资，优化债务期限。发挥境外融资平台作用，使境内境外资本市场形成联动，优化融资结构，降低融资成本。研究利用创新金融产品，如资产证券化、票据类融资等进一步拓展低成本融资渠道。优化资本结构，变资产为资本，引进股权融资。引入股权投资者，以现金、技术或股权互换等方式参股集团矿山、港口、物流等项目建设。

四是加快推进资金归集，提高资金归集率。集团财务公司争取政策支持、拓宽业务范围。尽快争取信贷规模以及债券发行、承销、股权投资、有价证券投资、委托投资以及成员单位产品的消费信贷、买方信贷及融资租赁、资金市场同业拆借等业务的资格获批。随着信息技术及人才队伍水平不断提升，逐步赋予财务公司更多的集团资金管控职能，逐步发展成为集团资金运营中心。

（2）加强权力运行监控机制建设，有效防范决策失误、权力失控和行为失范。开展权力运行监控机制建设，是加强企业管理、健全科学规范的管理体制机制、提升企业管理效能、促进集团科学发展的重要保证。通过强化对权力运行事前、事中、事后全过程的监控，真正构建一个结构科学、配置合理、程序严密、运行公开、制约有效的权力运行机制，保证权力的正确行使，有效防范决策失误、权力失控和行为失范。

一是对重点职权目录进行梳理。确保做到将“三重一大”事项和涉及广大职工切身利益的重大决策事项全部列入职权目录、纳入权力运转监控范围。清理界定权力，编制职权目录。对集团领导层职权和各子分公司、各部室各项重要职权进行全面梳理，明确授权依据和责任主体，形成分类清晰、编制科学、定位准确、内容详尽的职权目录。

二是对重点权力运行流程进行优化。结合实际操作情况，对每一项重点权力运行的程序进行认真审核，修订和完善"流程图"，做到各项重点权力的运行程序"科学、规范、高效、清晰、简捷"。

三是对廉政风险点及其等级进行评估。深入研究风险点的查找办法和风险分级定级办法，对每一项重点职权运行过程中的廉政风险点选定及其等级进行一次分析和论证，确保风险查找全面、等级制定科学，在此基础上，修订完善廉政风险等级目录。

四是对廉政风险防范措施进行完善。按照落实防范责任、切实加强预警、防控和监督的要求，从加强前期预防、中期监控和后期管理三个层面考虑，进行修订和完善，力求风险管理更加到位，风险防范更加有效。全集团共梳理重点职权 1865 项，查找廉政风险点 2314 个，制定防范措施 1991 项。

（3）依法决策，依法生产经营，全面降低法律风险。河钢集团遵循以企业战略目标为导向、与企业整体管理水平相适应、融入企业经营管理全过程、纳入决策过程、纳入企业全面风险管理体系、审慎管理、全员参与、持续改进等法律风险管理基本原则，创新管理理念，以法律风险有效管控为目标，按照"为专业管理过程服务、对法定代表人负责"的职能定位，以现有专业管理体系为基础，以法律风险防范为主线，优化组织架构，完善制度体系，全面系统识别、分析法律风险，统筹整体管控措施，创新法律工作考核机制，实施精细化管理，构建了决策层主导、总法律顾问牵头、企业法律顾问提供业务保障、全体员工共同参与的企业法律风险管理体系，做到"法律融入业务、风险全面受控"，全过程、全方位防控风险，实现重大法律纠纷为零的目标，为促进集团战略目标的实现发挥坚强保障作用。

3．加强内部控制体系建设工作

根据中国证监会、河北监管局的统一部署和相关要求，参照《企业内部控制基本规范》（财会 [2008]7 号文）、《企业内部控制配套指引》（财会 [2010]11 号文）等文件规定，2013 年扎实开展内部控制体系建设。

一是健全内控体系建设组织架构。集团成立内控体系建设管理委员会，组长为董事长，副组长为总经理，组员为公司董事、监事和高级管理人员及子分公司主要领导。下设内控实施管理办公室、内控体系规范建设工作组、内控体系评价工作组，初步形成决策层、执行层和全员参与的内控组织体系。聘请会计师事务所及相关咨询专家，指导和协助公司完成此项工作。通过与外部咨询机构专业人员合作，保证内控规范的专业标准和内控活动的科学性、有效性，为内控工作长期稳定开展奠定基础。

二是编制内部控制制度，固化控制流程和措施。依据业务类型、重大风险等制定、细化制度，明确业务流程和相关部门风险管理职责和程序，形成完整制度体系，做到制度无盲点。内控体系分为公司和业务两个层面，公司层面包括 5 项，分别是组织架构、发展战略、人力资源、社会责任和企业文化，以总部为基准，融合分公司内容；业务层面包括 15 项，除规定的资金活动、采购业务、销售业务、资产管理等 13 项外，增加关联交易、生产循环两项内容，以分公司为基准，结合总部相关业务进行融合。内部控制体系由四部分组成，包括业务流程图及控制、风险矩阵、岗位职责、内部控制制度，形成《内部控制操作手册》和《内部控制制度》制度汇编。

三是进行内部监督检查，发现缺陷及时改进。以内部审计监察为核心，实施多方监控的内部检查，形成点面互补、全覆盖的风险监控格局，为全面内控管理不断深入推进提供有力支撑。建立发现问题整改机制,有效促进“发现问题、加强整改、成果共享、普遍提高”目标实现，有效促进内部控制体系完善提升。进行运行效果自我评价和第三方独立评价，促进体系改进和完善。定期总结和分析内部控制的合理性和有效性，及时修正或调整不适当管控措施。

四是培育特色风险管理文化。将内部控制有效融合到企业文化理念中，总结提炼风险管理文化内涵，在成熟的文化体系之下建立起独具特色的“风险管理文化”，并形成具有易于宣贯的风险管理口号。

通过多种形式强化员工的风险意识并转化为自觉行为。首先，高管层在培育风险管理文化中发挥表率作用，强化自身风险意识。其次，加大对职工开展风险管理培训的力度，通过定期举行会议、专题培训、在内部网络开辟全面风险管理专栏等方式，营造风险管理文化氛围，强化职工风险意识，促使职工自觉自愿地接受风险文化；最后，在实施风险管理过程中及时总结经验与教训，不断修正风险管理文化。

第三节　河钢集团产业管控的主要成效及商业模式规律

一、河钢集团产业管控的成效

河钢集团进行多维度的重组构建。河钢集团重组不仅是简单地制造规模效益，而且还集中河钢集团子企业优势，全面优化资源、产品、装备、资金，实现集团成员企业之间在研发、采购、制造、销售、管理等环节的紧密联系，以协同运作方式实现集团化运作，有效地发挥集团化管理优势。

（一）采购协同成效

成立集团采购总公司，实现规模化集中采购；在全集团内优化资源配置和物流组织，从而降低成本；提升资源管理水平，有效地发挥规模经济优势，发挥集团化效应。在大宗物质采购方面，采购总公司通过统一招标与供应商确定价格，各子公司与供应商签订供货合同。采购总公司还协调供货渠道。例如，开滦煤以前既供河钢唐钢也供河钢承钢和河钢宣钢，现在开滦煤首先满足河钢唐钢，河钢宣钢、河钢承钢选择山西、内蒙古煤炭，从运输成本上节约大笔资金。从吉林运来的铁合金，优先满足河钢承钢、河钢唐钢使用，从云南、贵州运来的铁合金先配置给河钢舞钢和河钢邯钢，同样可以节省一大笔费用。

（二）资金集中成效

河钢集团通过刚性资金集中管控，积极营造直面市场压力的内部环境，彻底颠覆高盈利期形成的思维定势和传统管理模式，生产经营状况发生根本性变化：依赖外部“输血”的高负债经营模式得到根本扭转；高额附加成本大幅削减，低成本支撑的生产经营方式逐步建立；资金集中提高企业经营生产资金需求保障，降低企业财务负担。

（三）营销转型成效

1. 实现战略落地，企业管理水平不断提高

集团以客户为导向的战略绩效考核体系的设计与实施，将复杂的“重业绩、讲回报、强激励、硬约束”的考核与薪酬挂钩机制简单化，更易于操作和监督考核结果的执行与落实。通过强化考核的激励约束作用，将所属各子公司员工工资总额和管理人员薪酬与效益目标“双挂钩”，充分发挥了绩效考核的指挥棒和驱动作用，真正将集团的战略目标转化为全员的共同行动，促进各项工作部署有效执行。

2. 坚持客户导向考核，主要经营指标持续提升

集团以去产能为契机，优化产能布局和品种结构，逐步退出普通同质化产品的“低端循环”，大幅提高高技术含量、高附加值的品种钢比例，推进产业向“中高端水平迈进”。2016 年以来，河钢集团利税、利润指标连年提升。

3. 创新营销理念，以客户结构高端化推动产品结构升级

突出“市场”“产品”两大关键词，实施“技术进步”“管理创新”两大核心任务；完善客户经理制，建立适应定制化时代要求的营销模式，推动客户结构高端化；健全四大支撑体系，构建全球技术研发平台，推进品种结构调整和产业升级；实施以产线为独立市场单元的组织结构扁平化变革，推进关键人才向产线配置，关键待遇向产线落实。

实施以客户为导向的战略绩效考核体系，极大推动了集团营销理念的创新，加快集团产品结构升级步伐。2018 年，河钢集团品种钢比例达到 70%，同比提高 5 个百分点；集团汽车板、家电板、管线钢、海洋用钢等高端产品全年产销量超过 2000 万吨，较 2015 年同期均有大幅提升。

二、河钢集团产业管控迭代的商业模式规律

（1）在商业模式的用户层、价值层，构建用户导向型的市场营销模式，河钢集团改变营销模式，解决企业远离市场、远离客户的问题，打破对“中间商”这条传统路径的依赖，改变以中间商打包销售为主的营销方式，直面市场终端用户，最终建立起用户导向型的市场营销模式。

（2）在商业模式的能力层，采取加强集团资金集中管控、构建钢铁集团

智能协同办公平台等；在商业模式的发展层，推进管理组织体系扁平化变革，根据产业特点打造个性化管控方式。

第四节 河钢依据自身实际及时改进管控模式取得的实绩

根据钢铁产业和非钢产业的特点，河钢集团实行不同的集团管控模式。对钢铁子企业实行一企一策的管控模式，充分发挥集团管控优势同时，根据子企业特点给予充分自主权，努力发挥子公司市场优势和主观能动性。根据市场需求、行业形势、企业自身变化，与时俱进，及时调整管控模式。

为适应20世纪90年代以来国际国内市场的用户个性化需求，河钢集团积极研究市场需求变化，研究产品品种的市场发展方向。借鉴浦项、新日铁、宝钢等钢铁企业“渠道为王”的理念，河钢集团将产品和服务链条向终端用户延伸，根据不同品种所对接用户的载体不同，认真研究浦项技术服务中心（TSC）模式、宝钢嵌入式加工配送中心模式和五矿综合物流园区模式，确定营销模式,并适时调整管控模式使之与新的营销模式适应。通过管控模式调整，营销模式创新，河钢实现了由钢铁制造商向材料解决方案综合服务商的跨越。

一、河钢集团推进营销模式转型的主要目标和做法

河钢集团认为，行业高盈利期结束后，市场供求关系、品种结构、用户群体结构必然发生深刻变化，必须确立“为客户而销售，为销售而生产”的生产经营理念。河钢集团营销模式转型主要目标（见图7-2）是，通过建立融技术、营销、服务为一体的客户导向型营销模式，以用户结构高端化驱动产品结构调整和服务提档升级，进而形成需求驱动型的生产组织方式，实现由钢铁制造商向材料解决方案综合服务商的跨越。

（一）调整营销体制，推进“普钢营销”模式向“特钢营销”模式转变

在集团总体营销战略部署下，按照“一个市场、两个主体”的原则，调整

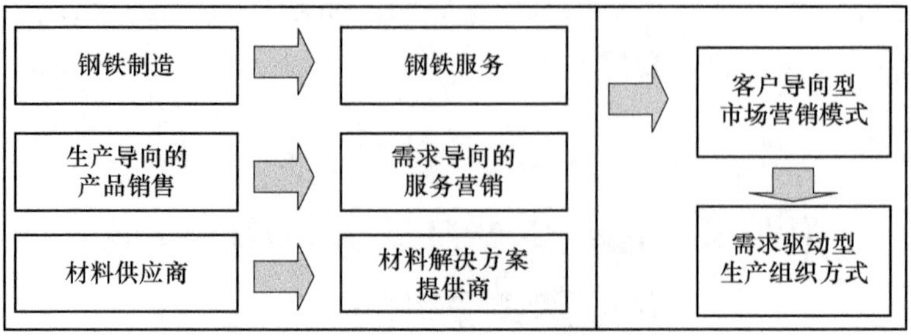

图 7-2　河钢集团营销模式转型的主要目标

营销体制，发挥子公司的直销和品种钢市场开发主体作用。推广河钢集团特钢企业（河钢舞钢、河钢石钢）的特钢经营理念和营销服务模式，加强"点对点"的战略营销、技术营销和服务营销，加快由传统的"普钢"营销模式向"特钢"营销模式转型。例如，销售总公司划小合同组织单元，实行处长、科长包片包区域，业务人员包客户的客户经理责任体系；全面推行"底薪＋完成任务工资＋创效嘉奖"的薪酬体系，销售指标完成情况考核直接与个人收入挂钩。

（二）产业链向高端用户延伸，创造高层次营销机会

营销理论认为，营销模式是由低级向高级演化的，最低层次是产品营销，即产品买卖，价值最低；中间层次是顾问营销，即为客户提供解决方案，价值较大；最高层次是企业对企业的营销，即战略并购、渠道为王，价值最大。河钢集团坚持以开放包容的姿态，通过资本合作，不断挖掘和创造"企业对企业"的高层次营销机会，将产业链向下游汽车、家电、海洋工程等高端用户延伸。

2014 年 11 月，河钢集团与德高公司签署股权合作协议，正式拥有德高公司 51.4% 的股权，开启中国最大钢铁企业和全球最大钢铁贸易商一体化合作的全新发展模式，使集团迅速拥有了遍布全球 111 个国家和地区、包括 331 家供应商和 43000 家稳定客户的全球贸易和服务网络，拥有海外投融资和项目发展的平台。

2015 年，河钢集团抓住海尔"逐步退出前端制造、专注于核心制造和营销"的战略机遇，在青岛成立"河钢新材"，完成对海尔特钢 70% 股权收购。通过产业链条垂直收购，开启中国最大钢铁企业与最大家电企业供应链合作

的新模式。通过将钢铁产业链嵌入家电产业链，打通了进军国内外高端家电用板市场的战略通道，加快从钢铁制造商向家电服务商转变。

（三）以大客户经理制推进营销服务模式的战略转型（见图 7-3）

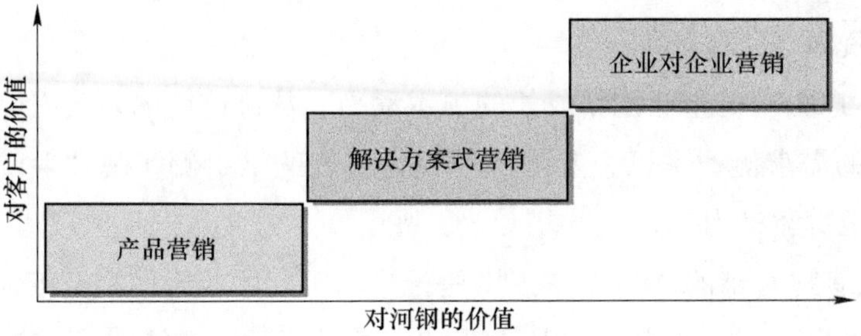

图 7-3 营销模式的发展

借鉴浦项 TSC 模式和西门子大客户经理制等成熟的营销模式，率先在全国钢铁行业全面推行大客户经理制，成立集团与子公司（区域）两级客户服务中心（CSC），以定制化的“一站式”材料解决方案服务，集中力量培育优质高端客户群。以客户服务中心为平台，逐步建立以客户服务中心为主导的自主营销渠道（见图 7-4）。

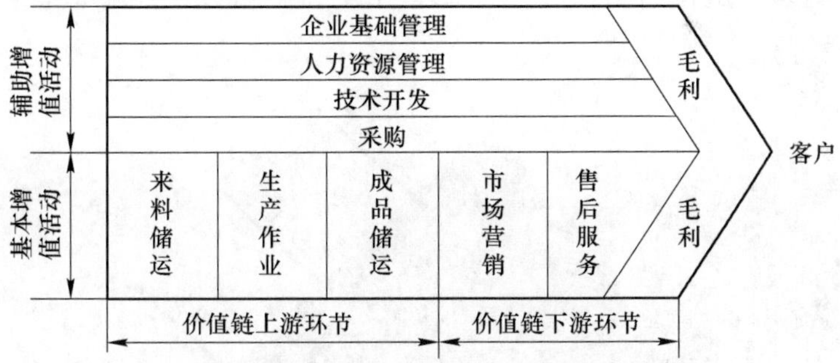

图 7-4 价值链的驱动力基础

（1）学习大客户营销理论，营造积极的高层氛围。为配合大客户制营销模式转型节奏，河钢集团策划集团组建以来级别最高、规模最大的专业培训。包括集团营销主管领导、各子分公司董事长、总经理以及营销、生产、技术副总在内的高级管理人员团队，参加西门子管理学院承办的“河钢集团营销战略高级研修班”，系统学习西门子基于大客户经理制的营销模式。经过学习，河钢集团高层管理人员对大客户营销有了更加全面系统深入的认识，形成了坚实的理论基础和思想共识：

1）客户是企业的核心资源。企业资源不仅仅是传统意义上的资金、设备、人才等内部资源，它的内涵和外延已经得到空前的延伸，客户资源是企业宝贵的外部资源。

2）客户驱动是企业创新成长的根本动力。从价值链的角度看，以客户资源为代表的需求侧，是以企业内部资源为代表的供给侧实现“生产要素重新组合”的根本驱动力。

3）大客户营销的“80/20 法则”是推进河钢集团营销体系变革的核心。帕累托定律指出，在任何大系统中，约 80% 的结果是由系统中约 20% 的变量决定；从长期业务发展来看，20% 的大客户和重点客户贡献 75% 以上的利润。

4）大客户营销的本质，是企业对目标市场的细分，并就此进行关键销售资源的相应配置。大客户营销不是营销的全部，不能割裂整体市场来谈“大客户”。要通过建立细分市场模型，来配置关键销售资源。大客户和重点客户是企业级营销的战略重点。对于大客户，采取“一对一”或“多对一”的大客户经理配置方式；对于重点客户采取“一对几”的配置方式；对区域客户，采取“一对多”的配置方式；对于海量市场，则可以采用渠道合作伙伴等方式（见图 7-5）。

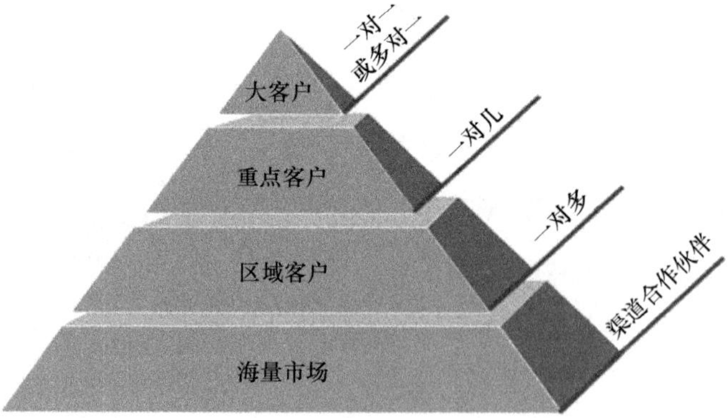

图 7–5　市场细分模型（Market Segmenting）

（2）创新营销管控模式，组建两级客户服务中心（见图 7-6）。成立集团客户服务中心，统一负责集团对重点终端用户的客户关系管理和以提供材料解决方案为中心的综合营销服务。并针对重点终端客户，在重点区域逐步建立集研发、营销、服务为一体的区域客户服务中心。

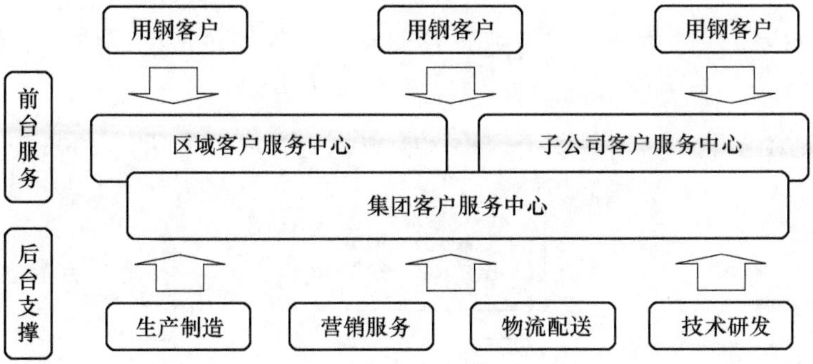

图 7-6　河钢集团客户服务中心

“集团客户服务中心”+“区域客户服务中心”，构成集团全面对接重点终端用户的“前台”，充分整合利用集团研发、制造、物流、销售等“后台”资源，为客户提供“一站式”的材料解决方案营销服务。

（3）具体职能。具体职能包括：

1）负责重点终端用户客户关系管理，统一客户管理平台，协调并系统集成集团内部资源为用户提供个性化服务；

2）负责重点终端用户的市场调研、前期介入研发、市场开发与维护；

3）负责重点终端用户的定制化营销和增值服务，扩大直供市场；

4）负责重点区域自主营销渠道网络的建设与运营管理；

5）负责各区域市场客户服务中心的建设与统一管理；

6）负责各钢铁子公司客户服务中心的业务指导、市场协调、流程监督和业绩评价。

（4）集团客户服务中心机构设置。集团客户服务中心采用以客户经理为中心的组织架构，按客户、品种、区域等设置若干大客户经理和区域客户经理；对客户经理实行直线制、扁平化管理，客户经理直接对客户中心领导负责。同时，内部设置市场开发部、系统运营部、技术服务部 3 个部门，负责市场开发、客户关系、日常管理、业务协调、业绩评价和技术服务等工作。

（5）运行及考核。集团采用两级客户服务中心管理与运行模式，即集团客户服务中心和子公司客户服务中心。按照客户级别对于客户进行分类管理及考核（见图 7-7）。子分公司推荐大客户及重点客户清单；集团汇总、评估和筛选；发布、宣贯清单，任命大客户经理；大客户经理提交《大客户业务规划》；分级监督、考核，推行前置管理和闭环管理；定期评估，重新审核与筛选大客户清单。

截至 2018 年，河钢集团大客户 373 户，大客户销量达到 1395 万吨。

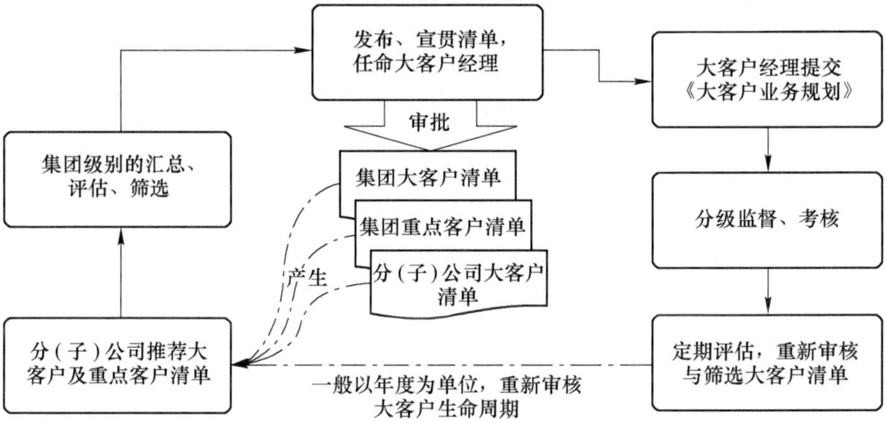

图 7–7　大客户经理制运行流程

（四）推进技术资源和研发力量向客户端配置，发挥技术研发系统在营销模式转型中的支撑作用

“EVI”（供应商先期介入）已经成为世界一流钢铁企业将营销真正有效结合到产品研发中的关键途径，有助于上下游企业的合作共赢。河钢集团在推进营销模式转型同时，不断优化研发资源配置方式，使研发系统瞄准用户端，面向用户潜在需求选择 EVI 切入点，积极开展系统的、前沿的基础创新活动，从而实现从工艺创新向以用户为中心的基础创新转变，将河钢集团技术力量嵌入到用户研发链条。

一是积极开展面向用户需求的钢铁产品专项应用技术研究。例如重点开展产品焊接、成形等技术研究，以及产品 EVI 技术、全生命周期评价技术等研究与应用。

二是不断完善全球技术研发平台建设，通过与海内外知名高校与科研院所开展产学研用高效合作，聚集全球技术创新要素，解决了一系列促进河钢集团产业升级的关键性、根本性实际问题，为河钢集团以用户为中心的营销模式转型提供有力支撑。

（五）探索建立直面市场和用户的生产组织模式和管理体制

近年来，河钢集团各子公司结合推进“大部制”“扁平化”管理体制改革，以品种事业部、产线协调组、SBU 战略单元等虚拟或实体组织形式，实施产线资源优化整合，推进产线直面市场，取得一定成效。

随着“大规模定制”时代到来以及河钢集团大客户营销体系建立，企业对接用户的通道打开，河钢集团实施与之相适应的管控模式和生产组织模式，以产线为基本单元，实现产销研资源一体化高效配置，彻底颠覆以生产组织为中心、工序“后驱动”的传统经营模式，构建以用户需求为中心、价值“前驱动”的管理体制，形成“产线与用户零距离、平台与产线零距离”的商业模式。具体方法是：

逐步打破传统的“生产厂”基本概念，逐步实现由“生产厂”向“经营体”的功能转变，“生产厂长”向“产线（产品）经理”的角色转换。

在客户细分、市场定位的基础上，围绕产线推进内部资源的优化整合。将与产线紧密相关的生产、销售、研发资源尤其是专业技术力量向产线优化配置，形成“产销研一体化”的实体和虚拟组织架构，为产线直面市场提供组织支撑。

进一步完善大客户营销体制，客户中心与产线紧密结合，形成“客户服务中心 + 产线市场单元”的生产经营方式和“客户经理 + 产线经理”的营销组织模式。

推进生产组织方式变革。建立以产线为中心、“产线保用户、全员保产线”的用户导向型和需求驱动型的生产组织方式。

二、河钢集团适时调整管控模式、推进营销模式转型的主要成果

在全行业效益不断下滑的形势下，2015 年，河钢集团实现营业收入 2850 亿元，利税 85 亿元，其中利润 12 亿元，实现了全面盈利目标，为全面提升竞争力奠定了坚实基础。其中，以直面市场的营销模式转型，推进客户群体

和品种结构升级，成为河钢集团做强钢铁主业的核心战略举措，成效显著。2015 年成为集团组建以来高附加值和高技术含量产品发生飞跃式增长的时期，产品售价同口径提升额实现 110 元 / 吨，按 4400 万吨产销量基本不变，累计创效 48.4 亿元。

2018 年，河钢集团实现营业收入 3370 亿元，利税 180 亿元，资产总额 4364 亿元，位列世界企业 500 强第 239 位。

（1）创新营销管控模式，全面形成直面市场和用户的经营意识。通过高层持续发动、营销资源整合，河钢集团上下的全员市场意识真正形成，全新的客户关系迅速建立。河钢集团各子公司、各系统的眼睛前所未有地向市场和客户一致看齐，彻底打破传统路径依赖，逐步建立起直面市场终端用户的管理体制和资源配置方式。在集团营销模式转型的总体部署下，河钢唐钢、河钢邯钢等子公司自我加压、主动作为，积极探索营销模式创新，通过组建汽车板用户应用技术研究所、某家电企业联合实验室、信息化服务“小微”团队等方式，开展解决方案式营销，从用户研发阶段开始提供全生命周期一站式服务。

（2）全面形成价值链紧密相连的客户关系。以客户服务中心为平台，河钢集团真正建立起自主营销网络，逐步取代了原有的传统营销网络，建立以客户服务中心为主导的营销渠道；开创“海尔特钢合作模式”，通过资本合作、EVI 先期介入、共建加工配送网络和联合实验室等方式，将钢材深加工链条向下游家电、汽车等高端制造企业延伸，将钢铁产业链嵌入用钢产业链，建立价值链紧密相连的客户关系。

（3）全面形成以用户为中心的逆向驱动。通过营销模式转型，河钢集团各个子公司不仅重视钢铁生产前半段，持续保持领先的成本控制力，更高度关注生产工序后半段，大力推进用户结构和产品结构的双提升，形成以用户需求为中心的价值链“逆向”驱动力量，创造了巨大的价值空间。

第八章　企业绿色发展

本章要点

河钢集团企业绿色发展的背景：河钢集团“十二五”末在钢铁行业首次明确提出并制定绿色发展行动计划，适逢钢铁行业经营整体陷入严重困局，史上最严厉的新环保法颁布实施，钢铁行业污染物排放标准也大幅提高要求，京津冀区域雾霾肆虐，大气污染防治形势十分严峻，绿色制造体系建设迫在眉睫，节能工作推进强度、总量双控制，钢铁企业节能减排面临巨大压力。

河钢集团企业绿色发展的核心理念：绿色发展是在推进生态文明建设要求下的一种全新的企业经营理念。河钢集团实施绿色发展是建设最具竞争力钢铁企业的必然要求，是打造与其规模相适应的产业地位的客观需求，也是实现可持续发展的必由之路。作为市场竞争的主体，企业提高竞争力、谋求盈利与肩负责任是永恒的追求，河钢集团实施绿色发展不是简单的投入、付出成本，而是谋求有效益的绿色发展，体现为“六位一体”总布局，内涵主要包括绿色制造、绿色产业、绿色产品、绿色采购、绿色物流和绿色矿山。

河钢集团企业绿色发展的实施路径：绿色制造的主要路径是钢铁生产过程中以“降耗、增材、提效、减排”为目标而采取的节能环保、工艺优化和技术升级措施；绿色产业的主要路径是围绕钢铁副产品、三废高效回收利用和节能环保技术产业化应用而衍生发展产业；绿色产品的主要路径是适应市场需求，发展满足全生命周期、能够循环使用，具有节能、长寿命、减量化、无污染的产品；绿色采购的主要路径是考虑“生产绿色低碳、产品高效长寿”的因素，引导钢铁企业物资采购和供应商管理；绿色物流的主要路径是优化物流体系，提高运输效率，降低原燃料、产成品等钢铁相关物资运输、装卸、贮存、加工过程中的消耗与排放；绿色矿山的主要路径是依靠提高资源综合利用效率推动矿业经济可持续发展，同时加强矿山生态环境保护和矿区复垦等，营造和谐、稳定的矿区环境。

河钢集团企业绿色发展的主要成效：2018 年，河钢集团吨钢综合能耗 560 kgce/t，吨钢 SO_2、吨钢烟粉尘、吨钢 NO_x 排放量分别为 0.58kg、0.48kg 和 0.87kg，吨钢 SO_2 和吨钢烟粉尘排放量比 2015 年分别下降 38.3% 和 36%，培育了河钢唐钢、河钢邯钢两家国家级绿色工厂示范单位。冷轧汽车板、热轧汽车板、家电板、管线钢、海洋用钢等先进绿色产品实现销量 2017 万吨，占比 51%，比 2014 年提升 41 个百分点。环保技术装备、固废资源综合利用、碳资产等一批绿色产业蓬勃发展。设置煤炭等原燃料采购的环境指标，降低高硫焦采购量，对供应商提出环境要求，物流铁运比例大幅上升，2018 年进口矿铁运比达到 63.4%，形成“外集内配、绿色联运”的绿色物流体系。矿山绿化率达到可绿化面积的 100%，露天矿山开采回采率总体达到 94% 以上，地下矿山开采回采率达到 95%，金属回收率达到 90% 以上，实现污水零排放，固体废弃物安全处置率达到 100%。

河钢集团企业绿色发展的商业模式规律：产业绿色发展是河钢集团按照“四圈层”商业模式逻辑体系进行的绿色化实践：河钢集团密切响应客户层的需求，围绕绿色产品，提高强度、减轻重量，科学研发、生产并引导钢材合理使用，而绿色产业发展使得河钢集团客户群体从钢铁领域进一步扩展；在价值层，河钢集团通过绿色制造、绿色物流等绿色体系打造，极大提升了河钢集团绿色发展品牌，提高了企业价值；在能力层，开发应用烧结脱硫脱硝等绿色技术，形成了完善的绿色管理体系；在发展层，通过制定绿色行动计划，创建绿色工厂、绿色矿山，制定绿色产品标准等，走出一条行业领先的绿色发展道路。

第一节　河钢集团绿色发展背景

一、行业调整加速、市场竞争激烈

中国是世界最大的钢铁生产和消费国，钢铁产业依靠规模增长和质量提升的双轮驱动，满足了建筑、机械、能源、汽车等行业发展，产业素质明显提高，国际地位大幅提升，形成了具有一定比较优势的竞争力，在我国新型工业化、信息化、城镇化、农业现代化和绿色化进程中，以及建设制造强国和开展国际产能合作中发挥着重要的支撑作用。同时，我国钢铁产业也面临生产消费进入峰值弧顶区，企业经营分化加剧，环境治理严格约束和国际竞争加剧等风险挑战。

当前，世界经济仍处于深度调整阶段，不稳定、不确定因素纷繁多变，经济形势错综复杂，发达经济体复苏基础较为脆弱，主要新兴经济体国家面临经济降速、结构调整等压力。国际钢铁市场需求总体上仍将保持不温不火状态，贸易救济措施盛行，资源民族主义有所抬头，钢铁企业间国际市场竞争将进一步加剧。从国内环境看，我国将深入推进发展方式转变和经济结构调整，经济增长将在中高速阶段保持新常态。随着国内需求逐步释放，消费、第三产业已分别超越投资和第二产业成为拉动经济增长的中坚力量，且主导地位进一步巩固。随着经济增长依赖投资的格局发生改变，单位经济总量的钢材消费强度进一步下降，钢铁生产消费在峰值弧顶区。随着需求结构升级和产业结构调整，市场将在品种质量、服务方面对钢铁企业提出更高的要求。此外，资源环境及人力资源瓶颈制约将进一步加强，钢铁制造成本上升压力增大，钢铁产业对地方发展、资本和优质劳动力的吸引力趋于下降。全面深化改革各项措施将激发各种经济要素活力，营造公平竞争的市场环境，要求钢铁企业加快改革创新和转型发展，适应快速变化的外部环境。

二、环境治理保持高压

当前，钢铁行业是大气污染防治的重点行业。从宏观来看，钢铁一方面对国民经济建设发展起到巨大的推动作用，另一方面又属于能源、资源消耗密集型产业，既为社会创造出大量财富，又排放出大量污染物。近年来，虽然各企业在节能减排领域不断自我加压，实施了一系列环保改造项目，吨产品排放绩效大幅下降，但是由于产能巨大，排放总量仍然居高不下，特别是颗粒物排放水平占到全工业企业近三分之一。从行业特点来看，钢铁行业污染排放特点与已经实施超低排放的火电行业有较大不同：一是有组织排放环节多，钢铁企业尤其是长流程企业涉及烧结、炼铁、炼钢、轧钢等多个工序，有组织排放口通常有上百个；二是部分环节污染物排放量大，仅排污许可制度中规定的主要排放口就有十余类之多；三是生产、运输过程均会有不同程度的无组织排放，且无组织颗粒物排放量能够占到全厂颗粒物排放量的一半以上。

2015年我国实施新环保法，被称为史上最严厉的新环保法，增加政府追责、公益诉讼、按日无上限计罚、责任人刑事拘留等举措，新环保法形成的高压态势将长期威慑违法行为，与此同时钢铁行业污染物排放标准也大幅提高。由于我国钢铁企业环保历史欠账较多，相当一部分钢铁企业不能满足环保治理的新要求，需继续加大环保投入，生产经营成本将进一步上升。尤其是京津冀、长三角和珠三角等执行大气污染物特别排放限值地区，标准实施效果仍无法满足人民日益增长的优美生态环境需要，并且存在个别排放限值不严、无组织监管无法落实、缺少物流环节管控要求的问题，无法针对钢铁行业的污染物排放特点开展全面环境管理。因此，亟需制定一套既严格又全面，且便于监管易于落实的超低排放实施方案。

2018年5月，生态环境部发布《钢铁企业超低排放改造工作方案（征求意见稿）》（以下简称方案意见稿）。方案意见稿的出台，是落实十九大报告中“提高污染排放标准”的主要抓手，是推进2018年政府工作报告中“推动钢铁等行业超低排放改造。提高污染排放标准，实行限期达标”的重要措施，是完成《打赢蓝天保卫战三年行动计划》，将“推动实施钢铁等行业超低排放改造”作为深化工业污染治理重要内容[20]。

河钢集团所在京津冀区域是我国大气污染最严重的地区。根据环保部门监测结果，京津冀区域内13个重点城市无一能实现综合达标，京津冀区域大气污染防治形势十分严峻。环境问题既是制约京津冀协同发展的重要短板，环境质量改善也成为京津冀协同发展的重要目标。为改善区域环境、切实落实大气污染防治行动计划，河北省政府加大重点行业污染治理力度，在全省钢铁、水泥、电力、玻璃等四大行业集中开展大气污染治理攻坚行动，在钢铁行业推进以原料场封闭、烧结烟气综合治理、烧结烟气旁路拆除、除尘系统改造等为代表的一系列污染治理工程，以促进钢铁企业提升环保治理水平，实现环境友好发展。同时，河北省还出台更加严格的《钢铁工业大气污染物排放标准》（DB13/2169—2015），制定《河北省达标排污许可管理办法》等一系列法律法规，成立全国首支环保警察队伍，从标准制度、保障落实两方面为钢铁企业实施绿色发展奠定了坚实基础。

三、节能减碳约束趋紧

“十三五”是我国大力推进生态文明建设、转变经济发展方式、促进绿色低碳发展的重要战略机遇期。钢铁工业是能源资源消耗重点行业，节能降耗任务日趋繁重。在能效提升方面，单位工业增加值能耗、吨钢综合能耗等能源消耗强度下降目标以及节能量考核将继续作为行业重点节能任务予以严格要求。在节能标准方面，焦炭、粗钢产品能耗限额标准、终端产品能效标准等一批节能标准在“十二五”期间予以修订及完善，节能标准约束力在“十三五”期间将得到进一步强化。在能源消费总量控制方面，政府将推行“一挂双控”措施，将能源消费与经济增长挂钩，对高耗能产业和过剩产业实行能源总量控制强制约束。

在碳约束方面，从国际总体形势来看，随着国际社会对气候变化认识不断深化，气候变化全球影响日益凸显，已成为当前全球面临的最严峻挑战之一。各国对气候变化问题认识正逐步提高，积极采取措施应对气候变化已成为全球各国的共同意愿和紧迫需求。

中国自 2012 年起已超过美国成为全球第一排放大国。在当前形势下，中国已不可能再沿袭发达国家以高碳排放为特征的现代化模式，迫切需要尽早和尽快向低碳发展转型。2009 年 11 月，中国政府宣布到 2020 年单位国内生产总值二氧化碳排放比 2005 年下降 40%~45%，并在“十二五”规划中提出国内生产总值二氧化碳排放下降 17% 的目标，这是第一次把控制温室气体排放写入我国经济社会发展规划，也标志着我国已进入碳约束时代。中国高度重视推动《巴黎协定》的生效和实施，为了实现上述目标，作为全球应对气候变化事业的积极参与者，于 2015 年 6 月底已提交了应对气候变化国家自主贡献文件《强化应对气候变化行动——中国国家自主贡献》，明确中国强化应对气候变化行动目标、主要行动政策和措施，提出到 2030 年中国单位国内生产总值二氧化碳排放比 2005 年下降 60%~65%。在 2030 年左右，二氧化碳排放达到峰值。为了实现上述目标，中国预计将花费超过 6.6 万亿美元 [21]。

从国内形势来看，相关政府部门对于应对气候变化工作也高度重视，制定一系列包括法律法规、融资和市场机制在内的渐进政策，旨在提高能效，降低碳排放强度。从国家层面，发改委、工信部相继发布《中国应对气候变化国家方案》《中国应对气候变化的政策与行动》《“十二五”控制温室气体排放工作方案》《工业领域应对气候变化行动方案》等一系列文件，并正在加快推动出台《应对气候变化法》。从省、市层面，从2010年始，国家组织开展低碳省区和低碳城市试点工作，目前低碳试点省市总数已达到42个。从行业及企业层面，2013年起陆续组织开展国家低碳工业园区试点工作，重点加快钢铁、建材、有色、石化和化工等重点用能行业低碳化改造，培育积聚一批低碳型企业。

在规范核算方法方面，从2013年起，相继印发十多个行业企业温室气体排放核算方法与报告指南，包括发电、电网、钢铁、化工、电解铝、水泥等行业。2015年年底，国家质量监督检验检疫总局、国家标准化管理委员会批准《工业企业温室气体排放核算和报告通则》等11项国家标准，实现核算方法标准化。同时，从2014年年初，国家发改委组织全国范围内重点企业温室气体排放报告，为实现全国统一碳市场做准备，要求温室气体排放13000吨二氧化碳，或综合能耗（标煤）5000吨以上企业全部申报温室气体排放情况。

在碳交易体系建设方面，从2011年起，发布《关于开展碳排放权交易试点工作的通知》，确定北京市、天津市、上海市、重庆市、湖北省、广东省及深圳市7个省市，开展碳排放权交易试点工作。在碳交易试点工作的基础上，2017年启动全国碳排放交易市场，成为全球最大碳市场，为中国乃至世界落实碳减排工作做出重要贡献。

中国钢铁工业生产结构仍主要以矿石和炼焦煤为主的高炉—转炉长流程工艺，是碳排放的主要行业。据统计，中国钢铁工业碳排放量约占全球钢铁行业碳排放的51%，占中国总碳排放量的15%左右。钢铁工业作为碳排放重点行业，积极助推2020年单位GDP碳排放下降40%～45%的国际承诺低碳目标，以及2030年左右达到碳排放峰值的中长期低碳发展目标责无旁贷。同时，全国碳排放交易体系已明确覆盖钢铁行业。

钢铁工业是河北省支柱产业，河钢集团是国内规模第二大钢铁集团，也是河北省最大国有企业。作为传统资源型企业的典型代表，河钢集团多年来一直高度重视节能降耗工作，率先探索和实践“绿色转型”，并形成了以河钢唐钢、河钢邯钢为代表的优秀企业，树立了钢铁行业绿色发展的良好品牌形象。

四、河钢集团绿色发展初期亟待解决的问题

在国家大力推进生态文明建设的大背景下，钢铁工业已经进入减量发展阶段。河钢集团由于所处区域敏感性，政府对钢铁行业的环保要求使其面临三重压力：一是停限产压力。为了保障城市空气质量，钢铁企业错峰生产已成为常态化，直接增加企业生产运行成本。二是搬迁压力。随着地方政府环保压力不断加大，各地方政府纷纷提出让城市钢厂搬离，目前河钢唐钢、河钢邯钢、河钢宣钢和河钢石钢都面临搬迁任务。三是环保标准日益提高压力。河北省率先提出钢铁行业超低排放标准,唐山市和邯郸市还提出CO削减要求，加上环保执法、督查力度等方面不断加码，河钢集团整体面临的环保形势非常严峻，绿色发展是河钢集团实现转型升级的必由之路。

河钢集团绿色发展主要围绕“绿色制造、绿色产品、绿色产业、绿色矿山、绿色采购、绿色物流”等六个方面开展工作，集团在绿色发展初期也像世界上其他集团一样，遇到很多问题。

绿色制造方面，河钢集团绿色制造与浦项、宝钢等世界领先企业仍有较大差距，集团各子公司在规模、效益、产品结构、资源特点、区域位置等方面存在较大差异，绿色制造起点也不相同，全面实施绿色制造的空间很大，共性问题具体体现在以下七个方面：

一是少数产尘点除尘设施老化，除尘能力不足和烟粉尘无组织排放问题在局部仍然存在,环境监管能力建设有待进一步加强。二是烧结烟气氮氧化物、二噁英、颗粒物等多污染物协同治理先进技术尚未普及应用，焦炉烟气二氧化硫、氮氧化物等污染物治理环保难点问题仍需突破。三是污水资源化仍存在空间，特殊污水处理回用有待加强。部分污水处理工艺相对简单，回用水水质一般，影响循环水系统浓缩倍数提高；焦化酚氰废水、冷轧废水浓油废水等处理工艺和控制仍需优化完善。四是工艺节能、能源加工转化效率提升仍存优化空间。在降低铁钢比、降低焦比、优化炉料结构方面具有不同程度挖潜空间，同时，能源加工转换效率具有较大提升空间，比如部分子公司存

在煤气发电机组参数低、容量小、能效水平不高，烧结余热发电机组运行效果不佳等。五是能源资源化利用、余热余能回收利用方面需提高。尽管各企业已配套大量节能技术措施，但仍有部分先进节能技术措施有待配套及跟踪研究，如高温超高压发电机组技术、富余煤气价值化应用，焦炉煤气、转炉煤气显热回收，高炉渣、转炉渣显热回收，循环冷却水等低温余热资源。六是能源管理体系有待完善。各子公司在能源管理方面均存在提升空间，有的亟需推进能管中心建设，有的需要进一步挖掘、发挥现有能管体系作用，同时能源计量基础设施配备需要继续优化。七是部分主体工艺装备需改造升级，加强衔接匹配。如热装热送比例、温度应提高，综合成材率仍有提升空间，洁净钢平台技术有待提升等。

绿色产品方面，河钢集团要以产品生命周期评价方法为基础，综合考虑钢材产品在设计、生产、加工、使用和回收等方面资源能源消耗和环境影响，开发和生产在产品全生命周期内对环境影响更小、资源能源消耗更少的钢材品种，建立起河钢集团绿色产品体系，并不断更新绿色产品种类，增加先进类绿色产品产量和比例，为用户和社会提供更具责任心的绿色产品，为用户提供绿色解决方案，持续推进河钢集团绿色可持续发展，彰显社会责任。

绿色产业方面，河钢集团绿色产业已具备一定基础，但总体来看仍处在发展初期。企业规模不大、经营分散、产业化水平不高，龙头型、骨干型和支柱型企业数量偏少，绿色产业技术研发、推广以及装备产业化不足等问题仍较为突出，主要表现在以下方面：一是绿色产业发展处于起步阶段。河钢集团绿色产业处于蓄势待发状态，河钢唐钢、河钢邯钢等企业在自身技术应用基础上，已经形成了向产业转化的雏形，河钢宣钢、河钢舞钢等企业发展绿色产业条件还不充分。从集团整体发展现状看，绿色产业产值贡献比例相对较小。二是产业发展不均衡。绿色产业发展具体业务分别由河钢唐钢、河钢邯钢等各子公司独立运行和管理，各子公司产业基础和发展水平相差较大。河钢唐钢和河钢邯钢工业气体、河钢唐钢钢渣利用技术为行业领先水平，具备良好的产业基础和较好的推广应用前景。河钢宣钢、河钢承钢、河钢舞钢等资源综合利用水平还存在较大提升空间。三是管理制度对产业发展支撑作用不强。河钢集团绿色产业管理制度有待完善，技术研发和推广促进机制成熟度仍需提高，产学研衔接连贯性不强，相关技术、装备标准和产品标准建设相对滞后，产业规范化发展程度低，难以支撑先进技术、装备推广应用。四是产品创新能力不足，装备产业化还存在较大差距。河钢集团从事绿色产业技术人员比重不高，技术研发能力相对薄弱，资源循环利用技术水平与国外先进企业相比，尚有差距。此外，节能环保装备产业化能力不足，自有知识产权技术产业化应用以及转化程度偏低。五是固废资源利用总体水平不高。以2014年为例，河钢集团主要固废资源产生量为2940万吨，总产值为6.5亿元。各子分公司固废综合利用总体水平不高，除部分铁素资源直接返生产利用外，大多固废资源直接外卖利用，固废利用附加值较低。六是产业发展平台体系尚不成熟。总体来看，河钢集团绿色产业发展较为分散，集约化程度不高，平台体系有待进一步完善健全。

绿色矿山方面，河钢矿业下辖7座在产铁矿山，分别为司家营铁矿、庙沟铁矿、研山铁矿、石人沟铁矿、黑山铁矿、柏泉铁矿和龙烟近北庄铁矿。作为国内大型铁矿采选联合企业，积极响应国家号召，走绿色矿业发展道路。截至目前，河钢矿业已有4座矿山（司家营铁矿、庙沟铁矿、黑山铁矿和柏泉铁矿）通过国家验收，正式成为国家绿色矿山。其他子公司应与司家营铁矿进行对照，寻找差距，结合自身的实际情况，按照绿色矿山要求，有序有度进行绿色化改造。

绿色采购方面，河钢集团原燃料采购主要由河钢采购和河钢国际承担，采购模式以集中采购为主，分散采购为辅。采购过程中缺少绿色采购标准、绿色评价体系。采购过程中信息自动化程度较低，仅有交易中心招标采购平台，尚未整合和覆盖集团所有资材采购和管理。采购人员对绿色采购和环境经营意识尚待加强。需要强化对采购人员绿色采购和环境保护培训。

绿色物流方面，河钢集团在建立全流程绿色物流体系方面还有差距。全流程绿色物流应该以提高物流减量化、高效化、清洁化水平为目标，以构建绿色物流管理标准和管理体系为主线，以提高绿色物流保障能力和降低物流成本为主要抓手，突出绿色物流专业化管理，强化绿色物流标准化作业，着力绿色物流对标挖潜，统筹物流资源配置，从供应物流、生产物流、销售物流、物流信息化、物流工具和物流业务专业化管理等方面优化提升，打造高效率、低成本、一体化的绿色物流保障体系，提升各生产基地物流环节价值创造能力，提高河钢集团绿色物流综合竞争力。

第二节 河钢集团绿色发展的核心理念和实施路径

一、集团绿色发展的核心理念

绿色发展是在推进生态文明建设要求下的一种全新的企业经营理念和模式，作为规模最大、应用最广的原材料流程工业，钢铁产业最有潜力，也最有条件成为绿色发展的实践者。

河钢集团生产规模位居世界前列，在全球钢铁产业具有举足轻重的影响力，河钢集团实施绿色发展是建设最具竞争力钢铁企业的必然要求，是打造与其规模相适应的产业地位的客观需求，也是实现可持续发展的必由之路。作为市场竞争的主体，企业提高竞争力、谋求盈利与肩负责任是永恒的追求，河钢集团实施绿色发展不应、也不能是简单的投入、付出成本，而是应谋求有效益的绿色发展，体现为“六位一体”总布局，内涵主要包括绿色制造、绿色产业、绿色产品、绿色采购、绿色物流和绿色矿山[22]。其中：

绿色制造指的是钢铁生产过程中以“降耗、增材、提效、减排”为目标而采取的节能环保、工艺优化和技术升级措施；

绿色产业指的是围绕钢铁副产品、三废高效回收利用和节能环保技术产业化应用而衍生发展出的产业；

绿色产品指的是满足全生命周期、能够循环使用，具有节能、长寿命、减量化、无污染的产品；

绿色采购指的是考虑“生产绿色低碳、产品高效长寿”的因素，引导钢铁企业物资采购和供应商管理；

绿色物流指的是优化物流体系，提高运输效率，降低原燃料、产成品等钢铁相关物资运输、装卸、贮存、加工过程中的消耗与排放；

绿色矿山指的是主要依靠提高资源综合利用效率推动矿业经济可持续发展，同时加强矿山生态环境保护和矿区复垦等，营造和谐、稳定的矿区环境。

就“六位”与“一体”的关系而言：绿色发展是统领，绿色制造是关键，绿色产业是方向，绿色产品是目标，绿色矿山、绿色采购、绿色物流是保障。

河钢集团绿色发展总体思路是秉承生态文明理念，落实制造强国战略，围绕河钢集团建设最具竞争力钢铁企业目标，按照“六位一体”绿色发展总布局的要求，深入推进绿色制造、加快发展绿色产业、研发应用绿色产品、稳步推进绿色采购、系统优化绿色物流、培育打造绿色矿山，率先成为效益佳、效率高、消耗低、排放少、环境美的绿色钢铁示范企业，引领我国钢铁业绿色转型。

河钢集团绿色发展路线图如图 8-1 所示。

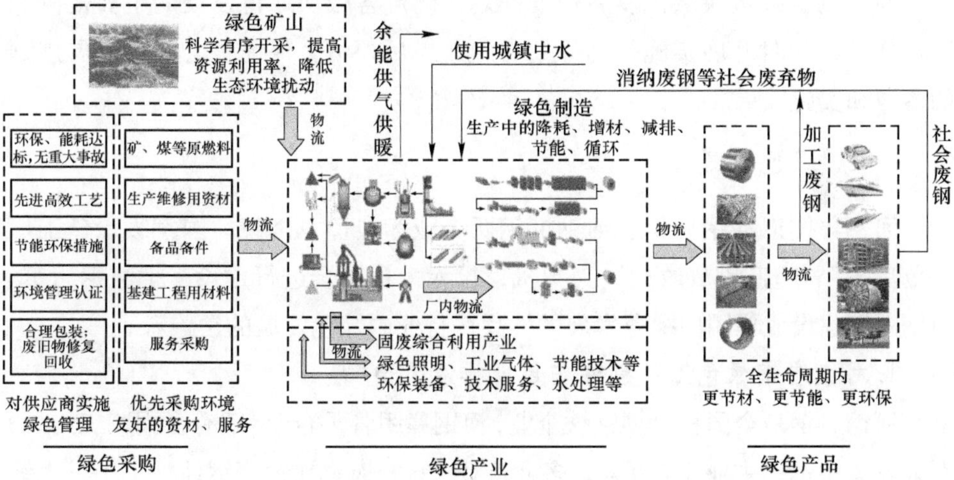

图 8-1　河钢集团绿色发展路线图

河钢集团绿色发展基本原则主要包括：

（1）坚持理念更新与企业实际相结合。绿色发展理念内涵随着时代变迁不断发展，河钢集团实施绿色发展应坚持绿色理念不断与时俱进，同时高度重视将先进绿色理念与企业实际有机融合，切实促进各项工作，提高企业发展实效。

（2）坚持效益导向与投入相结合。在市场中获取有竞争力的经营效益是企业发展的总基础，河钢集团实施绿色发展不应、也不能是简单的投入、付出成本，必须树立投入观念，讲实效、重实用，统筹经济效益和环境效益，避免贪大求洋，不搞形象工程。

（3）坚持整体推进与重点突破相结合。河钢集团实施绿色发展应全面考虑集团一盘棋，加强顶层设计、整体推进，同时围绕紧迫问题、重大需求，调配人财物等资源、要素，在重点企业、重点方向、重点项目上实现率先突破。

二、绿色发展实施路径

近年来，河钢集团在绿色发展取得丰硕成绩，关键在于制定行之有效的实施路径，主要包括确立绿色发展的总体思路原则，统一指导全集团的绿色发展的工作，制定全集团和各板块的绿色发展目标，明确绿色发展的主要努力方向，制定各板块绿色发展行动计划，确定各板块绿色发展的主要范围和工作任务，同时开展实施行动计划实施效果后评估，保证整个绿色发展规划的落地和实施效果。

（一）绿色制造

河钢集团以河钢唐钢、河钢邯钢两企业为典型，围绕“国家级绿色工厂示范单位”“超低排放改造”为契机，投入大量资金进行建设，把河钢唐钢、河钢邯钢建设成集团内绿色发展的标兵，行业内绿色发展的领跑者。

1. 河钢唐钢绿色工厂创建与超低排放改造

河钢唐钢是全国特大型钢铁企业，河钢集团骨干企业，现有在岗职工约 3.3 万人，其中钢铁主业 1.7 万人，多元产业 1.6 万人。河钢唐钢地处中国三大铁矿带之一的冀东地区，北依燕山，南滨渤海，紧邻京津，享有得天独厚的资源、区位和交通优势。目前，河钢唐钢已形成年产铁、钢、材 1800 万吨配套生产能力（产能在全国单体钢铁企业中位居前五），产品分为板、棒、线、型 4 大类，140 多个品种、1000 多种规格；河钢唐钢产品门类齐全、覆盖面广，主要有热轧薄板、冷轧薄板、镀锌板、中厚板、不锈钢板、棒线材、型材等。精品板材占产品总量的 60%。河钢唐钢已顺利通过质量、环保和职业安全卫生等三项重要管理体系认证。

河钢唐钢始建于 1943 年，迄今已有 74 年的历史，是我国碱性侧吹转炉的发祥地。经过 70 多年建设发展，河钢唐钢发生了翻天覆地的变化，从一个落后的小作坊式的工厂发展到具有强大综合竞争力的特大型钢铁联合企业。河钢唐钢经历过唐山大地震，在地震废墟上重新崛起，仅用 28 天就恢复生产，炼出了“抗震志气钢”，被称为“地震震不垮、困难吓不倒”的队伍。“九五”

计划以来，河钢唐钢在工艺、装备、技术、管理等各个方面实现了一系列重大进步，取得了突飞猛进的发展，特别是主要装备均达到国际先进水平，实现了现代化、大型化，工艺技术达到行业较高水平，成为国内高质量板材和建筑用材的重要生产基地。2015 年年初投产高强汽车板公司，为河钢唐钢实现产品结构调整和转型升级提供了重要保障。

2018 年，河钢唐钢产铁 1379 万吨，产钢 1562 万吨，产钢材 1406 万吨。实现营业收入 734.4 亿元，实现利润 20.06 亿元。

河钢唐钢分为钢铁主业和多元产业两大板块。钢铁板块包括唐钢本部、不锈钢公司、中厚板公司、唐银公司四大区域；非钢板块包括 20 多家非钢单位。

近年来，河钢唐钢坚持开放性思维、全行业视野和国际化定位，践行“我们不能左右市场，但可以左右自身工作”的理念，不断提升提高工作标准，积极应对各种困难和挑战，从环境形象到清洁生产和节能减排，从成本控制到产品开发和品牌提升，实现了全方位的历史性进步和跨越式发展。近年来，河钢唐钢先后荣获“中国五一劳动奖状”“中国绿化模范单位”“国土绿化突出贡献单位”“中国钢铁工业清洁生产环境友好企业”“中国生态文化示范企业”“河北省文明单位”等多项荣誉称号。河钢唐钢绿色转型引起行业内外的广泛关注，被誉为“世界上最清洁的钢厂”。

环境保护方面：近年来，河钢唐钢在生产经营面临巨大困难的情况下，仍投资近 50 亿元实施 200 余项污染源治理项目：废水处理与综合利用方面通过建立与城市市政污水处理厂梯度使用和循环使用，建立城市中水平衡，在大的水循环系统中，河钢唐钢不仅没有废水排放，还为城市深度使用了大量中水，减少中水排放，并降低一次水源的消耗；废气系统通过实施无组织尘深度治理，烟气脱硫脱硝改造等工程，较 2010 年以前，减少 SO_2 排放量 16400 吨 / 年，减少 NO_x 排放量 2000 吨 / 年，削减颗粒物排放量 8407 吨 / 年。2019 年随着脱硝系统稳定运行，烟气氮氧化物还将大幅度降低。厂区环境质量显著改善，也为唐山市乃至整个京津冀地区环境优化做出巨大贡献。

一直以来，河钢唐钢秉持“污染排放达标、总量控制有效、环境风险受控、建设项目合规、生产过程清洁、资源循环利用”的总体思路，持续加大管理力度，通过一系列工程措施和管理措施，现场环境绩效显著提升，实现资源节约与环境友好发展，为“十三五”全面实现绿色发展奠定坚实基础。2018 年，河钢

唐钢吨钢 SO_2 排放量为 0.62 千克 / 吨，吨钢颗粒物排放量为 0.59 千克 / 吨，吨钢 NO_x 排放量为 0.87 千克 / 吨，吨钢 COD 排放量为 0.036 千克 / 吨，吨钢氨氮排放量为 0.002 千克 / 吨。污染物排放绩效指标均达到钢铁行业清洁生产一级指标，排放指标达到国内先进水平。

提高能效方面：河钢唐钢成立了以总经理为最高领导的节能减排领导小组，各二级单位也成立了相应领导机构，各部门一把手负总责。节能管理职能设在二级部门能源环保部。

河钢唐钢按时完成了与省政府签订的节能目标责任状中任务，在企业内部实行严格的考核体系，将节能目标层层分解。建立能源管理体系，并且按照体系要求，使能源管理更加系统化、规范化和标准化，并取得能源管理体系认证。

2010 年，河钢唐钢建立能源管控中心，采用信息化、智能化手段大幅提高能源管理效率，能源管理数据更准确，分析更全面，对生产指导性更强。

在节能技术进步方面：仅“十二五”期间，河钢唐钢就投资 28.6 亿元，实施 36 项节能项目，实现了从技术改造、系统优化、结构调整等角度分析潜力，改变过去能源管理追求安全稳定运行方式，实现能量系统优化、安全经济运行；改变过去余热余能重回收，实现重转化、重效率，提高余热利用价值。

在管理、技术、结构节能手段的共同努力下，河钢唐钢节能指标取得良好成绩，吨钢综合能耗和企业自发电率等指标均处于行业先进水平。

循环经济方面：近年来，河钢唐钢始终坚持循环经济“减量化、再利用和资源化”的原则，在钢铁生产及产品服务全生命周期方面，努力践行清洁生产、绿色采购和废弃物资源化利用等循环经济理念。注重在各冶炼工序实施工艺技术优化，降低原材料消耗，提高资源产出率；强化对供应商和采购过程精细化管理，有完整的供应商投招标制度及管理制度，持续推进绿色采购供应链建设。自 2008 年以来，河钢唐钢在生产经营面临巨大困难的情况下，坚持项目不减、资金不减、管理力度不减的原则，矢志不渝地推进治污减排、清洁生产和环境治理。河钢唐钢建立物质循环、能源循环及废弃物再资源化生产体系，全面推进节能、节水、降耗及资源综合利用等方面技术进步，使河钢唐钢资源和能源效率及污染物排放等指标达到业内先进水平。

当前，河钢唐钢正以“建设最具竞争力钢铁企业”为目标，秉承 70 余年光荣传统，深入贯彻“五大发展理念”，以更高的标准，主动适应国家经济发展新常态，积极参与供给侧结构性改革，全面推进改革创新，加快结构调整和产业升级，全面推进提质增效和转型发展，不断提升新常态下的综合竞争力，努力打造基业长青的百年唐钢。

2. 河钢邯钢绿色工厂创建与超低排放改造

河钢邯钢于1958年建厂，前身为邯郸钢铁总厂。1996年1月1日，邯郸钢铁总厂改制为邯郸钢铁集团有限责任公司。1997年先后兼并原冶金部属企业舞阳钢铁公司和河北省属企业衡水钢管厂，并于同年创立邯郸钢铁股份有限公司。2008年6月30日，经省委、省政府批准，邯郸钢铁集团有限责任公司与唐山钢铁集团有限责任公司联合重组为河钢集团，是河钢集团的核心企业。

河钢邯钢现有总资产1028亿元，职工2.3万人，具备年产1300万吨优质钢的综合生产能力，是国家重要的精品板材和优特钢生产基地。河钢邯钢荣获全国文明单位、国家创新型企业、全国质量奖、全国绿化模范单位、全国节能先进集体、全国先进基层党组织、全国模范劳动关系和谐企业等荣誉称号。

近年来，河钢邯钢按照河钢集团“建设最具竞争力钢铁企业目标”，坚持走产业升级产品高端路线，建成了集钢铁深加工、高效节能环保为一体的全流程现代化装备集群，主体装备主要包括3个综合原料场、10座焦炉、5台烧结机、2条球团生产线、6座高炉、8座转炉、23套轧机，整体装备实现大型化、现代化、高端化，达到“国内领先、国际一流”水平，实现向“品质效益型、科技创新型、生态工业型”的转型升级，综合竞争力跃上新台阶。

河钢邯钢通过调结构、增品种、提品质、创品牌，产品结构实现深度优化，主要包括汽车板、管线钢、家电板、重轨及优质型棒线材等，涵盖汽车、家电、建筑、造船、航天、机械、石化等国民经济各个领域，远销欧美等国家和地区。2018年全年，河钢邯钢产铁1009万吨、钢1123万吨、钢材1045万吨，实现营业收入711亿元，利润16.65亿元；品种钢比例达到81.3%，同比提高1.7个百分点；高端产品681.7万吨，增幅9.7%。

近年来，河钢邯钢以打造“人、钢铁、环境和谐共生的钢铁企业”为目标，坚持走绿色发展道路，高度重视环境经营和清洁生产，持续加大节能环保投入，着力打造绿色钢企，取得了显著的社会效益和经济效益。

河钢邯钢先后荣获全国节能先进集体、河北省能效领跑企业、节能先进单位、环境保护工作先进单位、节能减排模范集体、环境保护优秀企业、全国绿化模范单位、河北省工业旅游示范点、河北省园林式单位、河北省绿化先进单位等荣誉称号。

河钢邯钢在绿色发展方面做了大量工作，并取得巨大成就。

环境保护方面，河钢邯钢始终将生态环境保护当作关系公司生死存亡的头等大事，将坚决打好污染防治攻坚战作为一项重要的政治任务，致力于实现“蓝天白云、繁星闪烁”“清水绿岸、鱼翔浅底”的美好愿景。以打造世界最清洁工厂为目标，选用世界最先进环保工艺，按照源头治理与末端治理相结合的理念，不惜大投入实施环保治理改造。累计投资 143 亿元，建成了一批代表世界最先进水平的环保治理设施。

（1）有组织排放全工序全流程实现超低。

焦化：现有 8 座焦炉生产，全部实现干熄焦；所有焦炉全部完成超低排放改造，焦炉烟气采用最先进的治理技术进行脱硫脱硝深度治理，烟气中颗粒物排放小于 10 毫克 / 立方米、二氧化硫排放小于 25 毫克 / 立方米、氮氧化物排放小于 100 毫克 / 立方米，率先实现超低排放。

对污染源进行源头管控，对焦炉煤气进行脱硫升级改造，在原有脱硫设备基础上增加预脱硫工艺装置，煤气脱硫后硫化氢指标可由 6~8 克 / 立方米降至 20 毫克 / 立方米以下，实现二氧化硫进一步减排。

VOC 治理采用活性炭吸附冷凝回收工艺和负压回收工艺，彻底治理挥发性有机物排放。

实施焦化废水深度处理。此项目属于国家“十三五”水体污染控制与治理国家重大科技专项，是冶金行业唯一钢铁生产全流程水污染治理课题，工艺指标处于最先进水平。

烧结机：烧结工序污染物排放量占到全工序排放量的 70% 以上。邯钢现有烧结机 5 台，其中 4 台完成超低排放改造。烧结烟气采用世界先进的逆流式活性炭脱硫脱硝脱二噁英一体化（CSCR）工艺，二氧化硫近零排放，颗粒物小于 10 毫克 / 立方米，氮氧化物小于 50 毫克 / 立方米，排放指标全国第一。

高炉：所有高炉出铁场、上料系统、槽上、槽下分别采用高效除尘装置进行除尘，所有高炉均实现炉台平坦化，出铁口、渣沟、铁沟设有除尘罩，

3200立方米大型高炉出铁场采用“一用一备”双除尘器除尘方式，保证高炉出铁无缝隙除尘，在国内高炉环保治理方面处于先进水平。

转炉：转炉配有一次、二次、三次除尘，并进行煤气回收；倒罐站、精炼炉配有高效布袋除尘器。特别是采用国内先进的干法除尘技术，有效利用转炉除尘灰，提高除尘效率。

（2）无组织排放实施深度治理，杜绝无组织放散。

河钢邯钢在坚持做好有组织排放的同时，在行业内率先开展无组织排放深度治理。邯钢共三个原料场,第三原料场已于2018年5月前全部退出,第一、第二原料场已完成高标准全封闭，其中第一原料场2013年已投入使用，被工信部、环保部作为标杆在全国推广。炼焦用煤采用48座万吨储煤罐，从火车进厂、储煤、配煤到用煤实现全封闭的流程，杜绝无组织排放。建成国内首家总长度达13公里的管带机输送系统，所有皮带通廊、运料转运站、厂房等全封闭、无泄漏。做到“用煤不见煤、用矿不见矿、运料不见料”，实现厂区原料储存、运输全封闭、无污染。

建设无组织排放管、控、治一体化系统。对无组织排放源点进行监控和深度治理，对原料大棚、汽车受料槽、火车翻车机等无组织排放点安装鹰眼视频监控、车辆识别、限位识别、空气质量监控等手段并远程操作，实现无组织排放治理设施与生产设施联动、治理设施与监测数据联动，通过监控精准治理，持续改善区域环境。

（3）积极创建绿色工厂，绿化覆盖率达到55%。

全区域实施绿化美化。在河钢邯钢厂区建设总面积约1060亩、南北跨度2.3公里、东西跨度1.5公里的“钢铁印记”主题花园，厂区与厂区东部外居民区绿化防护距离超过1300米,形成了钢厂与城市和谐共融的“绿色屏障”和“天然氧吧”，建成了“绿树成荫、花草遍布、处处有景”的花园式工厂，厂区绿化总面积达到396.5万平方米，绿化覆盖率达到55%。邯郸市首届青年钢城马拉松赛在厂区举行，全国各地钢厂纷纷到河钢邯钢进行学习交流，受到社会公众广泛赞誉。

与2010年相比，河钢邯钢2018年二氧化硫排放量减少38631吨，氮氧化物排放量减少5592吨，颗粒物排放量减少24245吨，COD排放量减少1692吨，氨氮排放量减少345吨。

2018 年，河钢邯钢吨钢 SO_2 排放量为 0.22 千克 / 吨，吨钢颗粒物排放量为 0.23 千克 / 吨，吨钢 NO_x 排放量为 0.69 千克 / 吨，吨钢 COD 排放量为 0.025 千克 / 吨，吨钢氨氮排放量为 0.002 千克 / 吨，污染物排放指标远优于钢铁行业清洁生产一级指标。

节能方面，河钢邯钢成立了以总经理为组长的节能减排领导小组，各二级单位也成立相应领导机构，各部门一把手负总责。节能管理职能设在二级部门能源环保部。

河钢邯钢按时完成了与省政府签订的节能目标责任状中任务，在企业内部实行严格的考核体系，将节能目标层层分解。邯钢公司建立了能源管理体系，并且按照体系要求，使能源管理更加系统化、规范化和标准化，并取得了能源管理体系认证。

2009 年，河钢邯钢就建立了能源管控中心，采用信息化、智能化手段大幅提高了能源管理效率，能源管理数据更准确，分析更全面，对生产指导性更强。

河钢邯钢加大节能减排投入，为高效节能降耗减排、绿色环保发展创造有利条件。将年固定资产投资额 15% 用于节能减排项目建设，目前主要生产工序节能减排设施配套齐全，技术先进，实现高效节能降耗，从源头上控制污染物产生。节能减排设施达 220 余套，拥有各类余热余能发电设施 23 台套，总装机容量 800 兆瓦，具备年发电量 40 亿千万时能力。

在管理、技术、结构节能手段共同努力下，河钢邯钢节能指标取得良好的成绩，吨钢综合能耗和企业自发电率等指标都处于行业先进水平。

循环经济方面，河钢邯钢始终坚持循环经济“减量化、再利用和资源化”的原则，在钢铁生产及产品服务全生命周期努力践行清洁生产、绿色采购和废弃物资源化利用等循环经济发展理念。注重在各冶炼工序实施工艺技术优化，降低原材料消耗和提高资源产出率；强化对供应商和采购过程的精细化管理，有完整的供应商投招标制度及管理制度，持续推进绿色采购供应链建设。自 2008 年以来，邯钢公司在生产经营面临巨大困难的情况下，坚持项目不减、资金不减、管理力度不减的原则，矢志不渝地推进治污减排、清洁生产和环境治理。邯钢公司建立物质循环、能源循环及废弃物再资源化生产体系，全面推进节能、节水、降耗及资源综合利用等方面的技术进步，使邯钢公司的资源和能源效率及污染物排放等指标达到业内先进水平。

三、绿色产业

绿色产业是河钢集团技术领先的体现，也符合国家产业发展方向。河钢集团绿色产业立足钢铁产业链的资源平台与市场优势，盘活存量，做强绿色产业，是河钢集团优化人力资源与资产结构，削减附加成本，还原钢铁主业先进性的战略举措；是开辟新的效益增长极，建设综合型产业集团，打造全球最具竞争力钢铁企业的重要途径。

河钢邯钢气体公司，2016 年通过航天五院 502 所专家现场审核及其合格供应商认证，实现高端领域开拓；氦气供应打入中船重工 718 所，实现与知名强企成功对接；与上海交通大学合作，进行暗物质研究；与清华大学合作，进行氙气核技术领域运用研究。通过与国内尖端领域用户建立战略合作关系，提升知名度和品牌价值。2017 年，航天氙气首次实现“中国造”，成功开发出 6N 级高品质航天氙高端拳头产品。作为卫星电推系统的氙气推进剂，已成功应用于实践十三号卫星发射，并且一举打破国外进口氙气在我国航天领域 40 年的垄断，填补国内空白，提升我国超高纯稀有气体产品核心竞争力，使河钢邯钢成为国内首家有成功业绩的航天级氙气供应商，被业内人士誉为民族的“争气氙”。

唐钢浦项（唐山）新型光源有限公司是河钢唐钢唐山创元方大电气有限责任公司和韩国浦项 LED 公司共同投资设立的合资公司。公司集 LED 照明产品研发、制造、销售、系统全方案服务于一体，致力于生产高品质、高技术含量的 LED 照明产品；公司生产产品共 10 个大类 170 多个规格，全系类产品是浦项 LED 与 IT 及照明系统方面的专家韩国浦项 ICT 公司、浦项科技大学（Pohang University of Science and Technology，POSTECH）及享誉全球的 IT 研究所——工业科技研究所（Research Institute of Industrial Science & Technology，RIST）共同合作的成果；公司产品技术和生产工艺与韩国浦项 LED 同步，产品效能和可靠性技术均在行业中处于领先地位。

唐信新能科技发展有限公司（简称唐信新能）是由河钢唐钢、中信环境投资集团、河北优奈新能源投资有限公司，集三家企业在装备制造、能源环保、资本运营等多个领域优势，合资成立的新型能源公司。公司坐落在唐山开平区现代装备制造工业园区，建地面积 10 万平方米，建筑面积 3.5 万平方米，拥有数条国际领先的大型自动化生物质颗粒燃料加工生产线（设计总生产能力 10 万吨），以及新能源研发中心，在新能源开发应用领域处于国内领先水平。唐信新能公司致力于新能源项目的投资建设与运营，以生物质能源的生产、热能服务、节能减排为核心，协同发展节能环保服务、加热炉改造、转炉煤气回收利用、LED 节能集成服务、城市污水处理、氢能源综合利用等多领域节能技术推广服务。服务模式不仅限于能源的生产及设备的销售，依托股东方的资金优势，采用 BOT 或 BOO 的商务模式为用户提供“能源 + 设备 + 服务”整套解决方案，实现互利共赢。

河钢集团除子公司绿色产业公司以外，在集团层面也专门成立了绿色产业公司。

河钢能源环境科技有限公司（简称河钢能源）是河钢集团全资子公司，于 2015 年 7 月 15 日挂牌成立，注册资金 1 亿元，是河钢集团节能环保先进技术的研发、引进、产业化输出的服务平台及节能环保项目的投融资与运营管理平台。

河钢能源主营业务为面向钢铁行业的节能环保业务、面向国内外重点行业的污染治理业务等，以合同能源管理（EMC）、工程项目总承包（EPC）、投资－建设－运营（BOO）、环境第三方治理等为主要商业模式。

经营范围包括节能技术开发、咨询、转让、推广服务；环境科学技术研究服务；环保专用设备制造；合同能源管理；对所投资企业资产运营管理；以下项目取得资质后凭资质经营；水污染治理、大气污染治理、固体废物治理、环保工程专业承包、节能技术检测、工矿企业环境保护监测服务。

主要产品及产能：一是节能服务领域。拥有一项发明专利（一种蓄热式辊底加热炉）、三项实用新型专利（一种改进的步进梁式加热炉炉底、一种回收转炉烟气余热的干法除尘装置及方法、一种铁矿烧结烟气的脱硫方法及系统）、两项计算机软件登记（煤调湿烟气处理自控系统、煤调湿设备运行管理系统）。另外，河钢唐钢 40 项节能减排专利技术以及石墨电极浸渍技术，由华奥公司负责推广应用。二是 LNG 领域。拥有焦炉煤气制取液化天然气技术，目前由河钢能源管理的河北华奥节能科技有限公司按河钢唐钢要求托管滦县唐钢气体，焦炉煤气消耗（标态）3.2 亿立方米 / 年（4 万立方米 / 小时），

LNG 产量 9.92 万吨 / 年；同时，为配合美锦煤化工二期建设需要，负责滦县 LNG 的改造项目，项目设计产能为年产液氮 11.68 万吨、LNG 9.2 万吨。

投融资方面，依托河钢集团，充分利用国家产业政策加大融资服务平台建设，已发行首批绿色债券 7 亿元，并积极谋划第二批绿色债券申报工作，将绿色债券发债范围由河钢股份扩大到河钢集团所属子、分公司。

2018 年，河钢能源完成集团经营考核指标及各项工作，全年实现收入 36392 万元，利润 23737 万元。由河钢能源管理的河北华奥节能科技有限公司实现营业收入 15393.97 万元，实现利润 2039 万元。

四、绿色产品

近年来，河钢集团加大科研技术投入，加快产品结构调整步伐，为社会提供绿色产品。主动适应钢材减量化与可持续发展趋势，积极研发具有“高强、长寿、耐蚀、轻量化”的钢材产品，主动推广使用高强迭代产品。目前，集团具备超千万吨的高等级全系列精品板材生产加工能力。拥有高强汽车板产线 800 兆帕两条，1200 兆帕两条，1600 兆帕一条，以及重轨全长余热淬火等先进产线。依托装备优势，成功研发生产超强汽车双相钢，0.8 系数 X80、X90 管线钢，700 毫米特宽特厚高强耐蚀海洋工程用钢、煤化工用大厚度临氢铬钼钢等，一批填补国内空白、替代进口的绿色高强钢材产品，也为下游行业节能减排创造了条件。

河钢集团主持和参与 15 项国家课题，推进顺利并取得全新成效，“多污染物中低温协同催化净化技术及示范”等 4 个课题已完成示范工程建设，“钒的清洁提取与产品制造绿色设计平台建设项目”等 5 个课题完成国家科技部中期评估。

“棒线材直接轧制智能化负能制造关键共性技术及应用示范”实现平均日产 2529.6 吨，最高日产 3207 吨的显著效果；“基于高炉炉料结构优化的硫硝减排技术及示范”课题初步建立完成基于高比例熔剂性球团的低污染、低排放炉料结构优化和高炉冶炼技术体系，实现了球团矿配比达到 60% 以上的目标。“钒的清洁提取与产品制造绿色设计平台建设项目”5 万吨钒渣 / 年钒的清洁提取与产品绿色制造工程已完成工程建设，基本实现稳定运行。通过国家课题实施，在担当国家角色、肩负社会责任提升集团影响力的同时，锻炼了研发队伍，掌握了核心技术，引领了行业发展。

五、绿色采购

绿色采购指的是考虑“生产绿色低碳、产品高效长寿”的因素，引导钢铁企业物资采购和供应商管理。

（一）联合采购大型通用设备、大宗备品备件

河钢集团对大型通用设备、大宗备品备件实行联合采购，促进各子公司统一协调和资源共享，提升采购质量，降低采购成本，减少资金占用。联采工作由集团规划发展部统一组织，确定进口轴承、国产轴承、液压设备、胶管、电机、减速机、轧辊、油品、阀门、电线电缆、皮带、布袋、水泵、风机、起重设备等 15 类联采物资种类范围，随着集团联采工作不断深入，将适时增加新的联采物资内容。为此，河钢集团制定《大型通用设备及大宗备品备件联合采购管理办法》，明确职责、细化流程，在联采过程中严格执行。2018 年，集团联采物资全部完成招标工作，联采价格较上一年降低了 24%，持续了自 2016 年以来联采价格的连年降低，在保证渠道及质量的基础上，持续挤出中间供应环节费用，降低集团生产成本。2019 年，集团联采工作将全部在河钢集团供应链管理有限公司在线平台上完成，实现发标、开标、评标、签订合同、供应商管理等全流程工作自动化，集团联采工作正式进入信息化阶段。在付款方式方面，由集团统一向供应商付款，高效便捷的联采方式和河钢集团金融的铁信业务将持续为集团创造联采效益。

（二）优先采购绿色产品，设置供应商准入条件

国内方面，优先引入符合绿色采购理念的供应商，包括根据《企业环境信用评价办法（试行）》有关规定及地方关于企业环境信用评价管理规定，被环境保护部门评定为环保诚信企业或者环保良好企业的；通过 ISO9000 质量管理体系认证、ISO140000 环境管理体系认证、GB/T 28001—2011 职业健康安全管理体系认证的；因环境保护工作突出，受到国家或者地方有关部门表彰的；采用的工艺被列入国家发展改革委发布的《产业结构调整指导目录》鼓励类目录的。对于违反政府相关规定，不符合绿色可持续发展理念的供应商不予准入，

包括被列入国家环境保护部制定的《环境保护综合名录》中的“高污染、高环境风险”产品名录的；产品或所采用的生产工艺、设备被列入工业和信息化部公布的《部分工业行业淘汰落后生产工艺装备和产品指导目录》的。

国际供应商方面，筛选标准主要有：进口矿品质、价格水平、交货及时、整体服务水平好和履行合同的承诺与能力等。澳大利亚、巴西等国的开采、加工、储运等环节控制严格，矿山、港口取制样多采用自动化设施，澳洲BHP、力拓、FMG和巴西VALE四大矿山生产出的主流矿质量控制水平相对较高，品质较为稳定。河钢国际通过与世界四大矿山签订年度长协协议，提前锁定优质资源，长协矿占总采购量比例超过60%，保障了子公司入炉矿石质量绿色优质。由于国家尚未出台铁矿强制性检验法规与标准，目前我国进口铁矿石检验主要依据贸易合同约定指标进行。河钢在签订合同时严格维护自身合法权益，明确质量调价、索赔条款，要求以CIQ数据作为最终结算条款。拒绝存在CIQ检验铁含量不达标、杂质或有害物质含量偏高、夹带固体废物、掺杂氧化铁皮、混有检疫类外来杂物等质量安全问题的国外铁矿石，确保采购的原料都为绿色产品，避免给国内生产子公司带来终端产品质量和加工生产成本，以及环境保护等方面的负面影响。

（三）优化用料结构

秉持绿色采购理念，减少资源能源消耗，降低污染物潜在排放风险，在兼顾经济效益同时，持续推动用料结构优化。

优先选用符合环境标准和节能要求，具有低能耗、低污染、无毒害、资源利用率高的进口铁矿石。要求硫含量 $< 0.15\%$，磷含量 $\leqslant 0.03\%\sim0.8\%$，铜含量 $\leqslant 0.2\%$，铅含量 $\leqslant 0.1\%$，锌含量 $\leqslant 0.1\%$，砷含量 $\leqslant 0.07\%$，K_2O+Na_2O 含量 $\leqslant 0.1\%\sim0.6\%$，铬含量 $\leqslant 0.25\%$。物理性质方面，烧结粉矿0~3毫米料的含量 $< 15\%$，>10 毫米的比例不得超过10%；造球精粉 −200 目大于80%；块矿粒度要求：一般为8~40毫米。

煤炭采购方面，做到灰、硫等对环境有影响的指标最小化，目前，河钢唐钢、河钢邯钢、河钢承钢已基本不再配吃S含量2%以上的焦煤，同时增加低灰低硫高黏结的山西地区优质焦煤、蒙煤使用。

焦炭采购方面，调整焦炭入炉结构，高硫焦用量逐年递减。

加大回收再利用资源采购力度，增加废旧金属使用量。2018 年，废钢采购量 440 万吨，较 2017 年提高 64%。

六、绿色物流

河钢集团绿色物流以提高物流减量化、高效化、清洁化水平为目标，以构建绿色物流管理标准和管理体系为主线，以提高绿色物流保障能力和降低物流成本为主要抓手，突出绿色物流专业化管理，强化绿色物流标准化作业，着力绿色物流对标挖潜，统筹物流资源配置，从供应物流、生产物流、销售物流、物流信息化、物流工具和物流业务专业化管理等方面进行优化提升，打造高效率、低成本、一体化的绿色物流保障体系，提升各生产基地物流环节价值创造能力，提高河钢集团绿色物流综合竞争力。

（一）优化采购物流供应布局和运输方式

河钢通过统一管理和调配资源，实现资源合理布港，优化供应商供应布局，减小采购半径，降低空载率，短途倒运，提高运输效率，减少运输过程中能源消耗、环境污染和货物途损。推进绿色物流，推动新能源运输车辆的使用，提高铁路运输比例，2018 年煤、焦铁运比例 65.36%，较 2016 年提高约 4 个百分点。在有条件区域，探索部分物料管道运输。

（二）持续推动厂区绿色物流优化

不断推动物料运输采用铁路、新能源或电动车辆等清洁运输比例；所有物料实现入棚入仓，实现“用煤不见煤、用矿不见矿、运料不见料”目标；加大厂区运输环节无组织扬尘控制。

（1）河钢邯钢：实施物流环节无组织排放管、控、治一体化平台建设项目。

全方位开展立体抑尘，对所有皮带通廊、运料转运站、厂房等做到全封闭、无泄漏；所有进出厂车辆进行全面冲洗，不带尘、不扬尘。厂区各原料场、焦化、烧结、高炉、炼钢等易产尘区域及厂界、道路、厂房顶安装 160 台低空雾炮，40 台高空雾炮，2000 个抑尘喷头，7 辆雾炮车、20 辆洗扫车、4 辆洒水车 24 小时作业，改善公司空气质量。为保障以上治理设施实现与产污环节联动，公司建设颗粒物排放监测和无组织排放管、控、制一体化平台。项目投资2000万元。

（2）河钢石钢：公司成立以主管副总为组长的绿色物流优化组，持续优化物流方式，厂内运输车辆实施甩挂运输模式，减少牵引车数量，压减比例50%；同时不断购置新能源等低排放车型，并在国内钢铁企业中首家率先引入电动新能源重卡进行内部运输作业，大幅减少排放。

一是大力推进新能源车使用。烧结矿、焦炭、钢材等全部实现进出厂车辆新能源车运行，并在对比亚迪电动重卡进行试用的基础上，投资530万元购买4辆电动重卡；在三环外租用钢材存储库，利用新能源车辆搬运至此，实现客户提材柴油车辆不进入三环内。

二是大力推进“公转铁”。自2018年6月10日公转铁以来，外矿实现80%以上火车运输、钢材外发45%，受客户铁路道线限制，力争铁路外发钢材达到50%以上。

三是全力推进物流抑尘工作。做好车辆及机具清洁、推进车辆皮带裙边改造，杜绝洒落；增上雾炮车、冲车机，确保车辆运行无扬尘，杜绝二次污染。对非道路移动机械安装尾气净化装置，并购买尾气净化检测仪器，杜绝尾气不合格车辆在厂作业；对车辆执行“五定”管理原则，制定专门的交通高峰期禁止运行方案，让道于民。

（三）建设北京地区绿色物流基地

2018年，河钢集团建筑钢材北京地区投放量339.6万吨，占河钢集团建筑钢材销售总量的39%，占北京地区建筑钢材总投放量的40%，其中铁路运输217.13万吨，占比64%；公路运输122.5万吨，占比36%。河钢集团与中国铁路北京局集团有限公司经过商谈，达成依托铁路货场建设绿色物流基地，推动钢材以铁路绿色物流方式进入北京地区，共同推进北京市绿色物流体系建设。

充分运用云计算、大数据、物联网、人工智能等技术，打造开放共享的智慧物流信息平台+绿色集疏运网络，建立“外集内配、绿色联运”的绿色物流体系。利用“铁路运输+绿色能源配送车”运输模式，钢材产品经铁路运输至外集点与内配点，再利用新能源汽车实现“最后一公里”绿色配送。

以绿色物流基地建设带动河钢集团产品在北京区域投放，提高市场占有率。打造示范工程，引导其他建筑材料、大宗生产、生活物资入住绿色物流基地，实现多元经营，市场化运作，服务社会，健康发展。

七、绿色矿山

2018年《中华人民共和国宪法修正案》，首次将生态文明写入宪法，绿色矿山建设已经上升为国家战略，在工业文明转向生态文明时代背景下，绿色矿山建设是实现矿业高质量发展的重要途径和必然要求，也是我国实现由矿业大国向矿业强国转变的必由之路。国务院关于《全国矿产资源规划（2016～2020年）》的批复中明确要求，到2020年基本形成节约高效、环境友好、矿地和谐的绿色矿业发展模式。

河钢集团实施绿色矿山建设取得的成效主要体现在以下三个方面：一是河钢矿业所属司家营铁矿获得全国冶金矿山“十佳厂矿”、全国冶金矿山唯一一个绿色矿山观摩基地、河北省首批“工业旅游示范点”“国家级绿色矿山”试点单位等荣誉称号。司家营铁矿、庙沟铁矿、黑山铁矿、柏泉铁矿顺利通过国家级绿色矿山单位实地核查验收，在行业内成为“绿色矿山”建设标杆。二是在全国首创利用采煤沉陷区建设尾矿库，使面积达1.76平方公里尾矿库闭库后变成2640亩良田。利用矿山排土场开展常态化的义务植树活动，2015～2018年共植树160万株，绿化面积130万平方米，为恢复矿区及周边的生态环境、开展矿山复绿工程奠定坚实基础。矿山剥离岩土直接运往曹妃甸用于填海造地，已累计填海造地10万亩。矿山绿化率达到可绿化面积的100%，露天矿山开采回采率总体达到94%以上，地下矿山开采回采率达到95%，金属回收率达到90%以上，关键工序机械数控化率达到85%以上，研发资金投入比大于1.5%，实现污水零排放，固体废弃物安全处置率达到100%。司家营铁矿实现生产废水的零排放，矿山选矿废水重复利用率达到94.6%，每年可节约新水555万立方米，节电600万千瓦·时，被评为河北省节约用水先进单位。三是改善矿区周边生活环境，研山新村为搬迁村民营造了一个安居乐业的生活环境，成为河北省新农村示范区。百年老矿龙烟铁矿、黑山铁矿等矿山，进行棚户区改造工程，依托国家棚户区改造政策，实施近5万平方米的安居工程建设，黑山和龙烟铁矿1500户职工乔迁新居所，实现矿区和谐发展，黑山矿棚户区改造项目获得河北省保障安居工程示范奖。探索出一条与矿区所在政府和周边村民共同发展、互惠互利的新途径。

河钢集团在绿色矿山创建过程中的具体做法主要有：

（1）明确绿色矿山建设的指导思想和基本原则。全面贯彻落实国家绿色矿山建设的要求，把绿色矿山建设作为重要的战略任务，坚持节约优先、保护优先、生态立企的发展方针，按照“资源开发规划与生态环境保护同步、矿山开采利用与生态修复治理同步”的绿色发展方式，以体制创新和科技进步为动力、现代采矿技术为支撑、以制度建设为保障，加快建设资源节约型、环境友好型矿山企业，努力将河钢集团矿业建设成为综合效益好、环境优美的绿色矿山建设先进示范企业。

（2）高标准制定绿色矿山建设规划。集团高标准制定生态文明和绿色矿山建设规划，提出了环境治理、生态修复、生态经济、智慧矿山、资源节约高效利用、生态文明制度、矿地共建规划。该规划经过中国地质大学、中国地质科学院、中国地质监测院、中国恩菲工程公司等专家评审，以中国工程院院士陈毓川为组长的专家组指出，该规划体现出河钢矿业作为国有冶金矿山企业守护绿水青山、建设美丽中国的责任与担当，对全国矿产资源开发领域生态文明建设具有重要参考和指导借鉴意义。

（3）积极治理“三废”，大力开展矿产资源综合利用。加强全过程节约管理，优化资源配置，提高资源开采率、选矿回收率和综合利用率，大幅提高资源利用综合效益。开展剥岩土、尾矿等固体废弃物的治理。司家营铁矿、研山铁矿对剥岩产生的土石进行分类处理，按市场价格销售用于生产石砟的原料、工程土石方，变废为宝，年可创效近亿元；石人沟铁矿地下开采采用充填工艺，井下充填料来源于选厂尾矿，减少尾矿库占地，节约回填的原料成本。柏泉铁矿对干选的尾矿进行综合利用，用于采区铺路和尾矿库筑坝。加强污水处理。生活污水建设污水处理设施，处理后综合利用；生产废水实现100%循环利用，不外排。地下涌水量大时经利用后多余量达标排放。中关铁矿利用帷幕注浆治理铁矿地下水，达到堵排结合、以堵为主，实现合理开采矿产资源，有效保护环境水资源。开展资源节约与高效利用工程。开展尾矿干堆及回填露天采坑、提高采选回收率、固废建材综合利用、柏泉磷铁资源的综合利用、黑山钒钛磁铁矿钒钛综合利用、铁精粉提质增效等。柏泉铁矿采用阶段磨矿、阶段磁选工艺流程选铁；磁选尾矿浮选磷的工艺流程实现先选铁后选磷，选矿厂生产铁精矿和磷精矿。

（4）做好生态环境修复治理，积极发展生态经济、矿区生态修复，使被矿山开采破坏的生态系统重新具有生产价值、社会服务功能和生态环境平衡功能。涉及露天采场、排土场及尾矿库三类区域的地灾防治、土地整治工程和植被恢复。对近 700 公顷的排土场、尾矿库、采场、工业用地进行分类、运用遥感图像解译，明确薄弱环节，进行生态综合治理，根据土壤性质通过种植草籽、乔木、经济作物等多种形式进行绿化美化，目前植被覆盖率达到 95%。其中，庙沟铁矿对尾矿库子坝裸露坝面进行了生态环境综合治理，绿化面积 40 公顷，消除尾矿库二次扬尘，防止地质灾害发生。

开展土地复垦。河钢矿业多种方式开展土地复垦。石人沟铁矿编制排土场综合治理方案，与第三方签订协议（第三方出资治理，排土场中资源归第三方，河钢矿业零投入）的基础上实现排土场复垦。棒磨山铁矿与当地政府本着利益共享的原则联合开展对尾矿库、排岩场区域进行复垦土地 3200 亩；司家营铁矿用采煤塌陷坑做尾矿库，实现废地造良田。坚持减少土地占用，保护周边环境的原则，充分利用距矿山 28 公里处的古冶范各庄煤矿南沉陷区作为尾矿库址，有效解决尾矿库占用耕地的难题。1.76 平方公里尾矿库的围坝是用 200 万吨废弃的煤矸石筑成的，腾出耕地 200 余亩。原有塌陷坑已复垦为耕地 2640 亩。

开展剥岩土造地。研山铁矿充分利用曹妃甸大港建设的有利条件，打破传统矿山建设排土场模式，制定剥离岩土填海造地的方案；投资 16765 万元建设剥离岩土专运线——司曹铁路，3 年时间外运岩土 1.2 亿吨用来建设曹妃甸大港，填海造地近 2.49 万亩，实现效益近 5 亿元。

在做好生态修复的基础上积极发展生态经济。河钢矿业所属矿山拥有大量的新复垦或相对闲置的土地以及大量剩余劳动力等资源，发展以生态农业为代表的生态经济是公司转型发展的重要抓手，推动由单一规模型企业向质量、规模、效率协同发展型企业转变。例如：涞源有色公司种养结合，利用闲置厂房改造建设规模养猪场；建立棒磨山铁矿畜牧养殖场，先期实施肉驴养殖，后期可实施牛、羊养殖及畜牧屠宰和深加工项目。柏泉铁矿利用已闭库尾矿库——四合园南沟尾矿库，进行电站建设。

（5）推进矿地共建，共创社区和谐。坚持企地共建、利益共享、共同发展的绿色矿山建设理念，加大对矿区群众的教育、就业、交通、生活、环保等支持力度。寻找矿山建设发展与当地经济社会不断前进的契合点，使地方经济社会发展成为矿山企业不断前进的可靠支撑，矿山的发展壮大成为反哺地方经济社会的强劲动力。

一是积极探索开展“企地共建新农村”试点。完成司家营矿区涉及8个自然村的征地搬迁工作，建成一个新建92栋住宅楼、建筑面积达38.6万平方米、可以容纳近万人居住，集休闲、娱乐、医疗、经商、教育等多种功能于一体的现代化社区——研山新村，为搬迁村民营造一个安居乐业的生活环境。

二是支援矿区建设。保定涞源地区2012年遭受特大洪灾，河钢矿业结合企业发展规划，对口支援涞源县灾后重建，极大改善被搬迁群众的生产生活条件，促进矿产资源规范化、规模化开发和旅游业上档升级。按照上级要求做好涞源、承德等扶贫村的建设帮扶工作。

三是做好相关重点工程。矿山企业生活区开展生活污水整治、生活区生活垃圾综合整治、生活区燃煤锅炉升级改造、棚户区改造。河钢矿业投入1.6亿元开展龙烟矿、黑山矿的棚户区改造工程，改善居民生活条件；结合企业生产建设需要，投入5亿元积极推进研山铁矿尾矿库下游村庄搬迁、柏泉铁矿村庄搬迁工程，解决采场扩征土地需求，化解征地系列遗留问题，一方面使矿山生产对矿区群众产生的影响减到最小，另一方面通过土地复垦等生态修复工程推进美丽矿区建设，既保障矿山安全生产，又实现矿区群众的生态安置，在矿山绿色矿山建设过程中实现企地共建共享共赢。

第三节　河钢集团绿色发展的主要成效及商业模式规律

一、绿色发展成效显著

经过多年的努力，河钢集团牢固树立和践行“绿水青山就是金山银山”的理念，2015年河钢集团在行业率先提出“六位一体”绿色发展理念，并按照绿色发展行动计划要求不断推进，特别是在绿色制造方面成绩突出，河钢唐钢、河钢邯钢被国家工信部授予为“国家级绿色工厂”，通过 2018 年大力实施超低排放技术改造（焦炉烟气脱硫脱硝深度治理、烧结机脱硫脱硝系统改造、烧结烟气分级循环净化及余热利用改造、烧结、高炉、炼钢除尘系统提标升级改造、锅炉发电烟气脱硫脱硝除尘项目等一系列超低排放改造项目），重点工序主要污染物实现超低排放，河钢石钢主厂区主要污染物也达到了超低排放标准要求。2018 年，集团吨钢综合能耗 560 公斤标准煤，吨钢 SO_2、吨钢烟粉尘、吨钢 NO_x 排放量分别为 0.58 公斤、0.48 公斤和 0.87 公斤，与去年同期相比，集团吨钢综合能耗下降 27.83 公斤标准煤，吨钢 SO_2 排放量减少 16%，吨钢烟粉尘排放量减少 23%，吨钢 NO_x 排放量减少 19%。吨钢 SO_2 和吨钢烟粉尘排放量比 2015 年（0.94 公斤和 0.75 公斤）分别下降 38.3% 和 36%，减排效果显著。

绿色产业：近年来，河钢集团加快开发绿色产业，整合内部资源成立的河钢集团能源环境科技有限公司、河钢集团售电公司、河钢集团碳资产公司相继挂牌，与中建钢构联合成立河钢集团中建钢结构有限公司、与中信集团合资成立唐信新能科技发展有限公司等。河钢集团能源环境科技有限公司、唐山创元方大电气有限责任公司、唐信新能科技发展有限公司、河北邯钢锐达气体有限公司等公司具体业务主要由河钢唐钢和河钢邯钢独立运营。各子公司在技术转化和绿色产业发展方面均取得了积极显著的效果。

绿色产品：2018 年完成品种钢 2798 万吨，品种比达到 70%，比 2014 年品种量提高 1529 万吨，比例提升 40 个百分点。冷轧汽车板、热轧汽车板、家电板、管线钢、海洋用钢等先进绿色产品实现销量 2017 万吨，占比 51%，比 2014 年提升 41 个百分点。镀铝硅产品、抗拉强度大于 700 兆帕的车轮钢、轴承滚动体用钢等 6 种产品实现了零的突破；抗拉强度大于 700 兆帕的汽车厢体钢、抗拉强度大于 780 兆帕的镀锌产品、抗拉强度大于 890 兆帕工程机械用钢产量大幅度增长。下一步工作思路：以满足客户个性化、定制化产品需求为目标，持续提升绿色产品比例。优化汽车用钢结构，努力成为一流的汽车用钢供应商。扩大集团汽车钢应用车型的范围，抓住新能源汽车发展契机，保持家电板产品领先地位，引领家电用钢行业发展。加速工程机械用钢高端化调整，扩大河钢集团在工程机械领域的知名度。发展铁路交通用钢，助力国家交通网络建设。稳固河钢集团工程用钢地位，建设国家重点工程。发挥河钢集团“燕山牌”钢筋、电网用角钢、建筑用板等产品在国家重点工程建设中的品牌优势，参与更多地标性建筑和重点工程建设，将工程用钢打造成河钢集团的金名片。

绿色采购：对各子公司大型通用设备、大宗备品备件采实行联合采购，确定了进口轴承、国产轴承、液压设备、胶管、电机、减速机、轧辊、油品、阀门、电线电缆、皮带、布袋、水泵、风机、起重设备等15类联采物资种类范围，随着集团联采工作的不断深入，将适时增加新的联采物资内容。2018年，集团联采物资全部完成招标工作，联采价格较上一年降低24%，持续了自2016年以来联采价格的连年降低，在保证渠道及质量的基础上，持续挤出中间供应环节的费用，为集团生产降低了成本。2019年，集团联采工作将全部在河钢集团供应链管理有限公司的在线平台上完成，实现发标、开标、评标、签订合同、供应商管理等全流程工作的自动化，集团联采工作正式进入信息化阶段。在付款方式方面，由集团统一向供应商付款，高效便捷的联采方式和河钢集团金融的铁信业务将持续为集团创造联采效益。

对原燃料供应商设置准入条件，优化用料结构，优先采购绿色产品。煤炭采购方面，做到了灰、硫等对环境有影响的指标最小化。焦炭采购方面，调整焦炭入炉结构，高硫焦用量逐年递减。加大回收再利用资源的采购力度，增加废旧金属使用量，2018年废钢采购量440万吨，较2017年提高64%。通过与世界四大矿山签订年度长协协议，提前锁定优质资源，长协矿占总采购量的比例超过60%，保障了子公司入炉矿石质量绿色优质。通过统一管理和调配资源，实现资源合理布港，实现子公司资源共享。同时通过减少空载率，短途倒运，提高运输效率。

绿色物流：从供应物流、生产物流、销售物流、物流信息化、物流工具和物流业务专业化管理等方面进行优化提升，打造高效率、低成本、一体化的绿色物流保障体系，提升各生产基地物流环节价值创造能力，提高河钢集团绿色物流综合竞争力。逐年提高铁运比例，2018年进口矿铁运比63.4%，国内原燃料29.7%，钢材外发25.8%。

河钢集团与中国铁路北京局集团有限公司经过商谈，达成依托铁路货场建设绿色物流基地，推动钢材以铁路绿色物流的方式进入北京地区，共同推进北京市绿色物流体系建设。充分运用云计算、大数据、物联网、人工智能等技术，打造开放共享的智慧物流信息平台+绿色集疏运网络，建立“外集内配、绿色联运”的绿色物流体系。以绿色物流基地建设带动河钢集团产品在北京区域投放，提高市场占有率。打造示范工程，引导其他建筑材料、大宗生产、生活物资入住绿色物流基地，实现多元经营，市场化运作，服务社会，健康发展。

绿色矿山：在全国首创利用采煤沉陷区建设尾矿库，使面积达 1.76 平方公里的尾矿库闭库后变成 2640 亩良田。利用矿山排土场开展常态化的义务植树活动，2015 ~ 2018 年共植树 160 万株，绿化面积 130 万平方米，为恢复矿区及周边的生态环境，开展矿山复绿工程奠定坚实基础。矿山剥离岩土直接运往曹妃甸用于填海造地已累计填海造地 10 万亩。矿山绿化率概率达到可绿化面积的 100%，露天矿山开采回采率总体达到 94% 以上，地下矿山开采回采率达到 95%，金属回收率达到 90% 以上，关键工序机械数控化率达到 85% 以上，研发资金投入比大于 1.5%，实现污水零排放，固体废弃物安全处置率达到 100%。

二、绿色发展商业规律

河钢集团绿色发展彻底颠覆了钢铁企业粗放的传统形象，以建成“世界最清洁工厂”的事实证明，钢铁可以是“绿色的”。河钢集团在绿色发展方面取得的硕果也很好地利用商业规律，为高效实施绿色发展，提供支撑保障。主要体现在以下三个方面：

一是完善基础管理，推进绿色产业公司化、市场化运营。建立一企一策管控体系。集团各子公司对于所属绿色产业公司从非钢企业基础规章制度入手，结合行业对标，逐步建立起完整的二级内部制度管控体系，初步建立“一企一策”的管控模式。建立全员绩效管理体系，各子公司结合节能产业行业特点和经营实际，建立起适应公司化、市场化需要的全员绩效管理体系。对所属绿色产业公司经营绩效管理方案的不断完善，进一步将外部收入作为重点考核指标，逐步建立市场化绩效管理模式；在试点单位试行工资总额预算管理，实现工资总额与利润完成情况挂钩，最大限度发挥绩效管理激励性和导向性，实现利润大幅增加。建立非钢经营风险防控机制，开展经营活动月度分析，每月对相关企业的库存、资金占用、现金流、应收账款等重要风险点进行分析、通报、预警及考核，提示企业经营风险的存在，并要求企业采取措施进行防控。同时采取专项审计、年度（半年）审计、离任审计等方式，对企业经营业绩、基础管理、重点工作等实施监督管理，堵塞经营管理漏洞。

二是发挥子公司优势，树立集团品牌形象，拓展高端领域市场。2016 年，河钢邯钢气体公司通过航天五院 502 所专家现场审核及其合格供应商认证，实现了高端领域开拓；氦气供应打入中船重工 718 所，实现了与知名强企成功对接；与上海交通大学合作，进行暗物质研究；与清华大学合作，进行氙气核技术领域运用的研究。通过与国内尖端领域用户建立战略合作关系，提升了知名度和品牌价值。2017 年，航天氙气首次实现“中国造”：成功开发出 6N 级高品质航天氙高端拳头产品。作为卫星电推系统的氙气推进剂，已成功应用于我国 4 月 12 日发射的实践十三号卫星，并且一举打破国外进口氙气在我国航天领域 40 年的垄断，填补了国内空白，提升了我国超高纯稀有气体产品的核心竞争力，使河钢邯钢成为国内首家有成功业绩的航天级氙气供应商，被业内人士誉为民族的“争气氙”。

唐钢浦项（唐山）新型光源有限公司是唐钢唐山创元方大电气有限责任公司和韩国浦项 LED 公司共同投资设立的合资公司，集 LED 照明产品研发、制造、销售、系统全方案服务于一体，致力于生产高品质、高技术含量的 LED 照明产品；产品效能和可靠性技术均在行业中处于领先地位。

唐信新能科技发展有限公司坐落在唐山开平区现代装备制造工业园区，建地面积 10 万平方米，建筑面积 3.5 万平方米，拥有数条国际领先的大型自动化生物质颗粒燃料加工生产线（设计总生产能力 10 万吨），以及新能源研发中心，在新能源开发应用领域处于国内领先水平。

三是紧扣市场脉搏，积极发展相关绿色产业。2017 年，河钢唐钢哈斯科公司由于在钢渣综合利用、发展循环经济等方面贡献突出，被确立为“全国工业固废综合利用科技成果转化平台冶金渣综合利用示范基地”；由河钢唐钢创元方大公司投资并建设的屋顶分布式光伏发电项目在高强汽车板公司建成投用，区域清洁能源利用效率实现新提升。

第九章　科技研发融合

本章要点

河钢集团科技研发融合的背景：中国钢铁产业自主创新基础薄弱，技术创新能力不足，大多数钢铁企业长期以来采用低成本竞争战略，不重视技术创新，仍停留在技术和设备引进、消化、吸收的模仿创新阶段，再创新和自主创新进展缓慢，缺乏原始性技术创新和高水平专家带头人才，多数钢铁企业尚未形成产学研用相结合的技术创新体系。创新已成为引领发展第一动力，居于新发展理念首位，是钢铁产业由大到强转变的关键要素。

河钢集团科技研发融合的核心理念：充分整合集团内外各种技术创新资源，强化“技术、质量、人才、自动化信息化”四大支撑体系建设，坚持自主创新和协同创新并举，实现了技术研发实力快速提升，为集团加快品种结构调整奠定坚实基础。

河钢集团科技研发融合的实施路径：

（1）契合国家战略，强化创新引领顶层设计。

（2）整合内部资源，形成两级技术中心资源共享、互为支撑的科技创新体系。

（3）创新人才引进和培养机制。

（4）创建中试基地，提升自主创新能力。

（5）开展“靶向攻关”，解决制约产线效能释放的关键性问题。

（6）汇聚全球创新要素，打造全球技术研发平台。

河钢集团科技研发融合的主要成效：通过持续加大技术创新投入，河钢集团技术创新能力和品牌影响力显著提升，产品档次和品种结构实现质的飞跃。先后承担 15 项国家重大专项，科技成果质量和数量逐年攀升，近三年荣获国家级科学技术进步二等奖 1 项、省部级技奖 60 余项。汽车用钢实现名牌轿车“整车造”，核电用钢、高级别家电用钢、海洋工程用钢、高强建筑结构用钢、锅炉及压力容器用钢、高强含钒抗震螺纹钢筋、高强耐候铁塔用钢成为我国钢铁产品优势品牌。2018 年，品种钢比例提高到 70%，比 2014 年提高了 30 个百分点。多个品种获得冶金产品实物质量“金杯奖”，其中高铁轨道弹簧钢获“特优质量奖”。绿色制造、清洁生产技术引领行业发展，打造了“世界最清洁钢厂”和 2017 年国家首批绿色制造体系示范工厂，获得世界钢铁工业可持续发展卓越奖。

河钢集团科技研发融合的商业模式规律：河钢集团科技研发融合是河钢集团跨界融合实施商业模式创新的技术动力，按照“四圈层”商业模式逻辑体系，在客户层，河钢集团科技研发融合面向市场、产品，产学研用，落脚点在用；在价值层，科技研发融合技术创新，有效满足客户对产品、服务价值的需要和追求，同时开发出具备推广价值的产业技术，成为企业效益的新增长点；在能力层，通过创新体系设计和人才、激励机制的支撑，有力保障了客户价值、企业价值的实现；在发展层，主要是加强创新投入，整合内部技术资源，创建中试基地，强化创新体系建设，打造全球技术研发平台。

第一节　河钢集团科技研发融合的背景

一、国家技术创新战略导向要求

2013 年 3 月 4 日，习近平总书记在参加全国政协十二届一次会议科协、科技界委员联组讨论时指出，要进一步突出企业的技术创新主体地位，使企业真正成为技术创新决策、研发投入、科研组织、成果转化的主体，变“要我创新”为“我要创新”。促进科技和经济结合是改革创新的着力点，也是我们与发达国家差距较大的地方。要围绕产业链部署创新链，聚集产业发展需求，集成各类创新资源，着力突破共性关键技术，加快科技成果转化和产业化，培育产学研结合、上中下游衔接、大中小企业协同的良好创新格局。科技体制改革必须与其他方面改革协同推进，加强和完善科技创新管理，促进创新链、产业链、市场需求有机衔接。

2014 年 5 月，习近平总书记在河南考察时指出，一个地方、一个企业，要突破发展瓶颈、解决深层次矛盾和问题，根本出路在于创新，关键要靠科技力量。要加快构建以企业为主体、市场为导向、产学研相结合的技术创新体系，加强创新人才队伍建设，搭建创新服务平台，推动科技和经济紧密结合，努力实现优势领域、共性技术、关键技术的重大突破，推动中国制造向中国创造转变、中国速度向中国质量转变、中国产品向中国品牌转变。

2015 年 10 月 29 日，在十八届五中全会第二次全体会议上，习近平总书记指出，创新发展注重的是解决发展动力问题。我国创新能力不强，科技发展水平总体不高，科技对经济社会发展的支撑能力不足，科技对经济增长的贡献率远低于发达国家水平，这是我国这个经济大个头的“阿喀琉斯之踵”。新一轮科技革命带来的是更加激烈的科技竞争，如果科技创新搞不上去，发展动力就不可能实现转换，我们在全球经济竞争中就会处于下风。我们必须把创新作为引领发展的第一动力，把人才作为支撑发展的第一资源，把创新摆在国家发展全局的核心位置，不断推进理论创新、制度创新、科技创新、文化创新等各方面创新，让创新贯穿党和国家一切工作，让创新在全社会蔚然成风。

2016 年 5 月 30 日，习近平总书记在全国科技创新大会、两院院士大会、中国科协第九次全国代表大会上指出：实现“两个一百年”奋斗目标，实现中华民族伟大复兴的中国梦，必须坚持走中国特色自主创新道路，面向世界科技前沿、面向经济主战场、面向国家重大需求，加快各领域科技创新，掌握全球科技竞争先机。面对科技创新发展新趋势，世界主要国家都在寻找科技创新突破口，抢占未来经济科技发展先机。我们不能在这场科技创新大赛场上落伍，必须迎头赶上、奋起直追、力争超越。

习近平强调，科技创新绝不仅仅是实验室里的研究，而是必须将科技创新成果转化为推动经济社会发展的现实动力。科技成果只有同国家需要、人民要求、市场需求相结合，完成从科学研究、实验开发、推广应用的三级跳，才能真正实现创新价值、实现创新驱动发展。多年来，我国一直存在着科技成果向现实生产力转化不力、不顺、不畅的痼疾。这个问题解决不好，科研和经济始终是“两张皮”，科技创新效率就很难有一个大的提高。要深入研究和解决经济与产业发展亟需解决的科技问题，围绕促进转方式调结构、建设现代产业体系、培育战略性新兴产业、发展现代服务业等方面需求，推动科技成果转移转化，推动产业和产品向价值链中高端跃升。

习近平指出，什么是核心技术？可以从3个方面把握。一是基础技术、通用技术。二是非对称技术、“杀手锏”技术。三是前沿技术、颠覆性技术。在这些领域，我们同国外处在同一条起跑线上，如果能够超前部署、集中攻关，很有可能实现从跟跑并跑到并跑领跑转变。

科技创新既要“顶天”，面向世界科技前沿，致力于未来发展；又要“立地”，面向国家战略需求，赢得战略主动；同时还要“惠民”，面向经济发展主战场，为人民创造更多财富。坚持“三个面向”，加快各领域科技创新，世界科技强国的建设才能行走在正确而宽广的道路上。

2017年11月，党的十九大报告指出，我们还面临发展不平衡不充分的一些突出问题尚未解决，发展质量和效益还不高，创新能力不够强，实体经济水平有待提高等方面的困难和调整。

我国经济已由高速增长阶段转向高质量发展阶段，正处在转变发展方式、优化经济结构、转换增长动力的攻关期，建设现代化经济体系是跨越关口的迫切要求和我国发展的战略目标。必须坚持质量第一、效益优先，以供给侧结构性改革为主线，推动经济发展质量变革、效率变革、动力变革，提高全要素生产率，着力加快建设实体经济、科技创新、现代金融、人力资源协同发展的产业体系，着力构建市场机制有效、微观主体有活力、宏观调控有度的经济体制，不断增强我国经济创新力和竞争力。

报告明确指出建设现代化经济体系，必须把发展经济的着力点放在实体经济上，把提高供给体系质量作为主攻方向，显著增强我国经济质量优势。加快建设制造强国，加快发展先进制造业，推动互联网、大数据、人工智能和实体经济深度融合，在中高端消费、创新引领、绿色低碳、共享经济、现代供应链、人力资本服务等领域培育新增长点、形成新动能。支持传统产业优化升级，加快发展现代服务业，瞄准国际标准提高水平。促进我国产业迈向全球价值链中高端，培育若干世界级先进制造业集群。

报告强调创新是引领发展的第一动力，是建设现代化经济体系的战略支撑。要瞄准世界科技前沿，强化基础研究，实现前瞻性基础研究、引领性原创成果重大突破。加强应用基础研究，拓展实施国家重大科技项目，突出关键共性技术、前沿引领技术、现代工程技术、颠覆性技术创新，为建设科技强国、质量强国、航天强国、网络强国、交通强国、数字中国、智慧社会提供有力支撑。加强国家创新体系建设,强化战略科技力量。深化科技体制改革，建立以企业为主体、市场为导向、产学研深度融合的技术创新体系，加强对中小企业创新的支持,促进科技成果转化。倡导创新文化,强化知识产权创造、保护、运用。培养造就一大批具有国际水平的战略科技人才、科技领军人才、青年科技人才和高水平创新团队。

二、国家产业政策导向要求

2005 年 7 月，国家发展和改革委员会发布《钢铁产业发展政策》(国家发改委 35 号令)，明确提出，加快培育钢铁工业自主创新能力，支持企业建立产品、技术开发和科研机构，提高开发创新能力，发展具有自主知识产权的工艺、装备技术和产品。支持企业跟踪、研究、开发和采用连铸薄带、熔融还原等钢铁生产流程前沿技术。

2009 年 3 月，国务院办公厅发布《钢铁产业调整和振兴规划》(国发〔2009〕6 号)，明确指出钢铁产业长期粗放发展积累的矛盾日益突出，其中创新能力不强，先进生产技术、高端产品研发和应用还主要依靠引进和模仿，一些高档关键品种钢材仍需大量进口,消费结构处于中低档水平。到 2011 年，钢铁产业粗放发展方式得到明显转变，技术水平、创新能力再上新台阶，综合竞争力显著提高，支柱产业地位得到巩固和加强，步入良性发展轨道。技术进步得到较大提升。加强技术改造，加快技术进步，降低生产成本，提高产品质量，优化品种结构。重点大中型钢铁企业 60% 以上产品实物质量达到国际先进水平，百万千瓦火电及核电用特厚钢板和高压锅炉管、25 万千伏安以上变压器用高磁感低铁损取向硅钢等产品生产实现自主化，关键钢材品种自给率达到 90% 以上,400 兆帕及以上热轧带肋钢筋使用比例达到 60% 以上。

加大技术改造力度，推动技术进步。即实施钢铁产业技术进步与技术改造专项，对符合国家产业政策的大型骨干企业，对实施跨区域、跨所有制、跨行业重组的龙头企业，以及国防军工、航天航空关键材料生产企业，给予重点支持；对发展高速铁路用钢、高磁感取向硅钢、高强度机械用钢等关键钢材品种，推广高强度钢筋使用和节材技术，发展高温高压干熄焦、烧结余热利用、烟气脱硫等循环经济和节能减排工艺技术，以及提升开发利用低品位、难选冶铁矿等技术，给予重点支持。

并在政策措施中明确“加大技术进步及技术改造投入”。在中央预算内基本建设投资中列支专项资金，以贷款贴息形式支持钢铁企业开展技术改造（不包括节能技术改造）、技术研发和技术引进，推动钢铁产业技术进步，调整品种结构，提升钢材质量。加大节能技术改造财政奖励支持力度，鼓励、引导钢铁企业积极推进节能技术改造。

2011年10月，工业和信息化部发布《钢铁工业“十二五”发展规划》（工信部规〔2011〕480号），再次强调自主创新能力不强的问题。重点统计钢铁企业研发投入只占主营业务收入的1.1%，远低于发达国家3%的水平。多数钢铁企业技术创新体系尚未完全形成，自主创新基础薄弱，缺乏高水平专家带头人才，工艺技术装备和关键品种自主创新成果不多。轧钢过程控制自动化技术和部分关键装备仍然主要依靠引进，非高炉炼铁、近终形连铸轧等前沿技术研发投入不足。

规划提出把自主创新作为钢铁工业可持续发展的重要支撑，强化钢铁企业技术创新主体地位，加快原始创新、集成创新和引进消化吸收再创新，完善技术创新体系，培育自主知识产权核心技术和品牌产品。到“十二五”末，重点统计钢铁企业建立起完善的技术创新体系，研发投入占主营业务收入达到1.5%以上。绿色低碳冶炼和资源综合利用等自主创新工艺技术取得进展，高效生产和节能减排等共性关键技术得到广泛应用。

一是推进企业技术创新，提高钢铁工业自主创新能力。鼓励开发应用新一代可循环钢铁流程技术，低品位、难选冶、共伴生矿资源开发与尾矿综合利用技术，非高炉炼铁技术，高效低成本洁净钢生产技术，近终形连铸轧成套装备技术，高强、长寿、耐腐蚀产品制造技术，以及烧结脱硝脱二噁英等节能减排前沿技术。支持企业围绕战略性新兴产业开发钢铁新材料。

二是加快建立以企业为主体、市场为导向、产学研用相结合的技术创新体制和机制。增强冶金科研院所、高校和工程设计单位创新动力，鼓励大型钢铁企业加大研发投入，推动建立企业、科研院所、高校、工程设计单位和下游用户共同参与的创新战略联盟。完善钢铁工业国家工程实验室、重点实验室、工程技术（研究）中心、企业技术中心、技术创新示范企业、高新技术产业化基地和高效钢材应用示范等技术创新平台。

三是加快技术改造，促进钢铁工业优化升级。围绕品种质量、节能降耗、清洁生产、“两化”融合和安全生产等重点，加快应用新技术、新工艺、新装备，对企业现有生产设施、装备、生产工艺条件进行改造，不断优化生产流程，升级企业技术装备，提高资源综合利用水平，增强新产品开发能力，加快产品升级换代，加强安全生产保障。

2016 年 10 月，工业和信息化部发布《钢铁工业调整升级规划（2016 ~ 2020 年）》（工信部规〔2016〕358 号），同样明确指出：我国钢铁行业自主创新投入长期不足，企业研发投入占主营业务收入比重仅有 1% 左右，没有达到“十二五”规划“1.5% 以上”的目标，远低于发达国家 2.5% 以上的水平，创新引领发展能力不强，尚未跨越消化吸收、模仿创新老模式。创新载体分散，资金、设备、人才等创新资源重复配置，产学研用协同创新不足，部分关键高端钢材品种还需依赖进口。并提出强化企业创新主体地位，完善产学研用协同创新体系，激发创新活力和创造力，以破解钢铁材料研发难题为突破点，全面引领行业转型升级。

规划指出围绕低能耗冶炼技术，节能高效轧制技术，全流程质量检测、预报和诊断技术、钢铁流程智能控制技术、高端装备用钢等升级需求，支持现有科技资源充分整合，发挥企业的创新主体作用、设计单位的桥梁和推广作用、大学和科研院所的基础先导作用，实施产学研用相结合的创新模式，通过市场化运作机制和多元化合作模式，在钢铁领域建设国家级行业创新平台，提高原始创新、自主集成创新能力，开展行业基础和关键共性技术产业化创新工作，每年取得标志性创新成果。推动建设国家技术创新示范钢铁企业，支持以钢铁为主导产业的国家新型工业化产业示范基地建设。鼓励优势钢铁企业与科研院校、设计单位和下游用户的协同创新，加大创新投入，实现创新引领发展新局面。

三、中国钢铁产业技术创新面临的问题

（一）技术创新能力不强

我国钢铁产业自主创新基础薄弱，技术创新能力不足（见表 9-1）。大多

数钢铁企业长期以来采用低成本竞争战略，不重视技术创新，仍停留在技术和设备引进、消化、吸收的模仿创新阶段，再创新和自主创新进展缓慢，缺乏原始性的技术创新和高水平专家带头人才。一些企业甚至瓦解了创新意志，放弃了技术创新的努力，走上漫无边际的多元化经济。我国钢铁产业技术创新与国际先进水平相比差距还比较明显：新产品的自主研发还主要停留在填补国内空白方面，国际首创很少；钢铁生产的新工艺、新装备未取得突破性进展，仍停留在模仿阶段，如表 9-1 所示；节能降耗与环保减排技术主要还是以引进和消化吸收为主，原创性的不多[23]。

表 9–1　“十一五”期间我国钢铁产业工艺技术与装备主要创新领域

主要创新领域	主要创新成果
资源与能源的节约、生产效率提高和成本降低	高效低成本冶炼技术、新一代控轧控冷技术、性能预测与控制及一贯制生产管理技术等
主要工序核心装备与关键工艺的自主集成	真空精炼装备技术、大方坯连铸装备技术、冷乳机组以及取向碎钢工程自主集成建设等装备技术国产化

技术创新能力低，使得低端产品产能过剩，生产的产品附加值低，同时部分高附加值产品有效供给不足，难以满足国内市场需求，部分高端技术设备和产品仍然依赖于进口。

（二）技术创新投入不足

2003~2009 年，我国大中型钢铁企业经费投入和人员投入年均增长率分别达到 29.50% 和 24.11%（见表 9-2），但仍然不足以弥补我国钢铁产业技术创新投入不足的现实。首先，R&D 经费投入不足。这期间我国大中型钢铁企业 R&D 经费投入强度均未达到 1%，远低于发达国家 3% 的水平。如果以 2.5% 作为世界先进水平参考值，我国大中型钢铁企业 R&D 经费投入强度只相当于参考值的 33.6%，就连国内技术创新最为强劲的宝钢集团在投入大幅增长的 2010 年这一数值也仅为 2.0%，2017 年宝武集团 R&D 经费投入虽然高达 72.5 亿元，但占比仅 1.81%[24]，与世界先进水平仍存在较大的差距。再考虑到我国众多中小型钢铁企业，这一数值可能还要更低。

表 9-2 2003~2009 年我国大中型钢铁企业 R&D 经费投入强度

年 份	2003	2004	2005	2006	2007	2008	2009
强度 /%	0.74	0.63	0.72	0.76	0.76	0.66	0.84

注：数据来源：2003~2009 年《工业企业科技活动统计资料》。

其次，R&D 人员投入不足。2009 年，我国大中型钢铁企业 R&D 人员总数占总从业人员比重仅为 2.6%，低于同期全国工业企业平均水平的 2.7%，而制造业 R&D 人员的比重已经超过 5%，钢铁产业在制造业全行业中排名仅为第 7。2017 年,中钢协会员企业研发人员（12444 人）占主业人员（977165 人）的比例仅为 1.3%[25]。另外，在员工培训上我国钢铁企业投入也明显不足。据中国钢铁工业协会 2008 年的一份调研报告指出：在参与调研的 42 家钢铁企业中，多数企业员工培训费用占销售收入比例在 0.1% 以内，这表明多数企业仅注重员工现有价值，对职工长期发展缺少合理规划。

（三）技术创新体系尚未完全形成

尽管目前我国钢铁产业已经初步形成了以钢铁企业为主体、以市场为导向、高等院校和科研院所合作的产学研用相结合的技术创新体系，但大多数钢铁企业技术创新体系尚未完全形成，同时大中型钢铁企业技术创新体系不够完善。

我国钢铁工业生产企业数多达 7712 家[26]，其中钢铁生产企业中获得国家认定企业技术中心的仅 31 家[27]，众多中小型钢铁企业甚至都没有成立技术中心或相关技术研发机构，没有投入研发经费和人员进行技术创新。大多数钢铁企业没有自主创新体系，仍旧是引进技术消化吸收模仿创新，产品生产并没有以市场为导向，而是持续停留在低质量低附加值产品的同质化竞争阶段。这样导致整个钢铁产业中产品结构差，低档次产品产量大量过剩，高档次产品国内供给不足，部分需要依赖国外进口，钢铁行业尚未形成为下游产业提供完整材料解决方案的服务体系。

另外，在追求增长速度的社会氛围下，大部分钢铁企业中缺少创新文化，企业家创新意识匮乏，对企业技术创新不够重视，对自主研发周期长、创新失败不能容忍的浮躁和急于求成的心态弥漫在企业之中，广大职工没有参与到技术创新过程之中来，企业还没有形成鼓励创新的文化氛围，钢铁企业创新文化建设任重道远。同时，技术创新支撑服务体系建设缓慢，重要的共性技术研发推广动力不足，缺乏对引进技术消化吸收和再创新的研究开发基地。

（四）技术创新共享平台缺乏

尽管每年国家、钢铁企业和科研院所投入大量的研究经费和人员进行技术创新，但技术创新成果却缺乏交流和共享平台和渠道，成果得不到推广和应用，浪费资源，导致投资得不到应有回报，同时众多钢铁企业急于寻求技术却经常苦于没有门路。

我国钢铁产业成立技术创新联盟。2007 年，宝钢、鞍钢、武钢、首钢等六家大型钢铁集团和北京科技大学、东北大学等高校以及中国钢研科技集团公司等科研机构，联合组建钢铁可循环流程技术创新战略联盟。2009 年，首钢总公司、钢铁研究总院、北京科技大学等共同发起成立首都钢铁产业联盟。2010 年，以马鞍山钢铁公司、河北舞阳钢铁公司为主体，组建高性能建筑用钢产业技术创新联盟等。但是，目前成立的技术创新联盟主要是单个企业或几个企业与单个或几个高校、科研机构联合建立的多集中于某个领域的“点对点”的合作创新组织，缺乏技术外延服务功能，不具有广泛性和代表性，整个钢铁产业的技术创新共享无法保证，不利于参与日益激烈的国际竞争。因此需要借鉴国外先进的科研模式，采用规模大、整合性强和竞争力强的产学研用组织方式，发挥多学科和多领域优势，促进整个钢铁产业积极发展。

第二节　河钢集团科技研发融合的核心理念和实施路径

创新是引领钢铁工业发展的第一动力和核心。钢铁工业要瞄准世界科技前沿，强化基础研究，寻求前瞻性基础研究、引领原创性技术重大突破，在关键共性技术、前沿引领技术、现代工程技术、颠覆性技术方面有所创新，并继续加强以企业为主体、市场为向导、产学研深度融合的技术创新体系优化建设 [28]。正是基于对创新驱动的深刻认识与实践，河钢集团以技术、管理和商业模式三大创新凝聚变革的强大动力，在技术创新方面实现技术跟随者向领导者的根本转变，并在钢铁新型材料、绿色制造工艺和智能制造技术三大领域构筑行业领导者的地位。

一、契合国家战略，强化创新引领顶层设计

“十三五”期间，河钢集团紧跟国家战略发展步伐，制定并实施了“十三五”科技发展规划，将实现集团战略新型产业转型与高质量发展作为新的科技创新工作主线，提出了在能源、交通、海工、建筑等8大类产品的产业化布局，明确了在绿色制造、智能制造等7大类领域重点突破前沿、关键共性技术，指出集团产品专业化、定制化发展方向；同时从创新引领、体制机制、研发投入等方面为规划实施提供基础保障。河钢集团聚集全球技术创新要素，构建全球技术研发平台和协同创新体系，加快从“技术跟随”向“技术引领”的转变，提升“定制化制造”满足“个性化需求”的能力，做行业绿色发展、智能制造引领者。

二、整合内部技术资源，形成两级技术中心资源共享、互为支撑的科技创新体系

依托河钢集团钢研总院和3个国家级技术中心、4个国家级实验室、4个省级技术中心、11个省级实验室、3个院士工作站、3个博士后科研工作站，以及高标准建设的“科研中试基地”，搭建集团科技创新体系。整合内部技术研发资源，畅通信息沟通渠道，强化重点课题联合攻关，自主创新能力快速提升。近三年，河钢集团获得省部级以上科技奖项60余项，其中2015年度获国家科技进步二等奖1项。不断加大研发投入，研发费用占比稳步提升，2016年河钢集团研发投入29.42亿元，占营业收入比例1.01%；2017年研发投入35.35亿元，占营业收入比例1.15%，2018年研发投入48.4亿元，占营业收入比例1.44%。

三、创新人才引进和培养机制

三年来，河钢集团不断改革和创新人才管理体制机制。一方面构建市场化的选人用人机制，以市场化方式引进高端和急需专业技术人才30余人。另

一方面实行多层次选拔培育机制，打造自有高端专业人才队伍。选派50多人到国际钢协、德高公司、昆士兰大学和伍伦贡大学进行学习深造。每年有计划地持续开展岗位专业培训，并强化激励机制引导科技管理人才扎根生产、营销一线岗位锻炼成长。人才引进和培养机制创新，造就专业领军人才、技术人员与科研管理人才共同发挥作用的良好格局，构筑了产品升级和结构调整强有力的人才支撑。

四、创建中试基地，提升自主创新能力

钢铁产品发展就是持续提升钢铁产品质量，不断开发替代新产品，竞相争夺的“战略制高点”。促进产品优化升级、抢占制高点的根本支撑就是自主创新。钢铁企业生产与研发都离不开中试——科技成果向生产领域转化的重要通道与桥梁。中试装备以较少的科研成本投入，通过冶炼、热轧、冷轧和深加工工序试验模拟，获得最直接的离线工艺数据，规避生产线新产品开发风险、降低开发成本、缩短开发周期。做好新产品、新工艺、新技术研发，增强企业核心竞争力，为河钢集团全面转型升级、由大到强的新跨越提供技术支撑，高标准、高质量地建成一流的中试基地已迫在眉睫。

河钢集团中试基地肩负着产品研发和技术研发两大任务，一方面要通过产品研发生产出高技术含量、高附加值、高市场占有率产品，比如高强韧钢、纯净钢、管线钢、高级船板钢等高端钢铁材料，以及前沿、共性、关键、重大技术；另一方面要通过技术研发，改进工艺技术以降低生产成本。

2012年3月26日，河钢集团中试基地第一台理化检测设备——40000J金属摆锤试验机开始安装，标志着中试基地进入设备安装阶段。中试基地投资3亿多元，占地约30亩，包括中试工厂和理化检测分析中心两部分，中试工厂配备数十套大型试验设备，建有炼钢、轧钢、后处理等三条试验系统。其中，炼钢试验系统配套建设多台不同容积的真空和非真空感应炉，轧钢试验系统包括750毫米 ×550毫米热轧机、550毫米 ×450毫米冷轧机等冷热轧设备，以及镀锌模拟试验机、模拟退火试验机等，均是国际一流的装备，几乎能够模拟所有炼钢、轧钢生产过程。理化检测分析中心囊括ICP室、光谱室、热力模拟实验室、力学实验室等近20个实验室。

作为河北省首个钢铁中试基地，不但使河钢集团技术研究总院有了新产

品和新技术研发平台，也使得河钢集团自主创新体系拥有一个完整的“创新链”，并为河北省钢铁产业升级提供了创新支撑。

2013年10月，河钢集团首张不锈钢复合板在中试基地研发成功，这是河钢集团中试基地投用以来成功研发的首个新型产品，迈出了实现中试基地科技成果“孵化”的坚实步伐。当年，河钢集团研究总院申报的《镀锌系列高强双相钢低成本生产技术研究》等9个项目，被立项为河北省钢铁产业技术升级项目。

五、开展“靶向攻关”，解决制约产线效能释放的关键性问题

河钢集团坚持问题导向，实施靶向攻关，致力于提升产线能效。围绕工艺创新、产品研发、质量控制、工序降耗等制造全流程，组织跨学科技术研发团队，开展从原料入厂到产品出厂的产线诊断和技术攻关，强化产线效能发挥，每年研发、推广、应用新工艺新技术100余项，实现行业内技术突破30余项，一批集成研发的工艺技术装备成为国际第一、唯一，其中300毫米级大断面特厚钢板辊式淬火装备、亚熔盐高效清洁提钒技术实现全球首创，微合金连铸坯角部裂纹控制、棒线材直接轧制等装备技术达到国内或国际领先水平，极大提高产线效率，并促进行业技术进步。

一是建成世界首套处理钢板最大厚度300毫米的辊式淬火装备。2017年11月，世界首套300毫米级大断面特厚钢板辊式淬火装备在河钢舞钢公司一次性热负荷试车成功，标志着我国已具备超厚高强钢板高强度、高均匀性、高平直度淬火生产能力，填补国际空白。

中厚板辊式淬火设备及工艺属于国外垄断技术，是决定中厚板产品质量的关键。国际上仅德国LOI、美国DREVER、日本IHI三家公司具备供货能力。而IHI公司在1994年出口鞍钢1套二手设备后，就对我国进行技术封锁。因技术垄断，另外两家提供设备均采取与热处理炉捆绑销售的方式，不仅价格昂贵（单套1.2亿元人民币）、供货周期长（18个月），而且只能处理10～120毫米厚钢板。瑞典SSAB钢铁公司通过改造LOI公司淬火机，独家掌握了可处理4～10毫米薄钢板淬火核心技术，但不对外输出，只出口成品钢板，以获取垄断利润。

目前，国内国际上200毫米以上特厚钢板基本采用浸入式水槽淬火，冷速、

冷却均匀性差、板形等均无法满足需求。东北大学在特厚钢板表面高效率可控传热、断面温度梯度控制、大速比辊速高精度控制、抗冲击重载辊道、残水快速清除、钢板表面氧化皮去除等多个方面突破装备技术瓶颈，实现最厚300毫米、40~50吨大断面特厚钢板高强均匀淬火，淬火时间与传统浸入式相比缩短近一倍，淬火后板形、表面质量改善明显。这一技术突破为我国高品质特厚钢板热处理线建设提供样板，为大单重、大断面、特殊用途厚板热处理产品研发与应用奠定装备技术基础。

二是建成世界首个"亚熔盐高效清洁提钒产业化示范项目"。2017年6月，河钢集团与中国科学院共同研发的亚熔盐法清洁生产示范工程——世界首条亚熔盐法清洁提钒生产线，在河钢承钢公司投入运营，标志着两家单位共同承担的国家"973"计划项目子课题"高铬钒渣亚熔盐法高效提取分离与污染控制"实现产业化成果。这是我国提钒工艺技术的一次重大创新，彻底攻克现有提钒技术流程"三废"产生量大、末端治理难、成本高的世界性难题，开启钒钛产业清洁生产、绿色转型的崭新里程，实现世界钒钛产业的绿色革命。

亚熔盐法清洁生产示范工程是世界钒产业绿色原创技术的引领性项目，实现钒铬资源短流程循环高效利用，项目设计处理钒渣能力为5万吨，项目使钒资源利用率提高到90%以上，铬资源同步回收率达到84%，大幅降低能源消耗，从源头上控制"三废"产生，实现高效清洁生产，带动我国乃至世界钒铬资源加工制备技术向流程绿色化转型。

示范工程为我国现有高达36亿吨储量的高铬型钒钛磁铁矿高效综合利用，提供行之有效的解决方案。在全国推广后，每年可源头削减废气5亿立方米、重金属渣60万吨、高盐氨氮废水240万吨。可实现钒渣中伴生铬资源高效提取及高值化利用，开创钒钛产业绿色发展新模式。项目产业化建设，引领全球提钒技术绿色升级，使我国占据全球提钒领域的技术制高点，有力推动我国钢铁钒钛产业国际化发展战略实施。

六、汇聚全球创新要素，打造全球技术研发平台

以技术资源市场化整合配置为手段，持续创新与科研院所、优势企业和高端用户合作模式，打造共建研究机构管理新模式。河钢集团先后建立28个包容、开放、有别于常规产学研合作的深度融合的全球协同创新平台。其中，

与中科院、中国钢研集团、东北大学、北京科技大学、重庆大学等国内高端科研院所全面合作，实现了产业资源与科研资源深度融合；与浦项、西门子、昆士兰大学、伍伦贡大学、瑞典国家冶金研究院等国际一流企业和科研机构，先后建立国际战略合作平台；与海尔、上重、中建钢构等高端用户和用钢企业联合共建研发中心，实现从单纯提供产品向为用户提供最佳材料解决方案转变。河钢集团全球创新平台开展了包括前沿技术、重大装备、高端产品在内的合作研发项目100余项，解决关键共性瓶颈问题，形成一批行业引领技术，理顺生产流程，优化工艺路径，提升产品质量，推动技术进步，极大地提升河钢集团科技竞争实力和国际影响力。

（一）建设联合性研发合作平台

近年来，河钢集团科技创新体系建设明显加快。与东北大学共建河钢东大产业技术研究院、与北京科技大学共建钢铁绿色制造协同创新中心、与重庆大学共建河钢 - 重大西南研究院，与澳大利亚昆士兰大学共建可持续钢铁创新中心，与中国工程院、中国钢研集团、东北大学共建氢能技术产业创新中心等一批系统创新平台相继签约挂牌（见图 9-1）。并且建设科技成果转移孵化平台不断增添新成果。与中科院联合研发的世界首个亚熔盐高效清洁提钒产业化示范项目成功投产，开启世界钒钛产业绿色革命。此外，与德国 CSS、西门子、奥钢联、韩国浦项、MEFOS（瑞典国家冶金研究院）等建立了战略合作关系，系统推进了全流程的技术升级和品种开发。

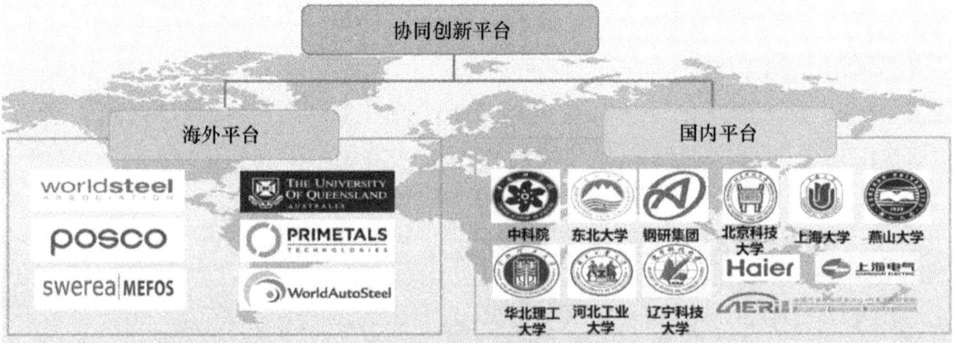

图 9-1　河钢集团协同创新平台

2015 年以来，河钢集团进一步加大与国际一流院校、科研机构合作力度，发挥自身的资金优势和市场优势，融合院校和科研机构的人才优势和科研优势，为集团国际化战略实施培育人才队伍，提高河钢集团市场竞争力。

2015 年 9 月，河钢集团与瑞典国家冶金研究院以项目为载体，建立研究员互派机制，就高炉采用 100% 球团炼铁技术进行合作研究。同年 11 月，河钢集团正式成为世界汽车用钢联盟的成员，这家联盟由 19 家全球顶尖汽车钢制造供应商组成，代表着汽车用钢技术和市场发展方向。

2018 年，河钢与佐治亚理工学院、伍伦贡大学签订 MOU，与西门子、浦项等一流企业建立战略合作关系，进一步汇聚全球智力资源，解决产线瓶颈问题，突破行业关键技术，培养国际化高端人才，构筑起行业创新高地。

（二）建立全方位对标交流平台

（1）对标平台。在河钢集团内外开展全方位工序对标与产线对标，总体工序成本、产线装备、能源利用效率显著提升。

（2）企业交流平台。河钢集团坚持与强者为伍，与浦项联合成立战略合作指导委员会，以及战略企划、技术、能源环保、原料资源四个专业委员会，建立常态化对标交流机制；与普瑞特、达涅利等世界知名冶金装备制造企业建立技术交流机制，多次组织技术对接与交流。

（3）高水平学术交流平台。河钢集团每两年举办国际性学术交流会议，让全球创新火花在河钢集团碰撞。2018 年举办河钢集团 - 东大国际学术年会，得到国内外专家学者和主流媒体的广泛关注。国内外知名院校、企业、研究机构的专家学者 500 余人参会交流，150 多名专家学者作专题报告，提升集团在国际上的学术影响力。

（三）创新合作平台典型案例

1．河钢东大产业技术研究院

2016 年 7 月 6 日，河钢东大产业技术研究院在沈阳成立，该机构在河钢集团和东北大学共同领导下，实行相对独立的实体化运作，本部设在东北大学，河钢集团设立科研及科研成果产业化转换基地。

河钢东大产业技术研究院旨在充分发挥河钢集团和东大产业与技术资源优势，共同打造产学研用高效融合的全球钢铁技术研发平台，聚集全球技术创新要素，加快推进钢铁产业升级。其主要方向包括矿山技术、铁前技术、炼钢技术、轧钢技术、产品应用技术、新材料、智能监控与智能制造技术、创新平台建设及人才培养等8个领域，担当起引领和促进国家与行业技术创新的使命。目前，河钢集团正在努力构建基于“全球营销服务平台”“全球钢铁制造平台”“全球技术研发平台”的竞争优势，河钢集团东大产业技术研究院作为河钢集团“全球技术研发平台”的重要组成部分，必将为河钢集团未来成长起到历史性作用。

河钢东大产业技术研究院不仅要解决一批关键共性技术问题，还要攻克一批前沿技术问题。争取做到有自己的思路和创新，要努力做钢铁行业技术的领跑者，领跑国际钢铁技术发展，为河钢集团做全世界领跑型的企业做出贡献。

河钢东大产业技术研究院的成立，是东北大学推动科技创新的一个重大举措。东北大学将从人力资源配备、资源调配、政策支持等方面全方位支持和保障该研究院的发展。另外，东北大学将从选矿、采矿、冶金材料、轻工艺技术，到装备自动化、大数据应用、计算机应用等方面开展全方位对接，进行配套创新改革。河钢东大产业技术研究院不仅要整合东北大学校内资源，还要以该研究院为核心整合校外资源，这是中国钢铁企业需求，也是中国钢铁行业需求。

2．河钢-北科大钢铁绿色制造协同创新中心

2018年5月31日，河钢-北科大钢铁绿色制造协同创新中心在北京成立。为充分发挥河钢和北科大的产业与技术资源优势，共同打造产学研用高效融合的全球绿色钢铁制造研发平台，河钢集团和北京科技大学秉承“面向全流程、面向绿色智能、面向新钢铁、面向国际化”的宗旨，依托“钢铁冶金新技术国家重点实验室”，联合组建“河钢-北科大钢铁绿色制造协同创新中心”。

创新中心以成为“全球最具竞争力和影响力的绿色钢铁制造研发平台、中国钢铁领域科技成果产业化的校企合作典范、国家级钢铁绿色制造创新中心”为目标，构建河钢集团创新体系平台；以项目为载体，聚集高端人才；以项目需求为驱动，着力解决制约河钢产业升级的关键性、根本性实际问题；以国家和行业重大需求为重点，实现钢铁前沿关键技术的重大突破，引领行业技术创新。结合河钢集团产线特色，创新中心重点在资源绿色循环利用技术、

大数据与智能制造技术、冶金工艺新技术、钢铁新材料制备、产品应用技术、在线检测技术、国际化人才培训等方面开展合作。

3．河钢 - 昆士兰可持续钢铁创新中心

2017 年 3 月 17 日，河钢集团与澳大利亚昆士兰大学签署协议，共同成立河钢 - 昆士兰可持续钢铁创新中心，以项目为载体，充分发挥河钢集团的产业资本优势和昆士兰大学的技术资源优势，构建汇聚全球技术创新要素、更加包容开放的协同创新体系，打造产学研用高效融合的全球钢铁技术研发平台，提高钢铁行业生产效率，加快钢铁产业转型升级。

依托创新平台，河钢集团与昆士兰大学商学院合作，每年选拔一批优秀后备人才赴昆士兰大学商学院进行为期半年的优秀管理及业务人才培训。利用昆士兰大学商学院在亚太地区的领先地位，培养参训人员成为具有世界前沿的管理理论知识，熟悉国际商务合作运作模式，能够按照国际规则和惯例高效工作，对公司管理及公司国际业务拓展具有较高的开拓和创新能力的国际化后备人才。

河钢集团与昆士兰大学均高度重视后备人才培训项目，从集团主要领导到子公司领导均予以大力支持，提供充足的资源支持。同时，由于培训项目具有创新型与引导性，河钢集团青年干部昆士兰培训项目被列为河北省“人才兴冀工程”重点项目，获得河北省大力支持。

为达到最佳培训效果，河钢集团对出国培训人员进行全程跟踪考察：每天撰写工作学习日志，总结每天收获、查找不足；每月进行工作总结，汇报阶段成果、提出下一步方向；回国前提交 3 万字学习感受，综合汇报学习效果及学习收获。压力与动力并存，促进国际化人才的快速成长。目前，河钢集团第一批中青年干部 22 人已经顺利通过培训，第二批 22 人技术营销团队定制化培训正在进行之中。

4．河钢 - 重庆大学西南研究院

为深入贯彻落实国家创新驱动发展战略，促进河钢集团可持续发展和转型升级，2018 年 9 月 25 日，河钢集团与重庆大学共同组建“河钢 - 重庆大学西南研究院”。

这是校企双方“科教兴国”战略与“钢铁报国”使命的高度契合，也是继河钢集团与东北大学共建河钢集团东大产业技术研究院，并同国内外多家著名科研机构和院校共建23个协同创新平台基础上，为打造“全球技术研发平台”采取的又一重大战略举措。

河钢集团和重庆大学将充分发挥自身优势，在共建研究院、人才培养、设立奖学（教）金、科研成果转化、重大项目及课题联合申报、科研平台共享共建等方面开展合作。研究院着重聚焦西南及长江经济带区域市场发展、钢铁和钒钛新材料及资源综合利用、自主品牌汽车金属材料、钢结构技术与产业化等领域开展应用研究，以项目为载体聚集高端人才，以市场需求为驱动着力解决制约河钢集团产业升级的关键性、根本性实际问题，以国家和行业重大需求为重点实现钢铁前沿关键技术的重大突破，引领行业技术创新，打造河钢集团和重庆大学技术创新及成果产业化的新高地。

为激励创新，河钢集团将在重庆大学设立“河钢集团奖学金”和“河钢集团奖教金”，对在学术方面取得优异成绩的优秀学生，以及在科研一线、教学一线做出杰出贡献的教师、科研工作者进行奖励。

5. 启动国家级“海工钢”项目

加强海洋工程用钢等材料专项研究，是探索海洋未知领域、开发利用海洋资源的重要前提。为此，河钢集团不断加大与国内外科研机构深入合作，致力于研究高技术、高质量的海洋工程用钢。

2016年10月25日，国家重点研发计划“高强度、大规格、易焊接海洋工程用钢及应用”项目在河钢集团启动。该项目由东北大学牵头，河钢集团、宝钢、山钢、中船重工七二五研究所、中科院金属所等国内20余家单位共同承担，是科技部“十三五”重点基础材料技术提升与产业化重点专项首批优先启动的项目之一。

七、河钢集团产研融合未来发展

未来，河钢集团将围绕绿色化、智能化、品牌化建设，在产品升级、技术引领、工业服务上全面发力，持续加大研发投入，大力推进“两个结构”再优化，全面加快钢铁产业转型升级、战略性新兴产业发展和全球化布局，逐步实现从“钢铁”到“材料”、从“产品”到“服务”、从“跟随”到“引领”的转变。

一是不断完善科技创新体系。2019年，河钢集团研发投入力争达到营业收入 2% 以上，未来要逐步达到 3% 以上；到“十三五”末，授权专利年均 1500 项以上，新制定国家标准 10 项以上，集团内高新技术企业达到 30 家以上，标准体系、知识产权体系等科技创新体系建设与管理逐步迈向国际化。

二是深化产品结构再调整。到 2020 年，河钢集团品种钢占比 75% 以上，高端产品占比 60% 以上，特色战略产品 6% 以上，其中汽车板和家电板占比达到 30%，特钢比例达到 28%，钢材深加工比例达到 30%。

三是推进前沿颠覆性技术研究。在绿色生产、流程再造、工艺创新、产品研发等全流程领域，开展引领性、前沿性、行业颠覆性技术研究与应用，实现从引进创新到协同创新再到自主创新的转变，正在重点推进氢能利用、增材制造、无头轧制等一批钢铁行业颠覆性技术实施。

四是持续完善全球创新平台。完成欧洲研发平台布局，实现智力资源全球覆盖；深化产线诊断、前沿技术、成果转化、人才培养等方面合作，把研发平台打造成河钢集团创新驱动的“孵化器”和“加速器”，掌握核心技术，不断提升河钢集团核心竞争力。

五是深入开展用户技术研究。进一步拓展与用户共建的研发中心，完善和创新管理机制，加大用户研发中心投入，在试验设备、焊接工艺、模具研发等方面进行配套。将研发链条嵌入至用户产品设计、工艺制造环节，开发更具性能指向性的定制化产品和服务，推进河钢集团由提供优质产品向提供整体材料解决方案转型。

六是开辟战略新兴产业和工业服务领域。深度嵌入下游及战略性新兴产业，加速向战略新兴产业转变。在数字技术方面，面向工业制造企业，提供以智能制造为核心的自动化、信息化、数字化技术解决方案服务；在工程技术方面，面向先进制造业和现代城市发展，积极发展从工厂与工程设计、工程机械装备制造到工程建设的全产业链工程技术服务。

七是保持绿色制造引领地位。持续推进全生命周期评价、碳减排等绿色制造技术研究与应用，在烟气污染物控制、节水、减排等方面实现技术引领，形成污染物源头减排、过程控制、末端治理全流程高效治理体系，实现主要污染物超低排放，持续引领钢铁行业绿色发展方向。

八是实现智能制造创新发展。积极推动互联网、大数据、人工智能等新一代信息技术与钢铁制造深度融合，完成 3 条智能制造示范产线建设，利用区域调整和退城搬迁机遇，全面建设“绿色化、智能化、品牌化”的新一代流程钢厂，全面推动智能转型升级，打造“智慧河钢集团”。

第三节　河钢集团科技研发融合的主要成效及商业模式规律

一、河钢集团产研融合主要成效

（一）聚合全球创新要素，平台作用不断凸显

河钢集团先后与国内外知名高校与科研院所建立了28个全球协同创新研发平台，与下游高端用户联合成立了多个用户技术研发中心，打造集团子分公司之间、集团与世界知名企业之间的全方位对标交流平台。资源平台建成后，河钢集团上下全力对接，力求使平台发挥最大的价值和作用，产业资源与科研资源深度融合，各种技术力量协同创新。河钢集团全球技术研发平台集技术创新、人才培养、学术研究为一体，助力集团“技术、质量、人才、自动化信息化”四大支撑体系建设，并在产品升级、前沿关键技术研究应用、国家重大专项承担、集团高端人才培养等方面，发挥突出作用，为河钢集团带来巨大市场价值和品牌价值。

2017年以来，河钢集团致力于打造“全球技术研发平台”，不断完善全球技术研发平台建设，与昆士兰大学共建可持续钢铁创新中心，与澳大利亚伍伦贡伍伦贡大学、乌克兰巴顿研究所等具有国际影响力的科研机构紧密合作，启动“新型高强汽车钢深加工新技术的应用”等4个项目研究，形成国际化人才交流培养的世界级平台；发挥河钢东大产业技术研究院技术支撑作用，确立近50项产品升级和前沿技术关键课题，共同参与承担国家重大课题研究；深化与下游用钢行业战略用户合作，与海尔、上重共建联合研发中心，为用户提供个性化产品解决方案；巩固深化与中科院战略合作，共同研发世界首条亚熔盐法清洁提钒生产线投入运营；积极参与承担行业标准制定，牵头起草《氮化钒铁》已经实施，现正在起草5项新的行业标准。2017年，河钢集团9个项目入选国家重点研发计划“重点基础材料技术提升与产业化”等重

点专项，积极引领钢铁及相关行业技术创新。

河钢集团通过创新平台建设与合作，共同承担国家重点专项和开展重大课题研究，在解决行业基础性难题、引领行业科技创新上着力实现重大突破。“十三五”以来，河钢集团联合科研院所，积极承担国家专项，担当国家角色，承担、参与6项国际科学技术合作项目、15项国家重点研发项目（见表9-3）、60余项省级重大专项。课题涵盖效能提升、产品研发、绿色生产、智能制造、流程再造在内的前沿技术和“卡脖子”技术。通过承担国家课题，锻炼研发队伍，掌握核心技术，引领行业发展，显著提升集团影响力。

表9–3　河钢集团参与国家“十三五”重点项目情况

序号	国家“十三五”重点研发计划项目
1	钢铁行业水资源高效循环利用技术及示范
2	高强度、大规格、易焊接海洋工程用钢及应用
3	先进制造业基础件用特殊钢及应用
4	金属非金属矿山重大灾害致灾机理及防控技术研究
5	钢铁行业多工序多污染物协同控制技术
6	钢铁行业烟气多污染物全过程控制耦合关键技术
7	绿色制造系统集成项目
8	重点行业水污染全过程控制技术集成与工程示范项目
9	长型材智能化制备关键技术
10	钢铁流程关键要素的协同优化和集成应用
11	扁平材全流程智能化制备关键技术
12	高性能桥梁用钢
13	超低温及严苛腐蚀条件下低成本容器用钢
14	新一代压水堆核岛用钢及临氢化工大单重特厚板
15	煤炭清洁高效利用和新型节能技术

（二）技术研发取得全面突破

一是工艺装备技术取得重大突破。宽厚板连铸坯重压下关键工艺与技术，显著提升钢板内部质量，提高坯料轧制厚度极限铸坯，成材率提高11%，获河北省科技进步一等奖；300毫米级特厚钢板淬火装备及工艺技术填补国际空白，月度稳定生产4000吨以上，并支撑国家能源、军工、先进装备等对大厚度钢板性能要求；微合金钢铸坯角部横裂纹与纵裂纹控制技术，研发角部高效传热曲面结晶器，开发角部晶粒超细化控冷新工艺，连铸坯裂纹发生率降低至0.1%以下；棒线材直轧智能化负能制造关键技术建成示范生产线，工序能耗降低30公斤标准煤/吨，吨钢成本降低40元，性能稳定，强度控制在20兆帕以内，达到国内先进水平。

二是绿色制造技术保持引领地位。国际首创亚熔盐高效清洁提钒技术，钒回收率由80%提高到90%，实现从源头消减钒化工三废污染；实施逆流活性炭烟气净化技术，颗粒物排放浓度≤10毫克/立方米，SO_2排放浓度≤10毫克/立方米，NO_x排放浓度≤50毫克/立方米，污染物排放达到国际领先水平；成功研发熔剂型球团生产技术，高炉冶炼球团比例最高达到80%，NO_x排放降低50%；6座焦炉实施上升管余热回收技术升级，年减排二氧化碳8.9万吨，吨焦降耗10.5公斤标准煤。

三是新材料研发应用取得丰硕成果。河钢集团充分利用钢研院研发优势，开发系列高端新材料。特殊镀层锌铝镁涵盖双相钢、深冲钢、结构钢、高强度低合金钢等高端产品系列，最大宽度1600毫米，累计生产4万余吨，应用于光热发电等领域；铝硅镀层产品实现系列化，可批量生产0.6毫米厚度DC53D+AS品种，实物质量达到国内领先水平，累计生产5.6万吨；高强奥氏体不锈钢焊丝达到国内强度最高，稳定供货某新型舰船，应用于新型装甲车制造；高端镍基气阀合金成功应用在火车、轮船820℃级重载柴油机设备，成型性能、成品气阀使用寿命比市场产品提高30%；倍容量导线用铝包殷钢芯材具有高强度、高扭转、低膨胀特点，获得国家自然基金项目资助和国家电网公司高度青睐；模具材料稳定供货，用户使用寿命提高1倍，热作模具钢、冷作模具钢达到国内先进水平。

四是推进前沿及颠覆性技术研究。自主开发氮化钒铁短流程生产技术攻克钒产业关键共性问题，提升钒制备稳定性和精准性；化工级高纯氧化钒，国内市场占有率提高至50%；能源级高纯氧化钒，具备每年1000吨生产能力；宇航级片钒获得美国航空母合金企业认证。此外，在氢能开发、氢冶金、增材制造、棒线材无头轧制、低碳高炉炼铁、电炉连续加料不揭盖等前沿技术领域，也取得显著进展。

（三）深化应用技术研究，客户服务不断提升

通过研发融合，河钢与下游战略客户技术进步实现无缝衔接，80 余个服务团队、1000 余名技术人员深入用户生产现场，解决技术难题，累计投入近 2 亿元，在新品研发、替代进口、产品轻量化取得突破性进展。

一是在汽车钢领域，建立材料数据库，开展模拟实验。以新车型为切入点，开展全流程材料切换，累计完成 420 个零件材料技术认证或仿真分析；热镀锌钢板替代电镀锌，完成国能汽车白车身整车焊装试验，符合国能评价标准；在国能汽车成功实现热镀锌替代电镀锌，并获得 1000 台整车钢板供货合同；通过北汽新能源合格供应商审核认证。

二是在家电用钢领域，开发 FLD 样板制备技术，行业内首次建立家电用复合材料成型数据库，为用户提供成型工艺支持；研究彩涂、覆膜、印刷与基板成型性能，为用户提供产品选型及一体化材料解决方案；开发提高家电美观度的饰条钢，替代塑料件提升用户家电产品竞争力。

三是在桥梁用钢领域，为港珠澳大桥定制开发系列钢材。高强抗震钢筋结合重防腐涂层技术，使产品服役寿命达到 120 年以上；针对极端环境，定制化开发高等级桥梁钢，累计有 24 万吨钢材用于大桥核心关键部位，占用钢量 57%。

四是在机械用钢领域，开发用户关注的高耐磨性能钢板 HNM450，产品耐磨性能优于 SSAB，替代进口，产品应用于上重磨煤机转子体；研发 ϕ65 毫米磨煤机加载弹簧用钢，替代进口，为农机提供轻量化解决方案，采用高强钢产品替代原有的 Q235、Q345 材料，零件轻量化效果达到 15% 以上，解决高强钢焊接技术难题，成功替代普碳钢。

五是在工程建设领域，成功开发超厚锌层 Z600 镀锌板，并成功应用于国内首条装配式钢制综合管廊示范线；成功开发 PU400 系列化钢板桩，实现稳定生产，并迅速打开市场，广州地区市场占有率达到 50%；成功开发 Q345、Q420 级热轧耐候角钢，耐候性能提高 50%，并开展“材料 + 微型结构件 + 涂层”的耐候性研究，为用户镀锌替代提供数据和技术支持。

（四）产线工艺技术持续进步，不断提高创效水平

一是炼铁系统。高炉利用系数、燃料比、煤比等指标稳中有升。3200 立方米高炉利用系数提高到 2.35 吨 /（立方米 · 天），2000 ~ 2500 立方米高炉利

用系数提高到 2.32 吨 /（立方米 · 天）(见图 9-2)。

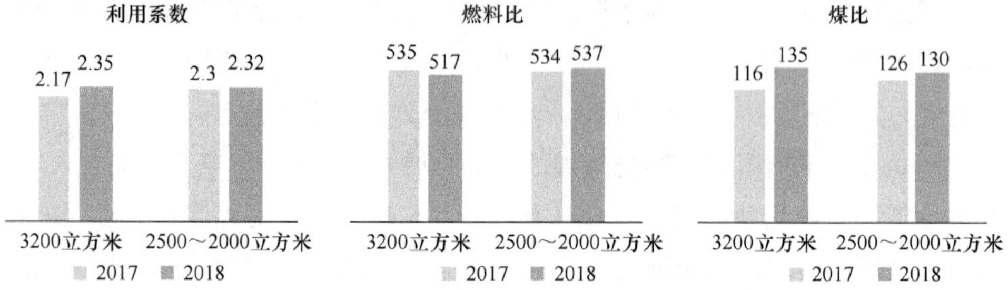

图 9-2　河钢集团高炉指标提升情况

二是炼钢系统。产能得到释放，在停掉唐钢 1 座 65 吨、宣钢 2 座 80 吨、承钢 1 座 120 吨等 4 座转炉情况下，集团全年炼钢产量与 2017 年持平。通过全流程废钢加入技术，废钢比最高达到了 28.3% 行业先进水平，平均铁耗从 957 公斤 / 吨降低至 933 公斤 / 吨。1810 毫米产线在停掉一台连铸机情况下，充分发挥半无头轧制作用，全年产量 153 万吨，提高 36%；单月最高产量达到 14 万吨。

三是轧钢系统。通过新技术应用和工艺改进，指标明显改善。螺纹钢负差率均达到 4% 以上；氧化铁皮脱落问题显著改善；利用 TMCP+DQ 工艺，减少调质工序，高强钢月均达到 10000 吨；形成轧制复合自有技术，年创效 2000 万元；加工配送剪切线产能得到释放。

（五）科技管理体系逐步强化，涌现了一批创新成果

2018 年，河钢集团新增高新技术企业 18 家，累计 27 家。获得省部级科技奖励 26 项，一等奖 4 项；主持或参与制定标准 12 项，其中国家标准 2 项；申请专利 1586 项，其中发明专利 665 项（见表 9-4）。

表 9-4　河钢集团高新技术企业

集团已有高新技术企业	2018 年获批高新技术企业
1. 唐山唐钢气体有限公司	1. 河钢股份有限公司
2. 唐山钢铁集团微尔自动化有限公司	2. 唐山中厚板有限公司
3. 邯郸钢铁集团设计院有限公司	3. 唐钢不锈钢有限责任公司

集团已有高新技术企业	2018年获批高新技术企业
4. 邯钢集团衡水薄板有限责任公司	4. 河北唐银钢铁有限公司
5. 河北卓越电气有限责任公司（邯钢）	5. 唐钢美锦（唐山）煤化工有限公司
6. 舞阳钢铁有限责任公司	6. 唐钢国际工程技术股份有限公司
7. 石家庄钢铁有限责任公司	7. 滦县唐钢气体有限公司
8. 河北宣化工程机械股份有限公司	8. 河北邯钢冷轧薄板有限公司
9. 河钢集团衡水板业有限公司	9. 邯钢集团邯宝钢铁有限公司
	10. 邯郸市邯钢集团信达科技有限公司
	11. 张家口钢源信息技术有限公司
	12. 宣化钢铁集团有限责任公司
	13. 张家口宣钢机电工程有限公司
	14. 承德承钢工程技术有限公司
	15. 石钢京诚装备技术有限公司
	16. 河北沃享信息技术有限公司
	17. 河钢国际科技（北京）有限公司
	18. 河北省机械科学研究设计院

二、河钢集团科技研发融合的商业规律

河钢集团科技研发融合是其跨界融合实施商业模式创新的技术动力。

首先，在客户层，河钢推进科技研发融合是以市场为导向、以用户为中心的，产学研用融合，落脚点在用。河钢组建80余个服务团队、1000余名技术人员深入用户现场，新品研发应用、升级换代进展巨大，比如以新车型为切入点，开展全流程材料切换，在行业内首次建立家电用复合材料成型数据库，为用户提供成型工艺支持。

其次，在价值层，河钢实施科技研发融合，大力推动技术创新，有效满足客户对产品、服务价值的需要和追求，同时开发出具备推广价值的产业技术，成为企业效益新增长点，如国际首创亚熔盐高效清洁提钒技术，将钒回收率提高了10个百分点，实施逆流活性炭烟气净化技术，显著改善了烟气治理效果，

具有极大的商业推广价值。

第三，在能力层，通过创新体系设计和人才、机制的支撑，有力保障了客户价值、企业价值的实现。

第四，在发展层，主要是加强创新投入，整合内部技术资源，创建中试基地，强化创新体系建设，打造全球技术研发平台。

今天，中国正走在结构转型、创新驱动的大道上，这是发展的必然，无可阻挡。时代的洪流中，注定越来越多的企业将不能再安于劳动密集型发展方式，不能再满足于血拼式低价竞争，要向高端转型，向技术要效益。那么，发生在中兴、华为身上的事情，很有可能会一再上演，成为常态。中国企业只有通过自主创新，掌握核心技术，才能历经风雨而不倒，不会被别人扼住命运咽喉。5 月 16 日，习近平总书记在《求是》上发表《深入理解新发展理念》一文中指出，当前，新一轮科技和产业革命蓄势待发，其主要特点是重大颠覆性技术不断涌现，科技成果转化速度加快，产业组织形式和产业链条更具垄断性。虽然我国经济总量跃居世界第二，但大而不强、虚胖体弱问题相当突出，主要体现在创新能力不强，这是我国这个经济大块头的“阿喀琉斯之踵”。通过创新引领和驱动发展已经成为我国发展的迫切要求。

河钢集团科技研发融合体系与创新平台，特别是在关键领域的技术联盟、标准等建设，为传统行业转型升级，走自主创新道路，树立引领创新示范，为中国企业寻求自主发展明确了目标和动力，改变了各自为政、一盘散沙的状态，从而为中国科技崛起、角逐世界提供了有力支撑。

第十章　引领高质量发展

第一节　学习十九大报告及习总书记关于高质量发展的论述

习近平总书记代表第十八届中央委员会于 2017 年 10 月 18 日在中国共产党第十九次全国代表大会上向大会作的报告——《决胜全面建成小康社会 夺取新时代中国特色社会主义伟大胜利》。党的十九大报告提出，我国经济已由高速增长阶段转向高质量发展阶段，正处在转变发展方式、优化经济结构、转换增长动力的攻关期，建设现代化经济体系是跨越关口的迫切要求和我国发展的战略目标。

高质量发展是一种全新的发展理念，包括以下几点：

（1）转变发展方式。实现集约型经济增长，提高全要素生产率。即我国经济已经从主要依靠增加物质资源消耗实现的粗放型高速增长，转变为主要依靠技术进步、改善管理和提高劳动者素质实现的集约型增长。

习近平总书记提出要全面推进体制机制创新，提高资源配置效率效能，推动资源向优质企业和产品集中，推动创新要素自由流动和聚集，使创新成为高质量发展强大动能，以优质的制度供给、服务供给、要素供给和完备的市场体系，增强发展环境的吸引力和竞争力，提高绿色发展水平。

（2）优化经济结构。以供给侧结构性改革为主线的经济政策框架，由资源密集型、劳动密集型产业为主向技术密集型、知识密集型产业为主转变；在产品结构上，由低技术含量、低附加值产品为主向高技术含量、高附加值产品为主转变；在经济效益上，由高成本、低效益向低成本、高效益的方向转变；在环境效益上，由高排放、高污染向循环经济和环境友好型经济转变。最终将体现为国家经济实力不断增强，居民收入得到较快增加。

推动经济高质量发展，要把重点放在推动产业结构转型升级上，把实体经济做实做强做优。把新一代信息技术、高端装备制造、绿色低碳、生物医药、数字经济、新材料、海洋经济等战略性新兴产业发展作为重中之重，构筑产业体系新支柱。

要立足优势、挖掘潜力、扬长补短，努力改变传统产业多新兴产业少、低端产业多高端产业少、资源型产业多高附加值产业少、劳动密集型产业多资本科技密集型产业少的状况，构建多元发展、多极支撑的现代产业新体系，形成优势突出、结构合理、创新驱动、区域协调、城乡一体的发展新格局。

（3）转换增长动力。“高速”指向数量或规模，往往是经济发展初级阶段的目标，用以标注“快不快”；“高质量”则是经济发展达到一定水平之后才会有的目标，强调质量和效益，主要解决“好不好”。

习近平总书记强调，“要大力培育新产业、新动能、新增长极，发展现代装备制造业，发展新材料、生物医药、电子信息、节能环保等新兴产业，发展现代服务业，发展军民融合产业，补足基础设施欠账，发挥国家向北开放重要桥头堡作用，优化资源要素配置和生产力空间布局，走集中集聚集约发展的路子，形成有竞争力的增长极。”

第二节　解析高质量发展对于钢铁产业的战略要求

钢铁行业适应、满足高质量发展的要求和目标，不仅仅是要求钢铁产品好，还要求拥有更好的环境、技术、研发、管理、体制机制、服务体系、人才队伍和更强的竞争力，按照高水平的绿色化、有序化、标准化、品质化、服务化、差异化、多元化、智能化、国际化“九化”协同，重塑钢铁产业价值链，不断提高钢铁行业国内、国外竞争力。当前，要以绿色发展和智能制造为突破口，助推钢铁行业提升整体素质，加快高质量发展。

一、高质量发展需要工艺技术持续进步

一是要坚持创新驱动技术进步。钢铁企业、科研院所等单位要坚持把基础和前沿工艺技术与装备、关键共性技术作为重点，加快研发力度，尽快取得突破，切实增强钢铁行业技术水平的国际竞争力。

二是要依法依规淘汰落后装备。对于《产业结构调整指导目录》等政策规定的落后装备，要坚决淘汰，并严防落后产能死灰复燃。

三是要加强工艺装备现代化改造。鼓励钢铁企业按照《钢铁行业规范条件（2015年修订）》要求，积极开展装备现代化技改，并采用先进工艺技术与装备，有效提升生产效率和产品质量。

四是要推动工艺结构调整优化。鼓励钢铁企业综合考虑市场需求、原燃料供应、交通运输、环境容量和资源能源支撑条件，在严格落实产能置换前提下，将部分高炉-转炉长流程工艺转变为电炉短流程工艺，促进行业整体节能环保水平提升、品种结构优化升级。

二、高质量发展将倒逼产业结构升级

为适应减量化用钢趋势，在建筑用材方面，未来建筑行业将重点推广500兆帕及以上高强钢筋以及高强度、抗震、耐火耐候钢板和H型钢应用，且随着钢结构建筑不断推广，建筑用钢材已由以螺纹钢为主逐步转向以结构钢材为主。在机械用钢方面，我国机械行业将以绿色低碳、智能制造和服务化发展为重点方向，重点发展领域包括关键基础零部件、重大智能制造装备、新能源汽车等，主要用钢品种将以高档模具钢、高档轴承用钢、能源装备用钢等为主。在造船用钢方面，虽然我国已经能够满足大部分船舶用钢需求，但是还有部分特殊性能或特殊规格的产品，如高强度钢、海洋平台用钢等需要依赖进口。在汽车用钢方面，未来汽车行业产品结构中新能源汽车市场份额将迅速扩大，预计2020年我国汽车用钢中高强钢使用比例将提高至60%，适合电动汽车的汽车电工钢、电池用钢将进入快速发展阶段。在家电用钢方面，家电行业转型升级将从节能减排、新能源和低碳等方面，对电工钢板带、冷轧板带、镀层板带等板带产品提出更高要求。在电力用钢方面，我国电力行业将由煤电逐步向高清洁能源发电转型，电力行业用钢将以“高强高韧、耐蚀耐压”为主要特征，将对高端硅钢市场提出较大需求。

三、高质量发展推动区域布局平衡

钢铁产业作为“两高一资”行业，影响其布局的因素主要有交通运输、水电供应、下游市场、资源便利性等。大型钢铁联合企业布局一般具有典型的运输指向特征，特别是港口指向特征，短流程钢厂可建设在靠近市场的地方并保持较高竞争力。除上述因素以外，当前环境因素在我国区域钢厂和城市钢厂布局调整中变得越来越重要。

（一）环保倒逼推进区域产业结构调整

生态环境部将继续建立以排污许可为基础的新型环境管理制度体系，并与2018年1月1日正式施行的环境税法有机结合。排污许可制度是固定污染源环境管理的核心制度，实现对固定污染源的“一证式”管理。排污许可证将作为钢铁企业排污行为的唯一行政许可，也是环境执法检查重要依据。钢铁企业必须持证按证排污，对于无证排污或违证排污的钢铁企业，将受到按日计罚、停产等严厉处罚，特别是将作为钢铁行业化解过剩产能的重要依据。在接下来的环保标准制定过程中，一是将尽可能补全排污许可新管理制度中需要制修订的标准；二是排污许可证本身的一些管理规定要以出台相关行业可行技术指南要求作为支撑，以保证环保标准将来与排污许可证尽可能地无缝衔接；三是通过环境税法，在保证环保“费改税”后整体税费较排污费不明显增加的前提下，做到奖优罚劣，鼓励企业实施提标改造，降低污染物排放总量。

新《环境保护法》明确加入行政处罚描述，各地方逐步推进环保警察建设，真正赋予环保监察人员执法权。对于企业层面，可以真正落实对环境违法行为惩处甚至是行政拘役；对于政府层面，加入对地方主管领导环保政绩考核和终身追责制，真正打破由来已久的地方保护主义乱象，促成环保约束真正落地。此外，结合产业政策发展方向，国家环保部门还将继续为钢铁、煤炭等产能过剩行业配套相关环保监管、标准等政策文件，确保企业环保提标改造按照国内先进水平，推进绿色转型升级，倒逼无改造能力企业依法依规、在保证人员安置与社会稳定的情况下退出区域市场，腾出利润空间，促进钢铁行业向追求高质量、生态绿色发展的新模式转变。

（二）“2+26”城市环保限产推动区域产能布局优化

为进一步缩小空气质量现状与国家空气质量标准要求的差距，持续改善环境空气质量，坚决打赢蓝天保卫战，未来“2+26”重点钢铁产能城市停限产将常态化，像唐山市、邯郸市等空气质量倒排城市，不仅严格落实采暖季错峰停限产方案，而且制定钢铁行业 2018 年非采暖季错峰生产方案，实现钢铁行业常态化停限产。未来，各城市之间必定会形成你追我赶、相互竞争局面，除了采暖季依法依规执行停限产政策之外，位次倒排重点城市或将由于辖区内空气质量综合指数及 PM2.5 浓度降幅不达标而自我加严，区域内政府部门将为企业加码，效仿唐山、邯郸模式，制定本区域内非采暖季常态化停限产方案，以满足下一阶段国家对“2+26”城市大气污染综合治理效果考核。

钢铁产能过于集中的“2+26”城市向环境承载力相对较强、物流运输条件较为便利的沿海区域布局，带动区域产业结构调整，缓解局部钢铁产能过于集中的历史遗留问题，促使我国钢铁行业从集中布局向区域均衡布局发展，以高质量转型模式提升行业综合竞争力，建成与行业产能规模相匹配的钢铁强国。

四、高质量发展需要标准引领

习近平总书记指出：“标准决定质量，有什么样的标准就有什么样的质量，只有高标准才有高质量”。标准化是质量提升的“牛鼻子”，只有有效发挥标准化对质量提升的基础性、引领性、战略性作用，质量才能提得起来、升得上去。持续多年出现严重产能过剩的钢铁行业，当前正在通过供给侧结构性改革提高发展质量和效益、满足不同消费者不同层级的需求。先进标准体系建设能够促进产品质量提升、产业升级和主要领域技术进步，用先进标准引领产业整体技术水平和质量水平提升，对加快实现我国钢铁产业供给侧结构性改革迈向中高端具有重大意义。

目前，我国钢铁行业标准数量约为 2416 项。其中，国家标准 1353 项，行业标准 1063 项；标准样品 549 项，包括国家标准样品 163 项、行业标准样品 386 项。钢铁行业标准涵盖钢铁、铁矿石、铁合金、设备、耐火材料、焦化、标准样品、工程建设等专业领域，涉及基础、方法、安全、环保、产品、管理等方面。后续，围绕产业发展和下游用钢领域需求，以产品升级换代、技术创新、用户需求为导向的标准工作需要进一步加强。

一是建立健全标准体系。应强化标准意识，积极响应国家有关产业政策要求进行标准化建设，通过建立健全标准体系，配合推动研制国内一流、国际领先的团体标准、行业标准、国家标准，更好地体现钢铁技术、装备、产品质量、服务、安全、节能环保等方面的先进性，推进建立标准动态管理机制，形成支撑钢铁产业转型升级的多层次标准体系。

二是增加高水平标准有效供应。应更加强化标准的“引领”作用，逐步提高钢铁工业生产环节和市场准入的环保、节能、节水、节材、安全指标及相关标准；全面围绕行业技术进步和品种开发，加强新产品和方法标准的有效供给；进一步通过标准细化，响应下游用户对差异化产品和差异化服务的需求，形成一批特色化、专业化、差异化程度较高的标准。

第三节　中国钢铁在产品质量方面存在的问题

一、钢材产品质量稳定性不高

目前，我国钢材产品存在的最突出问题是产品质量稳定性不高，量大面广的产品质量稳定性存在差异，高端产品质量稳定性、一致性亟需提高，不同企业之间不均衡，同一企业不同批次的产品质量稳定性也存在差异。这导致下游用钢企业对钢材产品性能判断不准，加工工艺出现偏差，出现质量问题，造成浪费，特别是在重点领域，这是我国钢材无法大规模进入高端领域的重要原因之一。

二、部分产品质量亟需提高

在一些高技术含量、高性能、高附加值领域，我国部分钢材产品还不能完全满足客户使用要求，致使我国重大装备制造、重大工程建设、战略性新兴产业及国防军工等领域所需的核心、关键材料，不能达到完全自给，每年仍有大量关键高端钢材需要依赖进口。例如：

（1）大飞机起落架用钢；

（2）机械装备制造用高端轴承用钢；

（3）高速铁路用车轴及轴承钢；

（4）高铁钢轨养护整形设备用铣刀刀盘和刀片用钢；

（5）高标准模具钢；

（6）特种耐腐蚀油井管。

三、产品同质化竞争严重

随着我国钢铁工业发展，装备水平提升和工艺技术发展，各钢铁企业生产技术上的差异不断缩小，导致钢材产品同质化竞争的恶性结果，且目前同质化竞争现象已开始从低端产品向高端产品蔓延。同质化竞争不仅浪费企业的物力和财力，而且影响企业对产品研发投入，造成极大浪费。

四、产品研发能力偏弱

国内钢铁企业相对缺乏应有的原创成果做支撑。基础研究准备不足，导致一些产品研发成果与现场应用之间技术脱节，产品开发成功率低。缺乏钢铁行业前沿技术的产业化能力；与前沿技术发展应用存在较大差距；在重大战略储备项目方面，具有企业自身特点的中长远重大战略储备项目较少。

第四节 中国钢铁在环境保护方面存在的问题

尽管近十年来，我国也涌现出一批环保水平达到国际领先行列的企业，如率先实施绿色转型的太钢，实施沿海战略布局的首钢京唐和湛江钢铁基地，以及面临搬迁和改善城市环境质量压力实施升级改造的唐钢、邯钢。但我国钢铁行业环保平均水平与国际先进钢铁企业相比，差距仍较明显。

一、钢铁行业环保绩效两极分化现象严重

虽然全行业拥有宝钢、太钢、河钢集团唐钢等国家级绿色工厂，但就全行业而言，由于区域差异、技术装备水平差异、环保理念差异等，中国钢铁企业间环保绩效水平与管理水平仍存在较为明显的差距。根据2017年《钢铁工业环境保护统计》，中国钢铁协会会员企业主要环保指标平均值、前十名平均、后十名平均值以及宝钢、太钢的环保绩效指标如表10-1所示。从表中可

看出企业之间的环保绩效水平差距较为明显，落后企业主要污染物吨钢排放量达到先进企业的近十倍。由此可见，整个行业环保绩效水平呈现严重的两极分化趋势（见表 10-1），绿色发展进程尚需逐步完善。

表 10–1　重点统计企业环保绩效水平对比　　（千克 / 吨钢）

名称	污染物种类				
	吨钢烟粉尘	吨钢二氧化硫	吨钢 NO_x（以 NO_2 计）	吨钢 COD	吨钢氨氮
重点平均	0.46	0.44	1.25	0.013	0.0013
前十平均	0.41	0.40	1.19	0	0
后十平均	3.26	1.89	2.11	0.11	0.01
宝钢	0.36	0.39	1.17	0.03	0.0019
太钢	0.33	0.24	1.15	0.054	0.006

二、主要污染物协同防治技术水平亟待提升

（一）无组织排放控制措施尚待完善

钢铁行业物料储存、运输和工艺过程无组织排放仍是颗粒物产生的重要环节，虽然京津冀“2+26”城市、长三角、汾渭平原等重点区域已陆续完成原料系统、输运皮带通廊等封闭工作，但由于缺少明确的无组织排放控制措施，料场封闭措施差异较大，既有异形钢结构机械化全封闭料场，也有首尾开放式半封闭料场，还有在原有防风抑尘网基础上简单利用彩钢板遮挡的简易料场，且封闭料场内上料区域抑尘系统配套情况千差万别，使得很大一部分封闭料场中的物料无组织扬尘问题仍十分明显，现场操作环境较为恶劣。此外，焦化工序焦炉炉体无组织放散与煤气净化环节的 VOCs 逸散也成为行业中绝大部分企业亟需解决的现实问题。

（二）加强有组织排放污染物的源头减排与末端治理

中国钢铁行业应注重企业二氧化硫、氮氧化物、二噁英的源头控制与末端治理协同作用，可实现 CO 排放控制的烧结烟气循环技术、加热炉及热处

理炉的低氮燃烧技术还未在行业中全面推行，烧结机机头与球团焙烧烟气的协同治理，目前也处于起步阶段，配套建设企业数量不足。

（三）浓盐水去向尚需论证

钢铁行业浓盐水去向主要包括两条路径，一是先进行减量化，高效蒸发结晶，但该路径投资和运行成本均较高，目前也仅有极个别企业采用；二是全部回用于高炉冲渣、转炉闷渣、烧结配料和冲洗地坪等，但该路径易造成管道腐蚀，并存在二噁英二次污染问题。

三、城市钢厂搬迁压力日益加剧

钢铁工业由于产业布局不尽合理面临环保挑战，在华北、华东地区集中了全国一半的钢铁产能，钢铁产能高度集中必然对区域环境造成严重影响。随着生态环境部、社会公众等对钢铁行业环保问题关注度不断升高，官员政绩与环境质量改善直接挂钩，因此钢铁企业搬迁已成为地方政府讨论议题。京津冀“2+26”城市、长三角、汾渭平原等重点区域作为蓝天保卫战主战场，区域环境质量不佳，环境承载力已超上限。近年来，位于主城区或建成区，以及长江经济带等区域的城市钢厂均面临着较为严峻的搬迁压力，如河钢集团邯钢、安阳钢铁、宝钢梅钢等将面临搬迁后生产经营调整与人员安置问题，如何论证搬迁与就地深度治理改造的环境效益、经济效益与社会效益的平衡问题，保证企业生存，将是未来城市钢厂搬迁中亟需明确的关键要素，钢厂整体搬迁对污染物排放总量实际压减，于区域大气环境质量改善作用尚待进一步论证。

四、环境法规与政策约束对企业守法提出更高要求

（一）环境法规政策密集出台提出全方位监管要求

2015 年以来，国家陆续颁布新环境保护法、大气法、新水法与新固废法，“气十条”“水十条”“土十条”等行动计划，同时中央环保督察、大气污染强化督查、黑臭水体专项督查与“清废”行动等全国范围内环保执法行动，从多维度、全领域对钢铁行业全面强化环境监管力度。

与此同时，《京津冀及周边地区 2017 ~ 2018 年秋冬季大气污染综合治理

攻坚行动方案》提出错峰限产要求，与《关于京津冀大气污染传输通道城市执行大气污染物特别排放限值的公告》《钢铁企业超低排放改造工作方案》（征求意见稿）相继出台引发排放限值大幅收严，给钢铁企业未来达标排放带来前所未有的压力。

（二）新排污许可证式管理强化企业依法排污

新排污许可成为钢铁企业生产运营期唯一的行政许可，是排污单位守法、执法单位执法、社会监督护法的重要依据。企业将与污染物排放行为直接关联的生产工艺设施等排放源要求纳入许可管理范围，并根据环境质量要求，提高排放标准或加严许可排放量等措施，从可行技术应用、自行监测与台账管理要求等全方位多角度对企事业单位实施更为严格的污染物排放总量控制。针对环保意识薄弱与超标排污的钢企，依法可采取按日连续处罚、停产整治甚至关停等措施，在当前全行业已基本完成许可证核发的大环境下，企业违法成本大大提高，部分违规建设、超标排污企业将被迫关停退出。

第五节　中国钢铁在企业竞争力方面存在的问题

经过多年发展，中国钢铁产业取得了巨大进步和举世瞩目成就，在规模上早已实现了由追赶到领先的跨越，但创新能力不强、分散无序竞争、效益水平低等“大而不强”的问题一直广为社会诟病，表明在竞争力上实现由追赶到领先的赶超实则更难。2016 年以来，我国着力化解钢铁过剩产能，取得了突出成效，但需注意的是，化解钢铁过剩产能并不意味着自然而然会产生世界一流钢铁强企。

2017 年，世界粗钢规模前十名的钢铁企业中，中国占据五席，在前五名中占据两席：

（1）安赛乐米塔尔 (ArcelorMittal)，卢森堡，9703 万吨；

（2）中国宝武钢铁集团 (China Baowu Group)，中国，6539 万吨；

（3）新日铁住金 (Nippon Steel and Sumitomo Metal Corporation)，日本，4736 万吨；

（4）河钢集团 (HBIS Group)，中国，4556 万吨；

（5）浦项制铁 (POSCO)，韩国，4219 万吨；

（6）沙钢集团 (Shagang Group)，中国，3835 万吨；

（7）鞍钢集团 (Ansteel Group)，中国，3576 万吨；

（8）JFE 钢铁 (JFE Steel Corporation)，日本，3015 万吨；

（9）首钢集团 (Shougang Group)，中国，2763 万吨；

（10）塔塔钢铁集团 (Tata Steel Group)，印度，2511 万吨。

但在世界钢铁动态发布的世界级钢铁企业竞争力排名中，中国钢铁企业无一入选前十名，排名最高的是宝钢，仅位居第十七名。尽管该排名的科学合理性有待商榷，但是也从一个侧面反映中国钢铁企业竞争力仍有待提高：

（1）浦项；

（2）纽柯；

（3）奥钢联；

（4）谢维尔；

（5）新日铁住金；

（6）新利佩茨克；

（7）安赛乐米塔尔；

（8）京德勒西南；

（9）JFE；

（10）马钢（俄罗斯）。

对比分析，中国钢铁企业主要是在创新能力、客户服务、市场定价能力、资源掌控、资产结构等方面相对滞后。

第六节 中国钢铁在智能制造方面存在的问题

当前，新一轮科技革命和产业变革孕育兴起，国际经济环境经历复杂深刻变革，国内经济加快转向高质量发展阶段，钢铁工业是国民经济重要组成部分，智能制造是制造业转型升级关键所在。大力发展钢铁智能制造，建设钢铁强国，是推动产业转型升级，实现高质量发展的内在要求，也是落实制造强国的重要举措。因此，充分利用新一代信息技术，落实两化深度融合，是实现我国经济高质量发展的重要突破口。当前，很多钢铁企业已经开始在智能制造方面进行探索和实践，如宝钢1580智能车间改造、鞍钢智慧矿山、南钢定制准时配送、河钢唐钢智能工厂等试点示范项目对于引领钢铁智能制造发展方向具有重要作用；民营钢铁企业也开始注重智能制造投资，开始数字化补课，如德龙钢铁开展智能制造管理与执行系统建设，有效降低成本，提高生产效率。虽然我国钢铁行业在智能制造方面取得一定的成绩，但仍存在一些问题。

一、钢铁行业智能制造水平不均衡，智能制造体系认识不深

按照智能制造能力成熟度1 ~ 5级分析，钢铁企业智能制造能力成熟度分布在1.8 ~ 3.5之间（满分为5），企业间差别很大，大型钢铁企业智能制造水平发展较高；小微企业由于资金、成本、政策等因素，信息化投入相对较低，两化融合水平不高。2018年，钢铁行业小微企业两化融合水平为38.2，低于行业平均水平13个点，智能制造基础有待进一步提升。在智能制造体系建设方面，硬件装备投入比例较大，工业软件投入相对较低，重视智能化硬件建设轻智能集成升级问题突出。

二、钢铁行业智能制造标准体系缺失，市场无序发展现象初显

标准制订有助于推进智能制造产业健康有序发展，但目前基于钢铁行业的智能制造标准体系尚未形成。钢铁行业是我国自动化程度最高、制造工序流程最长的行业之一，在大数据、物联网、工业机器人等关键技术方面已有不同程度应用，但由于缺乏成型的行业智能制造标准体系引领和指导，导致钢铁行业在未来智能制造发展过程中缺乏清晰路径。由于国内外企业对智能制造的理解差异以及构建产品竞争壁垒的需要，在产品兼容性及集成度方面较差，企业在智能化改造过程中经常面临系统无法集成而导致资源浪费。

三、数字化网络化亟待补课，智能化应用处于初级阶段

钢铁工业两化融合逐步深入，2018年钢铁行业两化融合水平为51.2（全国两化融合指数为53.0），大型钢铁企业两化融合发展水平56.2，高于行业平均水平5.0个点，大型钢铁企业关键工序数控化率达到78.1%，但从行业整体

来看，距智能制造要求还有很大差距，主要体现在：工艺过程数学模型适用性差，全流程计划调度水平不高，全流程周期质量管控尚待打通，供应链协同存在较大差距，管控一体化水平待提高，底层装备网络化基础较弱，大型钢铁企业生产设备联网率仅有一半，关键环节智能决策水平不高。因此，钢铁工业亟需不断提升数字化、网络化、智能化水平。

四、核心知识产权掌控不足，自主创新能力较弱

智能制造发展规划（2016～2020年）提出，到2020年建成较为完善的智能制造技术创新体系，一批关键共性技术实现突破，部分技术达到国际先进水平；核心支撑软件市场满足率超过30%。我国钢铁行业在信息系统和物理系统的开发、管理、集成方面，创新能力仍然较弱。产品生产工艺设计与智能管理决策支持系统的综合集成、业务系统向产业链前端延伸，缺乏成熟行业解决方案。目前，国内多数软件和集成技术处于产业价值链末端，技术水平、劳动生产率、工业增加值率、产品附加值都比较低。在研发方面尚未形成以产学研用为主的创新研发体系，自主创新研发积极性不高，政策扶持力度有待加强。

五、智能制造专业服务机构发展无序，智能制造专业人才匮乏

推进钢铁企业智能制造，需要专业服务机构推进。目前，面向钢铁行业进行智能制造专项服务的专业性服务机构虽然很多，但市场较为混乱，缺乏政府引导，处于无序发展状态。同时缺乏既熟悉钢铁工艺流程，又掌握先进信息技术，还具备企业管理知识的专业人才，缺乏专业人力资源储备，延缓钢铁行业智能制造发展进程，需进一步加强对专业机构培育，加大专业人才培养力度。

第七节　中国钢铁服务型制造（客户服务）存在的问题

一、以用户为中心的产品理念和服务意识尚未完全建立

服务型制造核心业务在于提供满足客户需求的服务过程，核心是顾客交

流、满足、保留和关怀。从目前钢铁企业现状来看，大部分企业关注点仍集中在产量、质量、能耗等指标，而忽视客户真正需求，忽视客户体验、满意度等。

二、钢铁企业与下游用钢企业主动对接不够

目前，多数钢铁企业与下游用钢企业之间仍然停留在买方与卖方的简单关系上，真正能够与用户深入对接，围绕用户需求实施先期研发介入、联合研发、后期持续跟踪改进等服务的钢铁企业不多。在这方面宝武集团的EVI（供应商早期介入）模式和南钢的“JIT（准时制生产方式）+C2M（客户对工厂）”模式值得学习借鉴。

三、技术支持和售后服务模式有待创新

当前，钢铁企业技术支持主要是销售前期和售后，更有的企业认为研发创新是制造型企业的核心竞争要素之一，在制造型企业向服务化转型后，研发创新在企业竞争力要素中的作用开始减弱，因而企业可以减少研发投入。这种观点是非常有害的。钢铁企业应该加强技术支持与研发创新，完善物流配送体系，提供材料推荐、后续加工使用方案、后期产品维护等一系列延伸服务，创造和引领高端需求，实现由制造商向服务商转变。

第八节　中国钢铁产业组织结构（集中度）存在的问题

我国虽然已经成为钢铁大国，但国内钢铁产业集中度较低、规模分散（2017年我国钢铁产业CR10仅为36.9%；2018年粗钢产量排名前10的钢铁企业集团合计产量32732.95万吨，占全国总产量的35.26%），且存在数量众多的规模相对较小、技术相对落后、管理不规范的钢铁企业，规范、健康的市场竞争秩序还没有完全建立。2016年9月，国务院发布《关于推进钢铁产业兼并重组处置僵尸企业的指导意见》提出，到2025年中国钢铁产业60%～70%的产量将集中在10家左右的大集团内，其中包括8000万吨级的钢铁集团3～4家、4000万吨级的钢铁集团6～8家，以及一些专业化钢铁集团。

目前看来，目标完成难度较大，主要存在以下问题：第一，大企业基数不够多。2025 年，中国粗钢产量按照 8 亿吨计算，CR10 到达 60% 即粗钢产量 4.8 亿吨，平均每个集团粗钢产量在 5000 万吨左右，目前仅有中国宝武 1 家超过 5000 万吨，再通过重组马钢，才可达到 1 亿吨级钢铁集团。第二，重组路径不够宽。目前重组主要有三种途径，一是央企或大型国企之间资产划拨，比如宝武重组，或者宝武重组马钢，多是相同所有制企业间整合，跨所有制比较困难，比如鞍钢与本钢联合，一波三折，目前还没有明确意见；二是优强企业全国重新布局，但多以对方破产重整为主，比如建龙重组海鑫钢铁、北满、西林等钢铁企业，还有德龙重组天津渤海钢铁，沙钢重组东北特钢等。当前钢铁行业效益比较好，企业被重组意愿不强，同时，规模也不足以支撑主导企业达到 5000 万吨；三是地方政府政策主导联合重组，倒逼钢铁企业整合。比如，徐州由 18 家整合成 2 ~ 3 家；唐山由 40 家整合至 30 家以内（2020 年），2025 年减少至 25 家以内。

第九节　中国钢铁产业在区域供需错配方面存在的问题

目前，从我国钢铁总体生产和需求来看，2018 年我国粗钢产量 9.28 亿吨，同比增长 6.6%；钢材进口钢材 1317 万吨，同比下降 1.0%；出口量 6934 万吨，同比下降 8.1%；钢材净出口量 5617 万吨，同比下降 9.6%；全国的钢材实际消费量 8.26 亿吨，同比增长 7.9%。从总体看，我国钢铁供需基本平衡。但从区域看，在数量和结构方面仍在一定程度上存在供需不平衡问题。

一、区域供需数量不平衡问题

部分省份供大于需现象突出，如河北、江苏、辽宁等（见表 10-2）。2018 年河北省粗钢产量 23730 万吨，钢材产量 26917 万吨，而钢材实际消费量仅为 6000 万吨左右，省内钢铁供应量严重大于需求，属于钢材净输出量较大省份；江苏省 2018 年粗钢产量 10426 万吨，钢材产量 12147 万吨，而钢材实际消费量仅为 7500 万吨左右，也存在约 2500 万吨钢（4500 万吨材）富裕量。

部分省份（区域）供小于需现象突出，比如广东省、浙江省、川渝贵地

表 10-2　2018 年我国典型区域钢铁供需量表　（万吨）

序号	省份	粗钢产量	钢材实际消费量	折合粗钢消费量	供需平衡
1	河北省	23730	6000	6316	17414
2	江苏省	10426	7500	7895	2531
3	辽宁省	6874	3300	3474	3400
4	广东省	2881	7000	7368	–4487
5	浙江省	1267	4600	4842	–3596
6	河南省	2892	4500	4737	–1845
7	重庆市	638	2200	2316	–1678
8	四川省	2401	4000	4211	–1810
9	贵州省	418	1400	1474	–1056

区等。其中，2018 年广东省粗钢产量仅为 2881 万吨，而钢材实际消费量达到 7000 万吨左右，粗钢供应缺口达到 4500 万吨左右；浙江省 2018 年粗钢产量 1267 万吨，钢材产量 3049 万吨，钢材实际消费量约为 4600 万吨，粗钢供应缺口达到 3600 万吨左右。川渝贵地区是我国典型的钢材净流入区域，2018 年川渝贵地区的粗钢总产量约为 3457 万吨，其中四川省 2401 万吨，重庆市 638 万吨，贵州省 418 万吨；区域钢材总产量 4639 万吨，其中，四川省 2897 万吨，重庆市 1187 万吨，贵州省 554 万吨。但从区域内的建筑、汽车、摩托车、机械制造等行业的发展来看，区域内的钢材需求量达到 7600 万吨左右，其中四川省 4000 万吨，重庆市 2200 万吨，贵州省 1400 万吨。从区域内各省市钢铁供需情况来看，区域钢材供应远不能满足本地工业、建筑业发展需求，需从周边省市大量调入钢材。

二、区域供需结构不平衡问题

部分省份一般产品供需结构不平衡问题突出，比如吉林省、浙江省等。其中，吉林省 2018 年粗钢产量 1205 万吨，钢材产量 1301 万吨，钢材实际消费量约为 1400 万吨，供需缺口不大，但吉林省无中厚板生产企业，冷轧宽带钢生产企业能力也严重不足，所需钢材产品基本依靠省外企业供货，而建筑用钢筋、线材产品供应量较大。浙江省造船、钢结构建筑、机械等行业发展规模较大，对中厚板需求量、型钢较大，但省内基本无中厚板生产企业，型钢供应能力也远远不足；黑龙江省无中厚板、热轧带钢、冷轧带钢等钢材产品生产能力等。

有些地区存在高端钢材产品供应能力不足问题。以山东省、重庆市为例，其中，山东省虽然粗钢供应能力远大于省内需求，但部分产品仍不能自给自足。目前，山东省内无电工钢生产企业，高档汽车板面、家电面板等高端冷轧板材还不能供应，虽然山钢日照钢铁精品基地一期已陆续建成投产，但还未开发成功。重庆市汽车、摩托车产业较为发达，但重庆市钢铁生产企业钢材产品基本上全部定位于建筑用长材，汽车摩托车等配套零部件加工行业用优特钢棒线材产品供应严重不足。

第十节　中国钢铁产业在节能低碳方面存在的问题

一、不同企业节能低碳发展水平良莠不齐

中国钢铁企业数量众多，各企业在节能减排方面均做出不同程度贡献，重点统计企业平均吨钢综合能耗在 20 年间下降了近 40%，但不同企业节能低碳发展水平表现仍良莠不齐。以占钢铁企业能源消耗和碳排放九成以上的焦化、烧结、炼铁 3 个工序为例，先进水平和落后水平相比，工序能耗指标仍存在较大差距，全面提升全行业节能低碳发展水平潜力巨大且任重道远（见图 10-1）。

二、先进前沿节能低碳技术创新研发投入仍需加强

抢占未来先进前沿节能低碳技术制高点，对于世界各国经济可持续发展

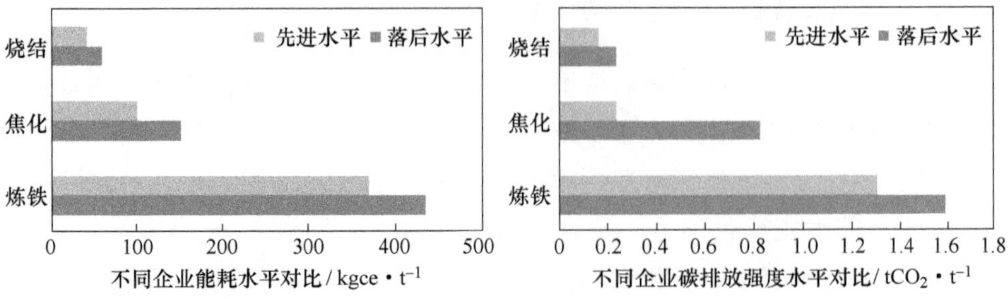

图 10-1　不同企业能耗、碳排放水平对比

都具有重要战略意义，对于能源资源密集型的中国钢铁工业尤为重要。中国钢铁工业经过多年发展，节能技术应用已总体进入瓶颈期，特别是对于节能低碳发展水平较好企业，阻碍其进一步跨越发展的主要障碍来自于先进前沿节能低碳技术的创新驱动力不足。中国钢铁工业在先进技术的创新研发，特别是对于突破性的减碳、无碳、去碳冶炼技术研发投入仍需加强，这需要政府、科研院所、企业、金融机构等相关利益方共同努力，其中政府强有力的顶层设计十分关键。

三、与智能化、信息化融合的广度和深度仍需不断扩展

近年来，钢铁工业以能源管理中心作为实现“两化融合”的突破口，在钢铁联合企业广泛推广，取得较好效果，但总体而言，中国钢铁工业节能低碳发展与智能化、信息化融合的广度和深度还需要不断扩展，在持续推动前沿信息技术对现有技术手段改造和提升，真正发挥效能，提质增效方面仍有大量工作要做。

“十三五”期间出台《“十三五”控制温室气体排放工作方案》《“十三五”节能减排综合工作方案》《钢铁工业调整升级规划（2016~2020 年）》等一系列政策中也均有体现，例如：推广工业智能化用能监测和诊断技术；推进新一代信息技术与制造技术融合发展，提升工业生产效率和能耗效率；加强大数据、云计算等互联网技术与低碳发展融合等。

四、适应生态文明建设发展新要求的支撑体系亟需健全

新形势赋予中国钢铁工业更多新发展要求，需要更为健全完善的支撑体系，

特别是在如何实现能源消耗、温室气体排放、污染物排放协同控制，更好指导经济与减排并举乃至脱钩发展方面，具有符合行业发展特点的有效支撑体系尚显薄弱，包括：统计及管理等制度规范化，标准体系健全完善，高素质专门人才队伍建设，正确引导和激励机制设计等方方面面，这既需要中国钢铁企业不断夯实自身能力，同时也需要政府、行业协会、专业咨询机构给予更多支撑。

五、节能减排市场化机制作用需充分发挥

市场化机制是实现节能低碳的最有效手段，特别是对于中国钢铁工业绿色低碳转型具有重要推动作用。近年来，相关政府部门在推行用能权、排污权、碳排放权交易机制、健全绿色标识认证体系、绿证交易制度等机制方面做了大量的有益尝试，钢铁企业也发挥一定作用，但与预期效果相比，尚有较大差距，需进一步构建更加合理健全的体制机制，加大市场化机制推广力度。

第十一节　钢铁产业实现高质量发展的特征与战略目标

中国钢铁产业实现高质量发展应具备以下特征：

（1）一流的企业（企业家）；

（2）一流的环境；

（3）一流的产品；

（4）一流的技术；

（5）一流的管理；

（6）一流的效益；

（7）一流的人才；

（8）一流的标准；

（9）一流的品牌。

其中，一流的企业、企业家发挥着主要作用，是否拥有一批具有国际竞争力的世界一流钢铁企业，是中国钢铁是否实现高质量发展的重要标志，而一流的环境、一流的技术、一流的管理、一流的产品、一流的效益、一流的效益、一流的人才、一流的标准和一流的品牌（见图 10-2），主要是在企业平台上实现。

图 10-2　中国钢铁工业高质量发展的特征

一、国际一流的企业（企业家）

企业强则产业强。钢铁强国是由钢铁强企构成的，中国钢铁产业高质量发展从本质上要求提高钢铁企业竞争力。我国钢铁企业在规模上已经与国际先进钢铁企业不相上下，产量前 10 名中占据半壁江山，但是在创新能力、客户服务、独有产品、领先产品方面，与浦项、新日铁、JFE 等世界钢铁强企相比，仍有不小差距，只有个别企业处于并跑位置，少数企业处于跟跑位置。新时代高质量发展的最大特征就是出现一批在产品、服务、盈利、效率和可持续发展方面达到甚至超过韩国浦项、日本制铁等的世界一流钢铁企业。如何打造世界一流钢铁企业，首先要有一流的企业家，这一点非常重要。目前，国家正在大力倡导企业家精神，钢铁企业也需要一批具有创新能力、责任担当的企业家，善于整合各类发展要素，推动供给变革、需求变革，实现弯道超车。在中国钢铁由大到强实现高质量发展的过程中，应涌现像华为的任正非、海尔的张瑞敏，美国的卡耐基、乔布斯、马斯克，日本的稻盛和夫、松下幸之助这样的企业家。

二、国际一流的环境

钢铁行业应践行绿色生态发展战略。本着“宜改则改，宜搬则搬”的原则，全面完成钢铁企业超低排放改造或新建工作，全面实现有组织排放协同治理与无组织控制精益化管控。烧结（球团）、炼铁、炼钢、轧钢等各工序环保绩效水平达到三部委联合发布的《钢铁行业清洁生产评价指标体系》中污染物排放控制 I 级基准值。按照国家排污许可管理要求，做到污染源管控与监测全覆盖，行业中所有企业应采用污染防治可行技术，最大限度地压减企业污染物排放总量。通过生态绿色工厂创建，建立健全精益化环保升级、污染物排放绩效超一流的产业体系，打造生态旅游级绿色钢企新业态。通过生态美化，实现厂内外环境浑然一体，践行厂城互融共生的环境经营与生态文明建设战略。

三、国际一流的产品

随着钢铁生产技术进步，制造业对钢材不断提出新需求，替代材料持续挑战，在环境友好化、资源减量化、品种规格多样化、性能优良化、成本低廉化、用户使用便利化等方面表现突出的钢材产品将具有更强的市场竞争力。目前，我国钢材产品总体上已经具备较强国际竞争力，超高强度、高表面质量、高耐磨性、强耐蚀性、耐超高温 / 低温环境、极限规格、长寿命等产品研究应用取得长足进步，不少产品已领先全球。如宝钢成功研发 B20R065 牌号取向硅钢产品，达到超薄取向硅钢技术的顶尖水平，其平均损耗、磁感等主要性能处于全球领先水平；东北大学轧制技术及连轧自动化国家重点实验室研发出抗拉强度超过 2 吉帕热冲压成型钢新钢种，其强度和伸长率均优于欧、日、韩等国际钢铁巨头前沿水平。

为进一步提高我国钢材产品国际竞争力，形成国际一流的钢材产品，要把“不断提高普材供给水平、加快实现特材安全保障”作为战略目标，加大产品研发力度。加快解决我国高洁净度、高均匀性、超细组织、高精度等特殊钢关键品种本质特征存在的不同程度缺陷。重点发展高强度、超高强度材料，高温、高压材料，低温材料，高耐腐蚀材料等高品质特殊钢。提高我国特殊钢产量中不锈钢、耐热钢、合金结构钢、工模具钢、轴承钢等高端品种比例。不仅满足国民经济一般建设需要，还可以面向航空、航天、能源、海洋开发、轨道交通、汽车轻量化、环保等产业的重大装备制造、重大工程建设、战略性新兴产业及国防先进武器制造需要，提供所需的核心、关键、难以替代的材料，服务和保障高端制造业发展。

四、国际一流的技术

长期以来，中国钢铁产业随着改革开放深入推进，从小到大、由弱向强，技术进步路径以“引进、消化、吸收”为主流，技术集成创新实现长足进步，自主建设曹妃甸、湛江等具有国际先进水平的现代化钢铁基地，但在原创技术方面进步很慢。未来中国钢铁提高发展质量，必然要求在技术创新上引领世界钢铁产业，需要进一步提高技术集成能力，特别是加强原创技术投入产出，比如在高效铸轧技术、低碳技术、氢冶金技术、非高炉炼铁技术、新一代电弧炉技术、冶金智能装备技术等前沿技术领域，出现2 ~ 3项中国原创技术成果。

五、国际一流的管理

国际一流的企业管理能力和水平，是中国钢铁企业高质量发展必须具备的特质。一流管理的特征包括：

卓越的战略管理能力，有清晰的战略管理体系和战略领导力，重视战略引领和根据内外部环境适时调整战略；

有机协调的业务管理体系，充分发挥整体优势和协同发展效应，在公司战略引领下，进行业务拓展和退出；

强大的管控能力，要围绕企业发展目标和商业模式，建全管控体系和激励机制；

高效的资源配置能力，通过扁平化组织结构、信息网络实现企业信息流、物资流、资金流、人才流在整个企业集团内高效配置；

持续的创新能力，包括管理创新、商业模式创新、科技创新；

完善的风险管理体系，建立自上而下的风险管控责任体系，风险管理职能健全，岗位风险责任明确；

人力资源的可持续发展机制，充分认识人力资源的特殊性，尤其是人力资源高增值性、可再生性的特点，重视人力资源管理，提高人力资源管理战略地位；

优秀的企业文化，世界知名企业发展证明，独特而优秀的企业文化是企业基业常青的奥秘所在。

六、国际一流的效益

盈利能力是钢铁企业重要的核心竞争力之一，钢铁产业高质量发展必须要有国际一流的经营效益，钢铁企业产品附加值、溢价能力和成本控制水平进一步提高，资本运营效率、企业抗风险能力和盈利能力明显增强。钢铁行业销售利润率高于制造业平均水平，平均资产负债率降到60%以下，领军钢铁企业的盈利能力达到国际先进钢铁制造企业水平。

七、国际一流的人才

人才是钢铁产业实现高质量发展的根本，未来主要体现在三个方面的一流的人才：管理人才、工程技术人才和技术工人。一流管理人才和工程技术人才应具备：宽广的国际化视野和强烈的创新意识；熟悉掌握本专业的国际化知识；熟悉掌握国际惯例；较强跨文化沟通能力；独立国际活动能力；较强运用和处理信息能力。一流技术工人应具备：具有强烈的创新意识和精益求精的工匠精神，有高超的操作技艺，具有跨文化沟通能力和应用信息能力。此外，一流人才必须具备较高政治思想素质和健康心理素质，能经受多元文化冲击。另外，高质量发展应建立完善的钢铁人才培养体系，建成2～3家具有世界领先水平的冶金特色高校或学科，以及完善的企业职工岗位培训体系。

八、国际一流的标准

标准是实现钢铁产业高质量发展的重要工具和有力支撑。首先，标准是推动“去产能、去库存、去杠杆、降成本、补短板”的技术支撑，服务“三去一降一补”，通过强化环保、能耗、安全等标准硬约束，发挥标准“划底线”的门槛作用，依法依规淘汰落后产能、化解产能过剩。其二，标准是引领技术创新发展的标杆和动力，充分发挥标准“树标杆”的引领作用，以先进标准推动技术创新、产业创新和商业模式创新，通过标准创新引领支撑钢铁产业结构调整转型升级。其三，标准是规范行业秩序、优化发展环境的有效手段，发挥标准的规则和导向作用，依托标准建立公开透明的市场规则，提升资源配置的效率和公平性，构建公平规范、竞争有序的市场体系。其四，标准是当前市场竞争的重要手段。习近平总书记指出，“标准决定质量，只有高标准才有高质量；谁制定标准，谁就拥有话语权；谁掌握标准，谁就占据制高点”，在市场经济条件下，单个产品之间的差异化竞争已经逐步演变成所在范畴的标准竞争，控制或影响标准制修订成为市场竞争新焦点。第五，标准是构建国际竞争优势的“制高点”，标准与国际接轨、标准获得国际认可，才可以真正参与到国际竞争中，可以说标准的成熟性、权威性或国际认同度，是获得产品认同的“通行证”，是企业、产业、装备走出去的“先手棋”，是推进国际产能和装备制造合作的重要技术基础。

九、国际一流的品牌

品牌是钢铁产业无形的资产和提升影响力的关键。首先，品牌作为钢铁产业、企业、产品价值载体，体现包括产品质量在内的竞争力水平，随着市场竞争的加剧以及消费者品牌意识的不断增强，产业品牌建设至关重要。再者，发挥品牌引领作用，推动钢铁产业供给结构和需求结构升级，既有利于激发技术创新活力，提升产品品质，实现价值链升级，增加高质量、高附加值产品有效供给，提高钢铁产业供给体系质量和效率；又有利于引领下游产业消费，创造高水平市场需求，更好发挥需求对产业高质量发展拉动作用。第三，树立一流品牌，有利于强化钢铁产业、企业环境保护、资源节约、公益慈善等社会责任，实现更加和谐、更加公平、更可持续的发展。

根据高质量发展内涵要求和九个一流特征描述，中国钢铁产业实现高质量发展的战略目标应包括：

（1）建成与市场需求相匹配的高质量供给体系，防范化解过剩产能的长效机制有效运行，产业布局满足环境、市场、资源、社会综合需求；

（2）打造2～3家能够与韩国浦项、日本新日铁、JFE并驾齐驱的超大型钢铁企业集团，旗舰基地达到浦项光阳厂、新日铁君津厂、JFE千叶厂水平；1～2家世界领先的不锈钢企业；1～2家与日本大同制钢、瑞典山特维克相媲美的特钢企业；

（3）在汽车、家电、造船、核电、铁路等用钢领域，提高钢铁供给侧集中度，前2家企业占比60%以上。在建筑等量大面广用钢领域，提高区域市场集中度，前4家企业占比70%以上；

（4）建成1～2家国家级钢铁战略性前沿技术和成套装备创新基地，依托咨询机构、工程公司打造技术推广平台；

（5）产品稳定性明显提高，实物质量达到或超过国际先进钢铁强国，形成一批国际知名、具有溢价能力的产品品牌和企业品牌；

（6）形成完善的国际标准、国家标准、行业标准、团体标准和企业标准体系，中国钢铁企业、机构在国际标准制定中掌握最大的话语权和主导权；

（7）建成2~3家具有世界领先水平的冶金特色高校，4~6个具有世界领先水平的冶金学科，培育一批国际化的冶金科技创新领军人才；

（8）建成1~2家具有世界领先水平的冶金咨询机构、工程技术公司，在冶金发展咨询、工程设计、施工建设领域，引领世界钢铁发展的潮流。

第十二节　钢铁产业实现高质量发展的路径

中国钢铁产业应主动适应、认识和把握减量化发展阶段的新常态，秉承五大新发展理念，以创新为第一动力，以全面提高综合竞争力为根本目标，充分发挥市场配置资源的决定性作用和更好地发挥政府作用，在适度扩大市场需求同时，着力推动钢铁工业供给侧结构性改革，深入推进“九化”协同创新发展，重塑价值链。

一、绿色化

绿色发展是钢铁产业生存立足的重要前提，也是实现可持续发展的根本保障。钢铁产业应抛弃狭隘的污染治理思维，从企业全方位、制造全流程、产品全周期等角度，全面强化绿色发展，即贯彻“六位一体”（绿色矿山、绿色采购、绿色物流、绿色制造、绿色产品、绿色产业）钢铁绿色发展理念，建立有效益、可持续的现代化绿色工厂和绿色产业体系。

二、有序化

以提升竞争力为核心，推进钢铁企业重组。重点支持优势钢铁企业强强联合，和细分市场特色产品企业重组，打造具有国际竞争力的世界级钢铁企业集团。推进已重组企业加强实质性整合，再造业务流程，切实发挥协同效应。依托专业化咨询机构，打造钢铁企业兼并重组一站式综合服务平台，提供信息、协调、政策、法律、融资等兼并重组服务。支持建立区域性企业协调机制和同类产品企业协调机制，减少无序竞争。严格依法依规，加强执法，打造公平竞争市场环境。

三、品质化

品质化，即重视品牌建设和产品质量提升，是实现企业可持续发展的重要保障。质量是品牌建设的基石，服务是品牌提升的保障，创新是品牌延续的源泉，文化是品牌推广的精髓。通过技术创新、文化建设，建设标准化、检验化、可追溯、信息化“四位一体”的质量体系，全面提升产品质量和服务质量，全力构建集质量、服务、创新和文化于一体的品牌体系，打造具有强大综合竞争力的品牌企业。

四、标准化

按照《中国制造 2025》《深化标准化工作改革方案》《国家标准化体系建设发展规划（2016~2020 年）》等相关文件要求，全面深入推进我国钢铁产业标准化发展。从国家、行业、地方、团体等四个层面协同发力，在亟须标准化引领的钢铁物流、绿色转型、两化融合、电力需求侧管理、品牌建设等领域，推进标准化工作。引领企业建立健全适应市场竞争和技术进步需要的企业标准体系，将拥有自主知识产权的关键技术纳入企业标准。

五、差异化

差异化是钢铁产业结构调整、转型升级的必由之路，也是钢铁企业谋生存、求发展的必然选择。首先是战略差异化，加强对市场需求和竞争对手研究，找准企业定位，明确发展战略和实施路径，实现产业链差异化和区域差异化；其次是产品差异化，优化产品结构，提高拳头产品份额，并注重实现产品系列化，提高“一站式”供货能力；再次是产线差异化，通过装备技改，实现专业化生产，大幅提高生产效率，降低生产成本；最后是服务差异化，针对不同客户，不同区域，采用不同的服务模式，提高针对性和认可度。

六、服务化

发展服务型制造是我国进入工业化中后期的现实要求，也是抢抓全球新一轮科技革命和产业变革机遇的重要措施。钢铁企业应由简单的制造增值向制造、服务协同增值转变。通过制造与服务有机结合，创新钢铁企业商业模式，推进智能制造、资本运作、“互联网+”、技术服务、产品深加工等，提高产信结合、产融互动、产服延伸的融合创效能力。

七、智能化

推动有条件的钢铁企业完善基础自动化、生产过程控制、制造执行、企业管理、决策支持五级信息化系统建设。引导先进钢铁企业建立大数据平台，在钢铁制造全流程推广数字化、网络化，建立知识积累。支持钢铁企业在环境恶劣、安全风险大、操作一致性高等岗位实施机器人替代工程。促进工业互联网、云计算、大数据在钢铁企业研发设计、生产制造、经营管理、销售服务等全流程和全产业链的综合集成应用。鼓励钢铁企业建设关键装备智能检测体系，开展故障预测、自动诊断系统等远程运维新服务。

八、多元化

发挥钢铁产业链长、影响力大、带动作用强的作用，深度融入国家及地方经济社会发展，深度融入行业发展，深度融入社会公众需求，发展市场化的多元产业。强化钢铁与多元之间的战略协同、投资协同、业务协同、渠道协同和管理协同，聚焦发展有优势产品、先进技术和市场竞争力的业务，致力于业绩可持续改善和高水平提升，形成沿钢铁产业链纵向延伸、横向耦合或属地结合的多元化经营体系。结合国资国企改革，鼓励钢铁企业积极探索多种形式的产权多元化，释放发展活力。

九、国际化

紧抓“一带一路”发展机遇，加快钢铁企业国际化发展。一是借助国际产能合作等重大发展机遇，开展工程项目合作，提供配套性服务；二是探索建立企业全产业链上的战略协作和重组，联合国际、国内战略合作伙伴，深化产业合作，提高国际合作水平和能力；三是主动整合和利用全球创新资源，实现海外人才培训、国际项目合作、海外高端人才引进等突破；四是依托自有贸易公司或者与国内贸易公司的战略联盟优势，为全球冶金企业和工业企业提供增值的供应链服务，积极开发和培育海外战略终端客户。

参考文献

[1] 李海涛 . 近代中国第一家炼钢厂的历史命运 [J]. 苏州大学学报（哲社版），2010（1）：110–113.

[2] 姜曦 . 邵象华院士访谈录：国民政府接收鞍钢第一次复产 [J]. 合肥工业大学学报 (社会科学版)，2011，50（3）.

[3] 马成德 . 用 10 个亿救活 100 个亿——对宝钢初期建设的回忆 [J]. 百年潮，2006（3）.

[4] 张信传 . 中国钢铁工业优化结构的历史回顾 [J]. 冶金管理，1999（9）.

[5] 河钢集团生产统计资料汇编 [R].2018.

[6] 中国钢铁工业协会 2019 理事（扩大）会议报告 [R].2019.

[7] 河钢集团销售系统工作报告 [R].2018.

[8] 河钢集团科技系统工作报告 [R].2018.

[9] 李新创 ."一带一路" 建设中国钢铁大有可为 [N]. 中国冶金报，2018–03–15（01）.

[10] 李新创 . 新时代钢铁工业高质量发展之路 [J]. 钢铁 , 2019,54(1):7–13.

[11] 王国栋 . 钢铁行业技术创新和发展方向 [J]. 钢铁 , 2015, 50(9):1–10.

[12]Ansoff H I. Strategies for diversification [J]. Harvard Business Review, 1957: 113 – 124.

[13] 李新创 . 中国钢铁未来发展之路——减量 创新 转型 [M]. 北京 : 冶金工业出版社 , 2018: 294 – 297.

[14] 冶金工业经济发展研究中心 . 中国钢铁年鉴 [M]. 北京 : 冶金工业出版社 ,1980~1999.

[15] 马川 . 钢铁行业供应链金融应用研究 [D]. 青岛：中国海洋大学 , 2011.

[16] 李新创 . 新常态下我国钢铁企业多元产业发展的战略思考 [J]. 钢铁规划研究 , 2000, 2015（9）: 10–13.

[17] 王凤彬 . 企业集团管控体系——理论务实案例 [M]. 北京：经济管理出版社，2012.

[18] 李毅仁，史晓斌 . 大型钢铁企业联合重组后的战略性整合 [J]. 冶金管理，2011（4）.

[19] 王钦 . 人单合一管理学 [M]. 北京：经济管理出版社 .

[20] 中国政府网 . 2018 年政府工作报告 . 2018，26–27.

[21] 人民网 . 强化应对气候变化行动——中国国家自主贡献 [OL]. http://politics.people.com.cn/n/2015/0630/c70731-27233170.html.

[22] 李新创 . 六位一体促进钢铁绿色发展业 [J]. 冶金经济与管理，2016，2 : 4–5.

[23] 袁宇峰 . 世界钢铁工业主要技术创新领域分析 [J]. 冶金经济与管理，2011（6）: 41–43.

[24] 中国宝武钢铁集团有限公司 .2017 社会责任报告 [OL].http://www.baowugroup.com/#/about us/143/165.

[25]《中国钢铁工业统计年鉴》编辑委员会 . 中国钢铁工业统计年鉴（2018）. [M].2018，223：290–296.

[26] 国家发展改革委 . 关于发布 2018 年（第 25 批）新认定及全部国家企业技术中心名单的通知（发改高技〔2019〕36 号）——国家企业技术中心名单（全部）[OL].http://www.ndrc.gov.cn/zcfb/zcfbtz/201901/t20190111_925503.html.

[27] 刘振江 . 适应新时代 以科技创新推进钢铁工业转型升级——在 2017 年钢铁行业技术创新大会上的讲话 [J]. 中国钢铁业，2017(12)：5–8.